KB037234

AI가 답하다

일본에게 남은 시간은 ?

인구 감소를 극복하는 10가지 사회 디자인

AI가 답하다

일본에게 남은 시간은 ?

히로이 요시노리 지음 · 정선철 옮김

학고재

차례

제2부 | 커뮤니티와 마을 만들기·지역 재생

제3부 | 인류사 속 인구 감소와 포스트성장 사회

제4부 | 사회보장과 자본주의의 진화

제5부 | 의료에 대한 새로운 관점

제6부 | 사생관의 재구축

제7부 | 지속 가능한 복지사회 — 지구 윤리의 가능성

일러두기

1. 본문의 각주는 대부분 역자 주이고, 저자 주는 별도로 표기했습니다.
2. 책·신문·잡지는『 』, 논문과 기사는「 」, 영화·음악·전시 등은 〈 〉으로 표기했습니다.
3. 해외 지명과 인명 등은 국립국어원 외래어표기법에 따르되, 통례로 굳은 것은 그대로 표기했습니다.

서문

인공지능이 보여주는 일본 사회의 미래

2050년, 일본은 지속 가능한가

인공지능을 미래 예측이나 정책에 활용할 수 있을까

'인공지능AI'이라는 말이 온갖 곳에 등장한다. 미국의 미래학자 레이먼드 커즈와일Raymond Kurzweil이 주창한 '기술적 특이점Singularity', '2045년 문제'와 같이 최고도로 발달한 인공지능이 머지않아 인간을 능가하고, 나아가 개조된 인체와 융합해 영원한 의식이 탄생할 것이라는 주장도 있다. 또 AI에 의해 인간의 직업과 고용이 대부분 대체되어 대량 실업이 발생할 거라는 주장도 거듭 제기된다. 하지만 이러한 최근의 논의를 듣고 있자니 AI의 능력이 적잖이 과대평가·신성시된다는 생각이다.

나는 1980년대 말에 2년간 미국 보스턴에서 매사추세츠공과대학교

MIT의 대학원생으로 지냈는데, 당시는 AI의 제2차 붐이라고 불린 시기였다. 지금처럼 AI론이 굉장한 화제로 떠올라 "앞으로는 질병 진단도 모두 AI가 맡게 되므로 의사는 필요 없게 된다"라는 논의가 많이 이뤄졌다. 그러한 붐이 잠시 사그라졌다가 요즈음 다시 재연되는 셈인데, 이 흐름을 고려하면 좀 더 냉정한 시각이 중요할 것이다.

이처럼 AI에 대한 관심이 높은 가운데, 나를 대표로 하는 교토대학교 연구원 네 명과, 2016년 6월 같은 학교 내에 창설된 '히타치 교토대학교 연구소'의 여럿으로 구성된 우리 연구 그룹은 2017년 9월 AI를 활용한 일본 사회의 지속 가능성과 정책 제언에 관한 연구 성과를 발표했다.[1] 2050년을 목표 연도로 삼아 AI를 활용해 약 2만 가지의 미래 시뮬레이션을 실시, 이를 토대로 앞으로 채택할 정책의 방향을 제안하려는 취지였다.

AI를 활용한 사회 구상과 정책 제언은 일본에서 사실상 처음 다루는 것이기도 했다. 각 정부 부처와 관계 기관, 지방자치단체, 민간 기업 등 여러 곳에서 문의가 잇달아 이 주제에 대한 높은 관심과 호응을 느꼈다. 나가노현, 후쿠야마현 마니와시 등과도 AI를 활용해 각 지역의 미래 구상 연구 작업을 추진했다. 이 중 나가노현은 2019년 4월 '리니어 신칸센• 개통이 지역사회에 미치는 영향에 대한 대응'에 중점을 둔 보고서 「AI를 활용한 나가노현의 지속 가능한 미래를 위한 정책 연구에 대해」를 발표했다.

한편 중앙 부처인 문부과학성 고등교육국과는 앞선 연구 성과에 고

• 최고 시속이 500킬로미터에 이르는 차세대 자기부상 고속철도.

등교육을 추가한 새로운 시뮬레이션을 함께 만들고, 이를 2018년 11월 중앙교육심의회 대학분과회·장래구상부회 합동 회의에 보고했다. 일본의 중앙 부처가 AI를 활용한 사회 구상과 정책 입안을 처음 시도한 사례다. 이상의 내용은 인터넷상에서 열람할 수 있다.

AI를 활용한 일본 사회의 미래 시뮬레이션은 이 책의 주제인 '인구 감소 사회의 디자인'과도 깊이 연관된다. 여기서 그 개요를 소개하면서, 제기된 미래 과제와 전망을 간단히 논의해보고자 한다.

＼문제 설정 — 2050년, 일본은 지속 가능한가

우리 연구는 현재 일본 사회가 지속 가능성 관점에서 위기에 처했다는 문제의식에서 출발했다. 이는 많은 사실관계를 통해서도 밝힐 수 있지만, 특히 다음 지점이 중요하고 상징적이다.

재정과 세대 간 계승 측면의 지속 가능성

자주 지적되는 것처럼, 일본 정부의 채무는 1,000조 엔으로 국내총생산GDP의 약 두 배에 달한다. 국제적으로 보더라도 두드러지게 큰 규모인데, 이는 우리가 미래 세대에게 막대한 빚을 떠넘기고 있다는 뜻이다.

도표 0-1은 국제적으로 채무 잔액 추이를 비교한 것인데, 말 그대로 일본이 크게 다른 양상을 보인다. 나는 1996년부터 2016년까지 20년간 지바대학교에서 사회보장론을 강의했는데, 1990년대 후반 이 강의

0-1 GDP 대비 국가 채무 잔액의 국제 비교

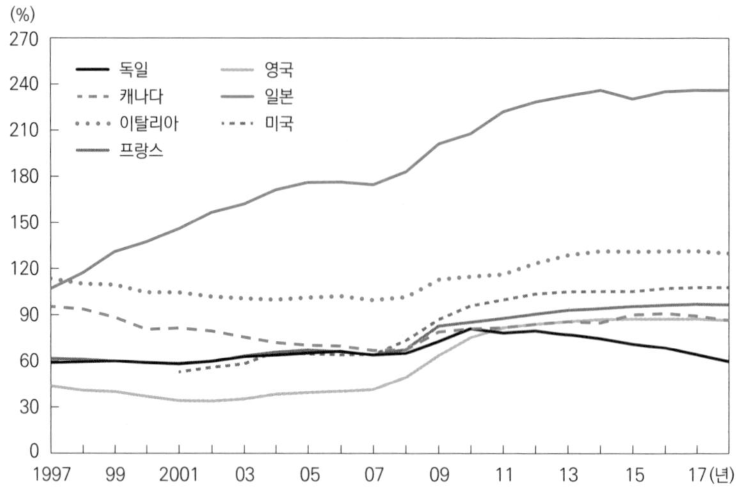

IMF, 「World Economic Outlook Database」 2018년 4월 자료. 2018년도 예산 내용은 반영하지 않음. 일본, 프랑스, 이탈리아 및 캐나다는 2017년부터는 추계치, 그 외 국가들은 2018년부터 추계치임.
(출처) IMF, 「World Economic Outlook Database」, 2018.

를 시작할 때만 해도 '일본의 빚은 이미 상당한 규모에 이르렀지만 이탈리아를 넘어서는 일은 없을 것'이라고 학생들에게 이야기하곤 했다. 그러나 예상을 뒤엎고 일본은 이탈리아를 가볍게 제쳤고, 이후에도 정부의 빚은 눈덩이처럼 불어만 갔다.

'정부의 빚'이라 하면 남의 일처럼 느끼는 사람도 많다. 우리는 의료나 연금, 복지 등 사회보장의 급부는 바라지만 그에 필요한 돈(세금이나 사회보험료 등)은 내려 하지 않는다. 그 결과 미래 세대에 막대한 빚을 떠넘긴 것이다.

이는 지속 가능성 관점에서 가장 먼저 주목해야 할 사실이다. 세대

간의 형평성이나 "자손에게 빚을 남기는 일은 삼가야 한다"라는, 일본인이 본래 가졌던 것이 분명한 윤리 의식에서 보더라도 최우선으로 다룰 과제다.

덧붙여 일본이 빚 늘리기를 계속한 배경에는, 아베노믹스•로 상징되듯 "증세 등을 서두르지 않아도 머지않아 경기가 회복되어 경제가 성장할 것이기 때문에, 세수도 자연스레 늘어 빚도 줄어든다"라는 고도경제성장 시대 몸에 밴 생각이 뿌리 깊게 박혔을 것이다.

단적으로 말하면 이는 과거 '일본이 최고Japan is No.1'라고도 불렸던 성공 경험에서 비롯된 "경제성장이 모든 문제를 해결해준다"라는 사고방식이다. 인구 감소 사회의 디자인에서 중요한 것은 이런 확대·성장 위주의 사고, 단기적 손익만 생각해 장기적 지속 가능성을 뒤로 미루는 사고에서 벗어나는 것이다.

격차 확대와 인구 측면의 지속 가능성

도표 0-2를 보자. 생활보호를 받는 빈곤층의 비율 변화를 나타낸 것으로 그 추세는 매우 뚜렷하다. 1960년부터 고도성장기를 거쳐 빈곤 가구는 줄어들었다. 1990년대 중반이 일종의 전환기가 되어, 1995년을 기점으로 생활보호를 받는 사람의 비율이 증가로 돌아선 뒤 꾸준하게 늘어났다.

이것은 빙산의 일각에 지나지 않는다. 생활보호 대상자로 인정받지

• 일본 경제의 장기 침체를 벗어나기 위해 아베 신조 총리가 추진한 금융 완화, 재정 확대, 신성장 중심의 경기부양책.

0-2 생활보호 대상자 비율 추이

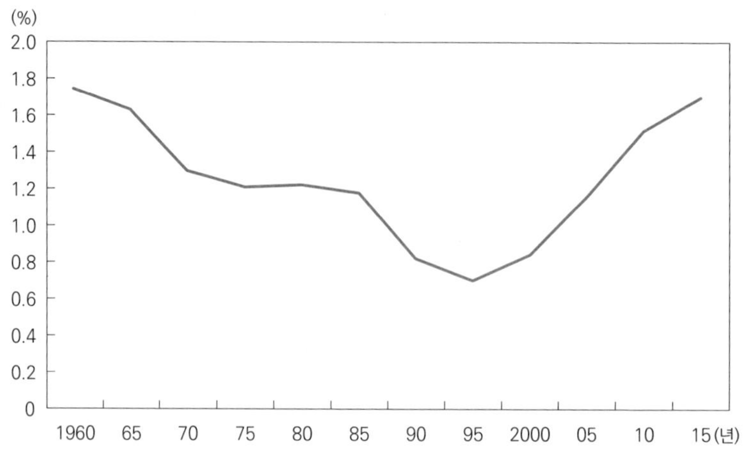

(출처) 厚生労働省社会·援護局,「被保護者調査」.

못하지만 생활이 곤궁하거나 비정규직처럼 고용이 불안정한 계층은 꾸준히 늘었다. 나중에 자세히 살펴보겠지만, 국제적으로 비교해도 일본은 젊은이에 대한 사회보장과 그 밖의 지원이 지극히 부족하기 때문에 젊은 세대의 고용과 생활이 특히 불안정하다. 이는 비혼화·만혼화의 원인이 되어 합계출산율 저하로 이어지고 인구 감소를 더욱 가속하는 악순환을 만든다. 인구의 지속 가능성을 둘러싼 어려움과, '일억 총중류一億総中流'•라 불린 기존 구조의 침식이 함께 진행되는 것이다.

• 1970~1980년대 지속되는 고도 경제성장기의 종신 고용에 기반을 두어 일본인의 90퍼센트 이상이 스스로 중산층이라고 생각했던 사회현상.

0-3 선진국의 사회적 고립 현황

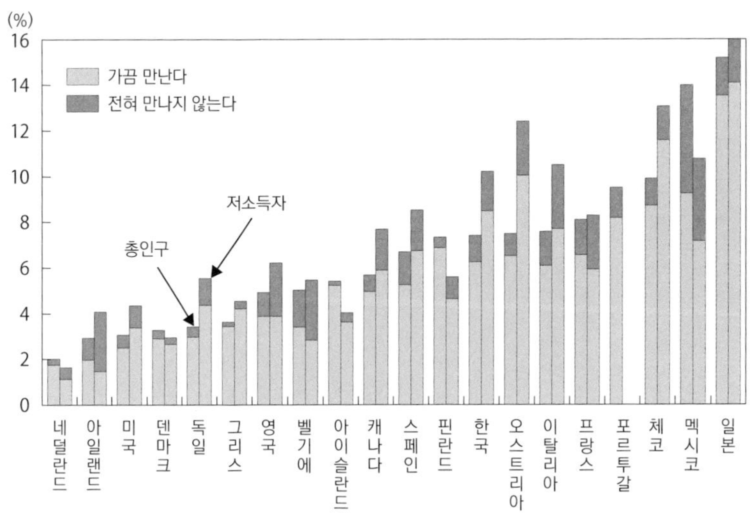

사회적 고립의 측정은 사교를 위한 친구, 동료 또는 가족 이외의 사람과 전혀 혹은 아주 가끔밖에 만나지 않는다고 답한 응답자의 비율을 의미한다. 저소득자란 응답자에 의해 보고된 소득분포 하위 3분의 1에 해당하는 사람이다.
(출처) 「World Values Surveys and European Values Surveys, 1981-1984, 1990-1993, and 1995-1997」, ICPSR 2790, 2001.

커뮤니티와 인간관계 측면의 지속 가능성

도표 0-3은 비교적 잘 알려진 국제 비교 조사이자 미국 미시간대학교가 주도하는 세계 가치관 조사World Values Survey의 일부로, 사회적 고립에 관한 비교를 보여준다. 사회적 고립이란 가족 등의 집단을 넘어선 인간관계나 교류가 얼마나 이뤄지는지를 가리킨다. 유감스럽게도 일본은 선진국 중에서도 사회적 고립도가 가장 높은 사회다.

나는 현재 일본 사회에 나타난 다양한 문제의 근원을 이렇게 생각한다. 제2부에서 자세히 보겠지만, 단적으로 말해 현재 일본 사회는 농촌 사회 등 전통적 공동체가 무너지고 그것을 대체할 새로운 커뮤니티가 형성되지 못한 상황이다. 그것이 사회적 고립 현상으로 나타난다.

이는 앞서 지적한 정부 채무의 누적과, 그 원인이자 사회보장의 재원인 세금, 사회보험료에 대한 기피 의식과도 겹쳐 있을 것이다. 일반적으로 사회보장은 간병이나 연금만 봐도 '세금과 사회보험료를 통한 가족 외적 상호부조'인 셈인데, 사회적 고립 정도가 높은 것은 가족이나 자신이 속한 집단 이외의 타인에 무관심하거나 타인과의 상호부조를 기피하기 때문이다. 그것이 결국 정부의 채무 누적으로 이어진다.

이상 세 가지의 논점을 살펴봤는데, 그 사실관계가 보여주듯이 현재의 일본은 지속 가능성 측면에서 상당히 심각한 상황에 놓였다. 그래서 '2050년, 일본은 지속 가능한가'라는 물음에 현재와 같은 정책과 대응을 계속한다면 일본은 지속 가능 시나리오보다 파국 시나리오에 이를 가능성이 더 높을 것으로 생각한다.

굳이 파국 시나리오라는 강한 표현을 사용하는 이유는 지금까지 지적한 사항과 재정 파탄, 젊은 세대의 빈곤과 합계출산율• 저하에 따른 인구 감소 가속화, 빈부 격차 확대, AI의 고용 대체와 실업률 상승, 지역 도시 공동화空洞化 및 빈 점포 증가, 쇼핑 난민•• 확대, 농업 공동화 등 일련의 일들이 복합적으로 발생할 수 있기 때문이다. 기존의 정책 기조를 이어갈 경우 이러한 일들이 발생할 개연성은 상당히 높다.

• 가임 여성 한 명이 평생 동안 낳을 걸로 기대하는 평균 출생아 수. 출산력 수준을 나타내는 대표 지표.

•• 인구 감소와 고령화로 지역 상점이 문을 닫자 멀리 떨어진 상점까지 거동이 불편하거나 교통수단이 부족하여 생활용품을 사러 가기 힘든 쇼핑 약자가 늘었다. 쇼핑 난민은 그중 특히 고령자를 가리킨다.

2050년 시나리오와 비전·정책

- A) 지속 가능 시나리오
- B) 파국 시나리오 — 재정 파탄, 출산율 저하와 젊은 세대의 빈곤에 따른 인구 감소의 가속화, 격차 · 빈곤 확대, AI 대체 등에 따른 실업률 상승, 지역 도시의 공동화 및 빈 상점가화, 쇼핑 난민의 확대(현재 600만~700만 명), 농업 공동화

- 이에 대한 AI를 활용한 시뮬레이션
— AI 활용을 통한 사회 구상 및 정책 제언이라는 새로운 시도
- ①인구, ②재정 · 사회보장, ③도시 · 지역, ④환경 · 자원이라는 네 가지 측면의 지속 가능성에 주목
- 행복 등 주관적 요소도 고려
- 2025년, 2040년경(고령자 수 최대), 2060년경(고령화율 최고) 사회적으로 고비가 되는 시간대를 고려

실제로 이를 주제로 과제를 낸 적이 있는데 일본 사회의 지속 가능성을 비관적으로 전망한 학생이 예상외로 많았다.

이러한 관심을 바탕으로 AI 기술을 활용하고 행복도라는 주관적 요소를 추가해 미래 시뮬레이션 작업을 진행했다. 또 앞으로 일본 사회의 미래 분기 구조가 어떻게 형성되고, 어떻게 대응할지를 밝힌다.

구체적으로는 일본 사회의 현상을 반영해 앞으로 중요하다고 생각하는 149개의 사회적 요소를 추출했다. 동시에 요소 간 인과관계 모델을 만들고, 이를 바탕으로 AI 시뮬레이션을 활용해 2018년부터 2052년까지 35년에 걸친 약 2만 가지의 미래 시나리오를 예측했다. 이를 먼저 스물세 그룹으로 나누고 최종적으로 여섯 개의 대표 그룹으로 구분

했다. 분류에는 ①인구, ②재정·사회보장, ③도시·지역, ④환경·자원이라는 네 가지 측면의 지속 가능성과 (a)고용, (b)격차, (c)건강, (d)행복이라는 네 가지 영역을 기준으로 삼았다.

＼AI가 보여주는 일본의 미래 시나리오 — '도시 집중형'인가, '지역 분산형'인가가 최대의 갈림길

시뮬레이션 결과 다음과 같은 내용들이 밝혀졌다.

2050년을 향한 미래 시나리오에는 주로 도시 집중형과 지역 분산형 그룹이 있다.

도시 집중형 시나리오

주로 도시의 기업이 주도하는 기술혁신으로 도시로 인구가 집중되고 지역은 쇠퇴한다. 출산율 저하와 격차 확대가 더욱 심해지고, 개인의 건강 수명이나 행복감은 낮아지는 한편, 정부 지출이 도시로 집중돼 정부 재정은 오히려 회복된다.

지역 분산형 시나리오

지역으로 인구가 분산되고 출산율이 회복되어 격차가 줄고 개인의 건강 수명과 행복감도 늘어난다. 그러나 지역 분산 시나리오는 정부 재정과 환경(탄소 배출량 등)을 악화할 가능성을 내포하기 때문에, 이 시나리오를 진정 지속 가능하게 하려면 세심한 주의가 필요하다.

향후 8~10년 사이에 도시 집중형인가, 지역 분산형인가를 선택해 그에 따른 정책을 실행해야 한다.

8~10년 정도 뒤에는 사회구조가 도시 집중형인가, 지역 분산형인가가 판가름 날 것이고, 그 이후에는 양 시나리오가 다시 교차되는 일 없이 고착할 수 있다. 따라서 지속 가능한 관점에서 좀 더 바람직한 지역 분산형 시나리오를 실현하려면 노동생산성에서 자원생산성으로의 전환을 촉진하는 환경 과세, 지역 경제순환을 촉진하는 재생에너지의 활성화, 마을 만들기를 뒷받침하는 지역 공공 교통기관의 내실화, 지역 커뮤니티를 뒷받침하는 문화와 윤리 전승, 주민·지역사회의 자산 형성을 촉진하는 사회보장 등 유효한 정책을 추진해야 한다.

지속 가능한 지역 분산형 시나리오를 실현하려면 약 17~20년 동안 지속적으로 정책을 실행해야 한다.

지역 분산형 시나리오는 도시 집중형 시나리오에 비해 상대적으로 지속 가능성이 뛰어나지만, 지역 내의 경제가 충분히 순환하지 않으면 재정과 환경이 극도로 악화되어, 얼마 지나지 않아 지속 불가능 상태에 빠질 수 있다. 이런 상태는 그 후 약 17~20년까지도 이어질 수 있다. 따라서 이를 예방하고 지속 가능 시나리오로 유도하려면 지역 세수, 지역 내 에너지 자급률, 지역 고용 등 경제순환을 높이는 정책을 지속적으로 실행할 필요가 있다.

이상이 시뮬레이션 결과의 개요인데, 이렇게 미래의 일본 사회가 갈

0-4 2042년 일본의 미래 분기 시뮬레이션

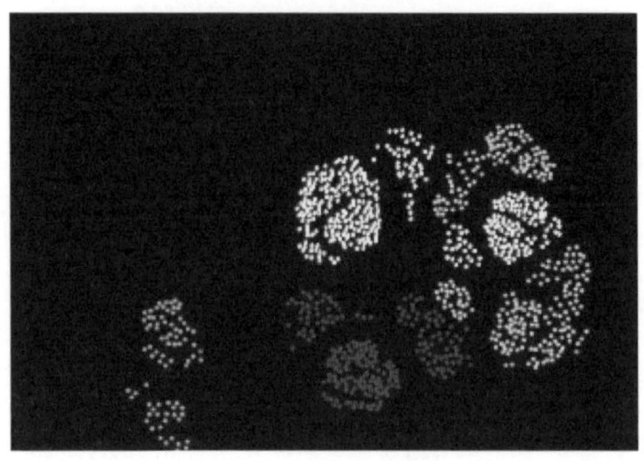

약 2만 가지의 미래 시나리오 분포를 단순화한 것. 각 점이 서로 다른 미래의 모습을 나타내며, 점과 점의 거리가 멀수록 각 점이 제시하는 사회의 모습이 다르다는 것을 보여준다. 왼쪽 아래의 그룹이 도시 집중형 시나리오, 그 이외의 것이 지역 분산형 시나리오다.

라지는 시나리오를 나타낸 것이 도표 0-4이다. 왼쪽 아래 그룹이 도시 집중형 시나리오이며 그 이외의 것이 지역 분산형 시나리오인데, 양쪽이 서로 떨어져서 갈라지는 모습을 보인다. 2042년의 이미지다. 또 시뮬레이션 결과 도출된 여섯 개의 대표 그룹을 간결하게 정리한 것이 도표 0-5이며 그중 가장 아랫줄이 도시 집중형 시나리오다.

＼지역 분산형 사회의 국제 비교

AI를 활용해 일본 사회의 미래를 예측한 입장에서 예상 밖이었던 것은, 일본의 지속 가능성을 도모할 때 도시 집중(특히 그 상징으로서 도

0-5 여섯 개의 대표 시나리오 그룹 비교

시나리오 그룹	인구	재정·사회보장	도시·지역	환경·자원	고용	격차	건강	행복	특징
1~4	○	△	○	△	△	○	△	○	지역 재생·지속 가능 재정 측면의 지속성에 주의 필요
5~7	△	△	△	△	△	△	△	△	지속성 측면의 불량·불만
8~11	○	△	△	△	△	○	△	△	인구의 지속 가능·불만
12~15	○	△	○	X	△	○	○	○	환경 측면의 지속 불가능
16~20	○	X	○	○	△	○	○	△	재정 측면의 지속 불가능
21~23	X	○	X	○	○	X	X	X	도시 집중·격차 확대 인구의 지속 곤란

약 2만 가지의 미래 시나리오를 그 분기 구조를 바탕으로 스물 세 개의 시나리오 그룹으로 나누고 최종적으로는 여섯 개의 대표 시나리오 그룹으로 분류. 모델에서 채택한 149개의 사회지표 중에서 특히 중요한 지표의 동향을 네 가지의 지속 가능성(인구, 재정·사회보장, 도시·지역, 환경·자원)과 네 가지의 영역(고용, 격차, 건강, 행복) 지표에 근거해 평가하고, 각 그룹이 보여주는 사회상의 특징을 개괄한 것이다.

쿄로의 중앙 집중)인가, 지역 분산인가가 가장 본질적인 기로라는 것이었다. 바꿔 말하면 일본 사회 전체의 지속 가능성을 생각할 때 사람·물건·돈이 지역 안에서 순환하는 분산형 사회시스템으로 전환되는 것이 결정적 의미임을 보여준 것이다.

지역 분산형 시나리오라 해도 현재 일본은 중앙 집중이 너무 심하기 때문에 그 이미지를 떠올리기 어려울 것이다. 따라서 해외 사례나 전후戰後 일본의 정책 전개를 개관함으로써 좀 더 선명하게 설명하려 한다. 이는 인구 감소 사회의 디자인이라는 기본 논의와도 연결된다.

독일 뉘른베르크 교외의 에를랑겐은 인구 약 10만 명의 도시다. 독일 도시 대부분이 그러하듯이 도심부에 자동차를 완전히 배제하고 보

자동차가 없이 걸어서 즐기는 도심(에를랑겐)

행자 공간으로 만든 점이 인상적이다. 걸으면서 도시를 즐길 느슨한 커뮤니티 관계를 느낄 수 있는 거리다.

무엇보다도 인구 10만 명이라는 중간 규모 이하의 도시이면서도 번화가가 활기 넘치는 것이 인상 깊었는데, 에를랑겐뿐 아니라 독일의 모든 중소 도시가 이렇다. 유감스럽게도 일본의 비슷한 규모의 지역 도시 중심부는 점포가 비면서 공동화한 곳이 대부분이다.

유럽은 1980년대 전후부터 도심에 자동차 교통을 대담하게 억제하고 보행자 공간을 뚜렷하게 늘려나갔다. 나는 거의 매년 유럽을 방문하는데, 그런 모습이 가장 두드러진 곳은 독일이다. 덴마크 등의 북유럽, 네덜란드, 프랑스를 비롯해 전반적으로 유럽 중·북부에서 이러한

인간의 얼굴을 한 스마트 시티① — 하노버의 거리

움직임이 선명한데, 이는 의도적으로 정책을 추진한 결과다.

또 하나의 예를 들어보고자 한다. 독일 북부 하노버는 인구 약 50만 명의 중견 도시다. 매년 국제산업박람회Messe가 개최되고 최근에는 독일이 적극적으로 추진하고 일본에서도 자주 화제가 되는 '인더스트리 4.0'이나 '사물 인터넷IoT'와 관련해 자주 언급된다. 이런 인상을 떠올리면 초하이테크 도시일 것이라고 생각할지도 모르지만 실제 모습은 정반대다. 도심은 자동차를 완전히 배제하고, 보행자만 걸어 다닐 수 있는 커뮤니티 공간으로 만들어 남녀노소, 휠체어와 유모차 등이 느긋하게 어우러진다.

요즘 일본에서는 IT나 디지털 정보화 등과 함께 스마트 시티가 자주

인간의 얼굴을 한 스마트 시티② — 하노버 도심의 자동차 없는 거리

언급된다. 독일에서는 '인간의 얼굴을 한 스마트 시티'로 나타나는 데 비해 일본의 스마트 시티 논의는 오로지 경제 효율화나 에너지 절약 관점에서만 논의되는 것이 큰 차이다. 독일 사례를 통해 우리는 AI나 IoT, 정보화의 방향이 지역 분산형 시스템, 지역의 자립성과 지속 가능성, 그리고 삶의 질과 행복이라는 주제와 연결된다는 이미지를 떠올릴 것이다.

덧붙이자면 독일도 일본과 마찬가지로 인구가 감소한다. 원래 유럽 국가 대부분이 일본보다 인구도 절대적으로 적고 인구밀도도 훨씬 낮다. 따라서 일본에서 쉽게 볼 수 있는 공동화나 빈 점포 거리, 농촌 인구 감소 등의 문제는 흔히 말하는 것처럼 인구 감소 자체가 원인은 결코 아니다. 오히려 사람들이 어떻게 거주하고, 어떠한 마을이나 지역을 만들고, 또 어떠한 공공 정책이나 사회시스템을 만들 것인가 하는 정책 선택과 사회 구상 문제다. 그것이 바로 인구 감소 사회의 디자인이다.

＼일본의 상황 — 미국 모델을 신봉한 결과

미국의 도시와 유럽의 도시는 크게 다르다. 언급했듯이 나는 미국 보스턴에서 1980년대 후반 2년, 2001년의 총 3년 정도를 지냈는데, 미국 도시는 우선 거리가 완전히 자동차 중심으로 만들어져 걸어 다니며 즐길 공간이나 상점가가 매우 적다. 게다가 빈부 격차 때문에 치안이 나쁜 점도 있어 중심부에는 유리창이 깨진 채로 방치되는 등 황폐한 구역이나 쓰레기로 어지러운 곳이 많다. 유럽과 비교해 카페 같은 서드 플레이스third place•도 적고 거리에 유유자적하는 즐거움이나 마음 편한 차분함이 적다고 느낄 때가 많다.

일본은 제2차 세계대전 이후 도로 정비나 교통정책 등에서 관민 합동으로 미국을 모델로 도시나 지역을 만들어왔다. 그 결과 거리는 완전히 자동차 중심이고, 도심은 공동화했다. 예를 들어보자. 나는 2016년 여름에 일주일 정도 기이반도를 일주했는데, 뜻하지 않게 빈 상점가를 돌아다니는 여행이 되고 말았다.

• 퍼스트 플레이스(집)와 세컨드 플레이스(직장) 이외에 지역에서 사람들이 편하게 만나 교류하고 휴식하는 카페, 클럽, 공원 등 제3의 장소를 말한다.

❶ 와카야마시
❷ 다나베시
❸ 신구시
❹ 오와세시

인구 약 36만 명의 와카야마시 시가지인 부라쿠리정은 예전에는 똑바로 걷지 못할 정도로 붐비는 상점가였지만 지금은 빈 상점이 늘어났다. 인구 약 7만 명의 다나베시, 약 3만 명의 신구시, 약 2만 명의 오와세시 같은 인구 10만 명 이하 규모의 도시 상황은 말하지 않아도 미루어 짐작할 수 있다.

새삼 강조할 것도 없이 이러한 상황은 기이반도 주변에 한정되지 않고 일본 전역에서 일어나는 현상이다. 와카야마시와 같은 인구 30만 명 규모나 그 이상인 도시조차도 시가지 공동화가 진행되는 것이 일반적이다. 독일과 같이 5만~10만 명 혹은 그 이하 규모의 지역 도시에서도 중심부가 활성화한 것과는 근본적으로 다르다. 이는 제2부에서 자세히 다루려 한다.

앞에서 언급했듯 이는 인구 감소로 인한 필연적인 결과가 아니라, 공공 정책과 경제·사회 시스템의 구조에서 기인한다는 인식이 중요하다. 즉 전후 일본 사회는 고도성장의 전반기에 공업화를 국시로 내걸고 농촌에서 도시로 인구 대이동을 촉진하는 정책을 펼쳐왔다. 지역의 인구 유출이 가장 컸던 시기가 이때인데, 그로 인한 영향이 수십 년의 시차를 두고 현재에야 심각해진 것이다. 특히 1980년대와 1990년대 이후의 정책이 결정적이었다. 건설성의 도로·교통 정책에 통산성의 유통 정책을 더하는 방식으로 미국 모델을 모방해 교외 쇼핑몰 형태의 도시·지역 발전상을 추구했던 것이다.

따라서 얄궂게도 현재 일본 지역 도시의 공동화는 국가정책의 실패가 아니라 오히려 정책의 성공, 즉 의도했던 대로 도시·지역 발전 정책이 실현된 결과다. 제2부에서 더욱 자세하게 다룰 예정인데, 지금까지 정책이 지향한(혹은 충분히 그 결과를 예측하지 못한) 도시나 지역의 모습과 현 상황을 냉철하게 분석·평가하고 직시하지 않으면 새로운 전망은 열리지 않을 것이다. 이를 뒤집어 희망을 담아 말하면, 정책 전환으로 한층 바람직한 도시와 지역의 모습을 실현해갈 수 있는 가능성을 보여준다.

＼왜 인구 감소 사회의 디자인이 필요한가

다시 확인하면, 우리 연구 그룹은 AI를 활용한 일본 사회의 미래 시뮬레이션을 통해 ①인구, ②재정·사회보장, ③도시·지역, ④환경·자원이라는 네 가지의 지속 가능성에 주목했다. 그래서 일본이 2050년에도 지속할 수 있는 조건과 정책을 제안하는 성과를 도출했다.

흥미롭게도 일본 사회가 지속 가능하려면 도시 집중형인가, 지역 분산형인가가 가장 본질적인 선택지가 될 것이며, 나아가 인구나 지역의 지속 가능성, 그리고 건강, 격차, 행복 등의 관점에서 지역 분산형이 바람직하다는 결과가 나왔다.

물론 지역 분산형을 추구한다고 모든 문제가 해결되는 것은 아니다. 어쨌든 현재 일본 사회가 다양한 측면에서 위기에 직면한 것은 분명하다. '2050년, 일본은 지속 가능한가'라는 물음을 설정하고 기존보다 훨씬 크고 넓은 관점에서 일본 사회의 미래와 그 구상, 선택을 논의해야 한다. 그것이 인구 감소 사회의 디자인이 필요한 이유다.

제1부

인구 감소 사회란 무엇인가 — 일본·세계·지구

인구 감소 사회를 어떻게 받아들여야 할까. 여기서는 먼저 일본의 상황부터 국제 비교 그리고 전 세계 전망까지 관점의 폭을 넓혀 생각해보고자 한다.

1

인구 감소 사회의 도래

일본 증후군

2010년 11월 『이코노미스트』 일본 특집호의 표지가 흥미롭다. 커다란 일장기에 짓눌린 아이와 '일본의 부담'이란 문구가 보인다. 굉장히 상징적인 그림과 함께 이 잡지가 내건 말은 '일본 증후군'이었다.

특집의 취지는 현재 일본이 직면한 문제의 본질이 고령화와 인구 감소로 집약된다는 것이었다. 이 과제는 다른 나라들도 머지않아 뒤따라 경험할 것이기 때문에, 일본이 어떻게 대응하는지가 세계적으로도 의미 있다는 관심에서 기획된 것이다. 이 잡지는 고령화나 인구 감소 현상을 부정적으로 파악하며, 어떻게 경제성장과 생산성 향상을 도모해야 하는가를 중심으로 논의를 펼쳤다.

The Economist
November 20th–26th 2010
Economist.com
How to cut America's budget deficit
Myanmar and the Lady
Saving the euro
China's television stampede
Spam, inglorious spam
Japan's burden
A 14-page special report on the future of an ageing society

일본 증후군? 고령화와 인구 감소, 위기인가, 기회인가?

고령화와 인구 감소는 상당히 곤란한 과제이며, 그것은 서문에서 살펴본 '2050년, 일본은 지속 가능한가'라는 물음으로도 이어진다. 그러나 사고와 대응을 전환해 새로운 자세로 접근하면 긍정적 가능성도 여러 가지 열린다고 생각한다.

일본이 맞이한 장기적인 인구 감소 추세를 그래프로 살펴보자. 가로축의 시작 연도는 800년, 즉 교토로 수도를 옮길 즈음(헤이안시대, 794~1185년)이다. 그 후 일본의 인구는 큰 변동 없는 보합 상태를 보이다가 이윽고 에도시대(1603~1868년)의 전반에 젊은 층이 늘어 후반에는 3,000만 명이 넘는다. 이는 당시 일본이 농업을 기반으로 한 일종의

1-1 일본 총인구의 장기적 트렌드

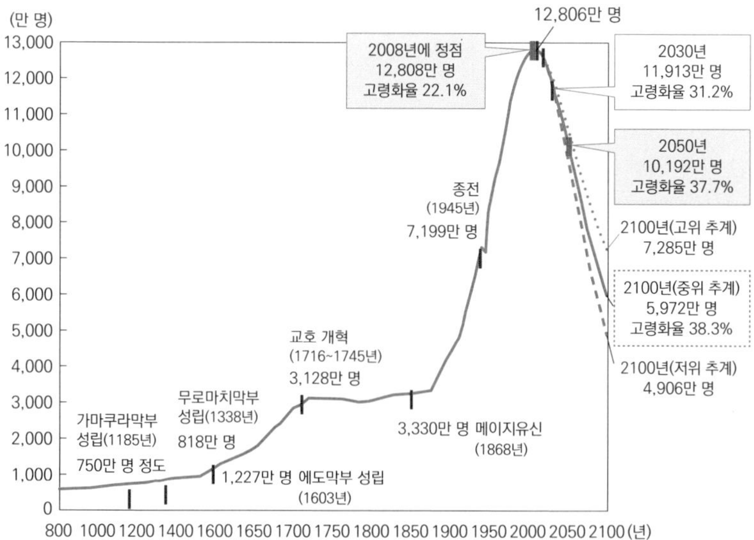

(출처) 国土庁, 「日本列島における人口分布の長期時系列分析」, 1974. 단, 1920년부터는 総務省, 「国勢調査」, 「人口推計年報」, 「国勢調査結果による補間補正人口 平成17年及び22年国勢調査の結果による補間補正」와 国立社会保障·人口問題研究所, 「日本の将来推計人口(平成29年推計)」에 근거해 추가.

인구 안정● 사회였음을 보여준다.

여기서 잠시 생각해보면, 에도시대에도 다양한 과제가 있었으나 본격적인 인구 감소가 일어나지 않고 일정한 인구를 유지했다는 점은 적극적으로 평가해야 한다. 현재 상황과 비교하면 더욱 그렇다.

● 원서에서는 정상(定常)이라는 단어를 사용하지만, 안정(安定)으로 바꾸어 번역했다. 정상의 사전적 의미는 일정해 늘 한결같다는 의미로, 이 책에서는 인구와 경제의 무한한 확대·성장에 대비되는 성숙·지속 가능성을 뜻한다.

다시 도표 1-1로 돌아가 살펴보면, 인구가 대체로 일정했던 에도시대까지와 비교해, 메이지유신 이후에는 "솟구쳐 오른다"라고 할 정도로 인구가 급격하게 늘었다. '흑선黑船 쇼크'•로 불리는 현상이다. 즉 구미 열강의 군사력, 그리고 그 배경인 과학기술력에 깜짝 놀라 이러다 일본이 지배당하는 것은 아닐까 하는 위기의식을 바탕으로 강력한 부국강병의 길을 걸어온 역사를 그대로 반영하는 것이다. 달리 표현하자면 이는 17세기 전후에 발흥한 세계 자본주의의 커다란 소용돌이에 아시아 변경에 있던 일본이 말려들어간 과정 그 자체다. 제2차 세계대전 종전 이후, 이번에는 경제성장이 국가 총력의 목표가 되면서 인구가 가파르게 늘었다.

그러나 21세기로 바뀌면서 상황은 근본적으로 변한다. 2005년에 처음으로 인구가 전년보다 줄어들었다. 이후 최종적으로 정점을 찍은 2008년 전후로 수년간 인구가 오르락내리락했지만, 2011년 이후에는 완전한 인구 감소 사회로 진입했다. 그리고 2018년 1.42명을 기록한 합계출산율이 지속되면서 인구 감소가 이어져 2050년 이후에는 1억 명을 밑돌고 그 후 더욱 줄어들 것으로 예측된다.[2]

＼모두가 한길을 오르던 시대와 결별

그래프는 전체적으로 롤러코스터 같은 모습이며, 현재 일본은 롤러

• 1853년 미국 함선들이 일본에 내항해 문호 개방을 강압한 사건.

코스터가 낙하하는 위치에 선 것처럼 보인다. 사회적으로 "큰일이다"라고 논의하게 된 이유고, 확실히 어려운 면이 많다. 하지만 관점을 바꿔 보면 일본은 문자 그대로 전환점에 서 있으며, 오히려 기회의 시대이자 진정한 안정을 향한 새로운 출발의 시대라고도 말할 수 있지 않을까.

즉 인구가 수직 증가 곡선으로 급격한 고개를 올라가던 시대는 어떤 의미에서는 상당한 무리를 거듭해온 시대라고 할 수 있다. 과로사도 그래서 나타난다. 이밖에도 급격한 사회변동 속에서 우리가 잃어버린 것이 많을 것이다.

크게 볼 때 인구 급증 시대는 일본이 '한길을 오르던 시대'였다고 요약할 수 있을 것이다. 좋든 나쁘든 한 가지의 길뿐이었기 때문에, 교육이나 인생의 경로 등 다양성은 별로 고려되지 않고 문자 그대로 획일화되고 집단의 동조 압력은 강고해졌다. 그러한 강력하고 일원적인 행동 원리에서 사람들이 해방되어, 언덕길을 올라 정상에 이른 후에 펼쳐진 넓은 공간에서 각자가 자유롭게 창조성을 발휘해나가는 시대가 인구 감소 사회라고 받아들일 수 있을 것이다.

이를 일본 연호 교체와 관련지어보면, 쇼와昭和는 인구 증가와 함께 무한 확대·성장을 지향한 시대였고, 헤이세이平成가 거품경제 붕괴와 인구 감소 사회로의 이행한 변화의 시대였다면, 레이와令和는 인구가 본격 감소하는 가운데 긍정적인 가능성을 개척하고 안정 사회의 진정한 풍요를 실현하는 시대로 받아들여야 하지 않을까.

＼행복에 대한 관심

최근 행복이 다양한 분야의 관심사로 떠오른다. 2010년 노벨 경제학상을 수상한 조지프 스티글리츠Joseph Stiglitz나 아마르티아 센Amartya Sen 같은 주류 경제학자가 니콜라 사르코지Nicolas Sarkozy 프랑스 대통령의 위탁을 받아, GDP로는 진정한 풍요를 측정할 수 없다는 문제의식에서 이를 대체할 지표를 발표했다.[3] 또 비슷한 관심에서 아시아의 소국 부탄이 '국민총행복Gross National Happiness, GNH'이라는 개념으로 부각되면서 UN을 비롯한 국제적 맥락에서도 행복을 다룬다.

주관적 행복도와 다양한 사회지표를 조합해 각국의 행복도를 평가하는 시도도 활발한데, 유감스럽게도 이러한 비교 결과 일본은 상당히 뒤처진 경우가 많다. 미국의 미시간대학교의 세계 가치관 조사에서는 43위(1위 덴마크), 영국 레스터대학교의 세계 행복 지도World Map Happiness에서는 90위(1위 덴마크), 또 최근 UN에서 매년 간행하는 「2019년 세계 행복 보고서*The World Hapiness Report*」에서는 58위(1위 핀란드)로 나타났다.

이유는 무엇보다도 사회적 지지나 다양성과 같은 요인에서 일본의 실천이 저조하기 때문이다. 이는 서문에서 언급한 사회적 고립이나, 앞으로 살펴볼 커뮤니티 문제, 방금 지적한 인구 급증 시기에 특히 강화된 "집단으로 한길을 오른다"는 동질성과도 연관이 깊을 것이다.

문화 차이도 크게 작용한다. 일본인은 겸손하게 보이고자 자신의 행복도가 높다는 말을 하지 않거나, '10점'이 아닌 '그럭저럭 보통'을 이상적 행복도로 추구하는 경우가 많다. 이런 이유로 주관적 행복도가 낮게 나타나는 점도 고려해야 한다. 하지만 이를 감안해도 앞의 인구 변화를 나타낸 도표처럼 '일본이 경제적, 물질적 풍요를 일정 수준 이상 실현해왔지만 다른 한편 중요한 것을 빠트리지 않았나' 되새길 때 주관적 행복도 비교는 하나의 단서가 될 수 있다.

＼행복 수준을 높이는 정책

약간 화제를 넓혀 'GAH'라는 용어를 소개하려 한다. 도쿄도 아라카와구에서 2005년 제창한 것으로 'Gross Arakawa Happiness', 즉 '아라가와 구민의 총행복량'을 의미하며, 이를 높이는 것을 구정의 목표로 삼겠다는 것이다. 나도 10여 년간 이 일에 다소 관여해왔는데, 아라가와구는 단순히 구호를 내거는 것에 그치지 않고 '아라가와구 자치 종합 연구소'라는 조직을 설립했다. 여기서 건강·복지, 육아·교육, 산업, 환경, 문화, 안전·안심의 여섯 개 영역 46개 항목으로 행복도 지표를 만들어 주민의 행복도를 끌어올리는 정책을 추진했다. 첫 번째로 다룬 과제는 어린이 빈곤 문제였다.

나아가 아라가와구의 제창으로 일본 전국에서 행복도 지표를 도입해 정책을 펼치는 100여 개 기초 자치단체가 '행복 리그'라는 네트워크를 만들어 연대 활동을 벌이고 있다.[4]

여기서 핵심은 풍요와 행복의 척도를 인구 증가 시대와 고도 경제성장기처럼 국가 단위에서 일률적으로 규정하는 것이 아니라, 지역의 생활 현장 차원에서 다루려 한다는 점이다. 집단으로 한길을 오르던 시

1-2 세계의 생활 만족도와 소득의 관계

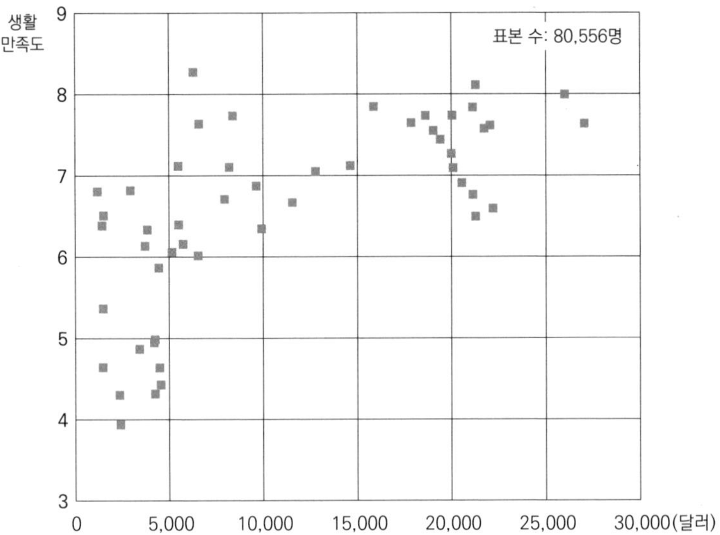

1995년 미국 달러 기준 구매력 평가로 본 국민 1인당 실질 평균 소득.
(출처) 「World Values Surveys and European Values Surveys, 1981-1984, 1990-1993, and 1995-1997」, ICPSR 2790, 2001과 World Development Report, 「The State in a Changing World」, 1997.

대와 결별하려는 변화의 일부분이라고 이해할 수 있다.

학계에서도 행복 자체나 행복의 정치경제학 같은 연구가 활발하다.

국가별 국민 1인당 소득과 생활 만족도의 상관관계를 조사한 결과, 흥미로운 경향을 파악했다. 연간 평균 소득이 낮은 단계에서는 소득이 증가하면 생활 만족도도 상승하는 분명한 상관관계가 보이지만, 일정 수준을 넘어서면 점차 상관관계가 옅어져 불규칙하게 변한다.[5]

이러한 연구가 최근 활발한데, 여전히 밝혀야 할 과제가 많다. 측량이나 비교가 어려운 행복도 조사는 지극히 주관적이어서 데이터의 확

1-3 경제성장과 '참살이(Well-being, 행복·복지)'의 가설적 패턴

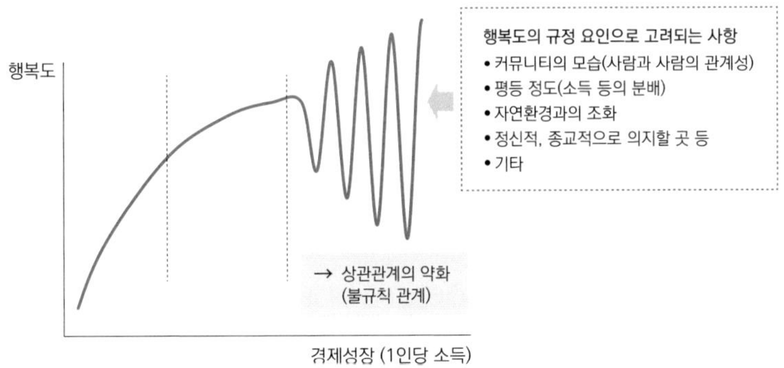

실성이나 해석의 방법 등을 신중하게 다뤄야 한다. 그럼에도 경제성장과 주관적 행복의 관계를 이해하려 가설을 세울 때, 도표 1-3과 같은 패턴을 상정하는 것이 억측은 아닐 것이다. 도표 1-3은 경제가 성장하거나 1인당 소득수준이 일정 단계를 넘어서면 행복도와 상관관계가 약해지는 사실을 근거로, 그 단계 이후에 특정 국가나 지역 사람들의 평균 행복도를 좌우하는 요인을 정리한 것이다. 이런 요소는 일본 같이 경제성장과 물질적 풍요를 실현한 국가·사회에서 사회의 풍요와 사람의 행복을 다룰 때 필요한 것으로 이 책에서 중요한 기둥이 되는 기준이다.

- 커뮤니티의 모습(관계나 연대의 질. 사회적 자본과도 관련됨)
- 평등 수준과 격차(소득·자산 분배 시 기본 방향)
- 자연환경과의 조화
- 정신적, 종교적으로 의지할 곳 등

＼인구 감소 사회의 공간적 측면

지금까지 인구 감소를 집단으로 한길을 오르던 인구 증가 시기와의 결별, GDP 증가를 넘어 행복에 대한 관심 고양이라는 의미로 살펴봤다. 사실 인구 감소 사회에는 또 하나의 측면이 있다. 사회의 공간적 차원이다.

1975년에 오타 히로미太田裕美의 〈무명 손수건木綿のハンカチーフ〉이라는 노래가 크게 유행했다. 나와 비슷한 세대에게는 설명할 필요도 없지만 일전에 교토대학교 수업에서 물어보니 이 노래를 아는 학생이 약 20퍼센트에 불과했다. 가사를 보면 고도 경제성장 시대 후반기에 '동쪽으로 가는 열차'를 타고 고향을 떠나는 젊은 남성과 고향에 남은 연인의 심정을 번갈아 노래한다. 동쪽은 암묵적으로 도쿄를 가리킨다. 머지않아 남성이 도시 생활에 빠져 고향으로 돌아가지 않겠다고 얘기하자 여성은 울면서 마지막으로 눈물 훔칠 무명 손수건을 달라고 말한다.

이 이야기를 하는 이유는 인구 급증 시대가 실은 모든 것이 수도 도쿄를 향해 흘러가는 흐름과 동시에 진행되었다는 점을 설명하기 위해서다. 다시 말해 메이지시대부터 인구가 증가하던 시기는 중앙집권화, 즉 사회의 구심력이 급속하게 강화된 시대이기도 했다. 인구가 빠르게 증가하는 시대는 집단으로 한길을 오르는 것과 같았다. 그렇게 사회가 한 방향으로 강력하게 나아가도록 구심력이 강화되는 체제였다. 그렇다면 지금부터 우리들이 본격적으로 맞이할 인구 감소 사회는 사회 집권의 성격이나 공간적 이동에서도 인구 증가 시기와는 반대의 흐름이 펼쳐지는 시대로 생각하는 것이 자연스럽지 않을까.

이론적으로 말하면 시간이 우위인 시대에서 공간이 우위인 시대로의 전환이라고 생각할 수도 있다. 즉 인구 증가 시대에는 세상이 한 방향으로 나아가기 때문에, 이 지역은 '앞선다', 저 지역은 '뒤처진다'는 식으로 시간의 관점에서 지역을 평가했다. '도쿄는 앞섰다', '지역은 뒤처졌다'라든지 '미국은 앞서고, 아시아는 뒤처졌다'는 발상도 그렇다.

하지만 인구 감소 사회나 일정한 확대·성장을 이룬 안정 사회와 포스트성장 사회에서는 공간 개념이 앞에 등장한다. 각 지역의 고유한 가치나 풍토적·문화적 다양성에 관심을 보이는 흐름이 형성돼 넓게 자리 잡을 것이다. 이러한 방향을 고려할 때 인구 감소 사회에서 앞으로 추구해야 할 바람직한 도시와 지역은 곧 인구 감소 사회의 다자인이라는 주제와 일맥상통한다.

＼청년이 지역에 착륙하는 시대

시대적, 구조적 변화와 관련해 최근 10년간 느낀 청년 세대의 지역 지향을 말하려 한다.

대학교 세미나에서 시즈오카 출신 학생은 "태어나고 자란 마을을 세계에서 제일 살기 좋은 마을로 만든다"는 것을 연구 주제로 삼았다. 니가타 출신 학생은 고향의 농업을 활성화하는 것이 관심사였고, 또 다른 학생은 애향심을 졸업논문의 주제로 삼는 등 의외의 경향이 눈에 띄었다. 국제 문제에 관심을 기울이던 학생이 유학을 마치고 나서 오히려 일본 국내야말로 문제가 많다고 느껴 지역 현장이나 고향에서 활동하는 사례도 늘었다.

물론 모든 청년 세대가 지역을 지향하는 것은 아니지만, 이들의 새로운 지향점은 앞에서 말한 인구 감소 시대의 방향성을 선취한다고도 볼 수 있을 것이다. 비유하자면 고도성장기의 상징인 '지역에서 이륙하는 시대'에서 '지역으로 착륙하는 시대'로 변화했다고 볼 수 있다.

덧붙여 몇 가지 자료를 확인하면, 2013년의 리쿠르트 진학 종합 연구소 조사에서는 대학 진학자의 49퍼센트가 '고향에 남고 싶다'는 생각으로 학교를 선택했으며, 이 수치는 4년 전과 비교해 9퍼센트포인트 증가한 것이다. 또 2018년 조사에 의하면 대학 진학자의 고향 잔류 비율은 44.2퍼센트로, 2008년의 42.4퍼센트에서 1.8퍼센트포인트 증가했다. 나아가 문부과학성의 2014년도 조사에서는 고등학생의 타 지역 취업률이 17.9퍼센트로, 2009년에 비해 4퍼센트포인트 하락했다.

메이지대학교의 오다기리 토쿠미小田切徳美 교수가 『마이니치신문』과 공동으로 진행한 조사에서는, 도쿄도와 오사카부를 제외한 지역으로 거주지를 옮긴 이주자의 수가 2009년 2,864명에서 2014년 1만 1,735명으로 꾸준하게 증가했다.[6]

이처럼 청년 세대의 지역·고향 지향이 높아졌다 해도 지금은 지향이나 희망에 머물러 있는 단계다. 실제로 I턴이나 U턴•을 감행할 경우 고용·주택 등 여러 면에서 어려움이 많아, 특별히 우수하거나 강한 동기를 지닌 젊은이가 아니면 실현에 이르지 못한다. 따라서 청년 세대

• 원래 농촌에서 자랐으나 도시에 와서 살던 사람이 다시 농촌으로 돌아가는 U턴을 변형한 말로, 도시에 나고 자란 젊은이가 농촌에 정착하는 동선이 I자와 닮아 이름 붙였다.

의 지역 지향을 고용·주택 등에서 측면 지원하는 공공 정책과 제도가 중요하다.

지역을 지향하는 젊은이를 특별히 우대하자는 의미가 아니다. 고도성장기에는 일본주택공단(현 UR도시기구)이 수도권 등 대도시 주변에 공공 주택을 대량 건설해, 국가가 총력을 기울여 지역에서 이주해오는 젊은이를 지원했다. 지방 창생地方創生●이나 인구 감소가 과제인 지금은 고도성장기나 인구 증가 시기와는 반대로 지역으로의 이전을 지원하는 '역도시화 정책'이 필요하다.

● 도쿄 등 수도권 집중을 완화하고 지역에 일과 사람을 늘리는 선순환을 만드는 사업.

2

저출산·고령화에 당면한 일본과 세계

고령화와 저출산을 둘러싼 동향

인구 감소의 실질적 배경은 저출산과 고령화다. 여기에서는 이를 둘러싼 현상 파악과 전망을 다른 나라와 비교해 살펴보고자 한다.

우선 기본 사실을 확인해보자. 총무성 추계에 따르면 일본의 고령화율[•]은 2018년에 28.1퍼센트로 이미 세계 1위다. 도표 1-4는 고령화 추이를 비교한 것으로 윗부분이 일본과 유럽·미국 등의 선진국을, 아랫부분이 일본과 아시아, 개발도상국을 나타낸 것이다. 한눈에 일본이

• 65세 이상의 고령자가 인구 전체에서 차지하는 비율로, UN에서는 65세 이상의 고령자가 인구 전체에서 차지하는 고령 인구 비율이 7퍼센트 이상이면 고령화 사회, 14퍼센트 이상이면 고령 사회, 20퍼센트 이상이면 초고령 사회로 본다. 2021년 고령 인구 비율은 한국 16.5퍼센트, 일본 28.4퍼센트다.

1-4 고령화율의 추이

유럽·미국

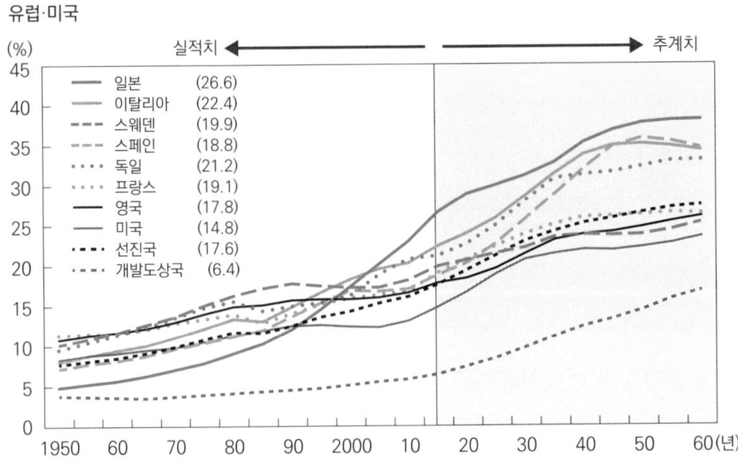

아시아

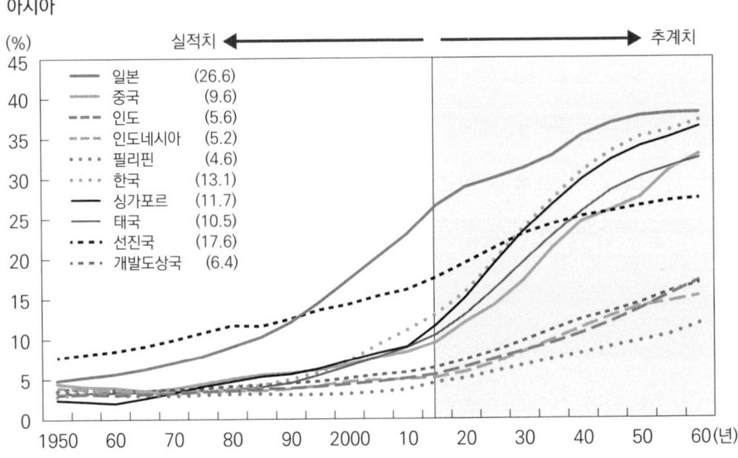

선진국은 북미, 일본, 유럽, 호주 및 뉴질랜드, 개발도상국은 아프리카, 아시아(일본 제외). 중남미, 멜라네시아, 미크로네시아 및 폴리네시아로 구성된 지역을 가리킴. 괄호 안의 수치는 2015년 기준.

(출처) UN, 『The World Population Prospects: The 2015 Revision』. 단 일본은 2015년까지는 総務省, 「国勢調査」을 참고. 2020년 이후는 国立社会保障·人口問題研究所, 「日本の将来推計人口 (平成29年推計)」의 중위 출생율·중위 사망율 가정에 의한 추계 결과에 의거.

선두를 달린다는 사실을 알 수 있다.

1980년대까지는 일본이 선진국 중에서도 가장 젊은 국가였는데 1990년대에 들어서자 단숨에 선진국들을 앞지르고 얼마 안 있어 선두로 뛰쳐나왔다. 2060년을 향해서도 앞질러 달려간다. 일본의 고령화율은 2065년에는 38.4퍼센트까지 상승할 것으로 예측된다.[7]

다른 나라를 보면, 구미에서는 스페인과 이탈리아의 고령화율이 일본에 가깝고, 아시아에서는 한국과 싱가포르 등이 급속하게 고령화되어 2060년경에는 일본에 육박할 것으로 예측된다. 이렇게 진행되는 이유가 뭘까. 원인은 저출산으로, 일본의 합계출산율은 2018년에 1.42명을 기록했는데, 동아시아 국가들은 일본보다 낮아 2016년 기준으로 한국이 1.17명, 홍콩 1.21명, 대만 1.17명, 싱가포르 1.2명에 머문다.

여기서 핵심은 일본의 고령화율은 장수가 아니라 저출산 때문에 높다는 점이다. 물론 평균수명 연장도 고령화율을 높이는 데 기여하지만, 실상 선진국의 평균수명 격차는 그다지 크지 않다. 무엇보다도 출산율 차이가 고령화율의 차이를 좌우하는 것이다.

그렇다면 출산율과 저출산을 둘러싼 각국의 상황은 어떨까. 선진국은 크게 두 그룹, 즉 출산율이 비교적 높은 국가와 낮은 국가로 나뉜다. 프랑스 1.92명, 스웨덴 1.85명, 미국 1.82명, 영국 1.79명 등이 전자에 해당하며, 후자에는 독일 1.59명, 이탈리아 1.34명, 스페인 1.32명, 그리스 1.3명, 그리고 일본 1.42명 등 포함된다.[8] 앞에서 본 바와 같이 고령화율이 현저하게 높아진 곳은 출산율이 낮고 저출산이 진행 중인 후자 그룹의 국가 그리고 일본이다.

＼저출산의 배경은 무엇인가

그렇다면 저출산의 배경은 무엇이고, 나아가 출산율이 국가에 따라 크게 차이 나는 이유는 무엇 때문인가라는 의문이 생긴다. 이를 이해하기 위해선 먼저 사실관계를 확인하는 게 중요하다. 저출산이라고 하면 직관적으로 결혼한 부부가 낳은 아이 수가 줄어들기 때문이라고 생각하기 쉬운데, 그렇지 않다. 실제로 일본은 기혼 부부의 아이 수가 그다지 줄지 않았다. 1977년 2.19명에서 2005년에는 2.09명, 2010년에는 1.96명, 2015년에는 1.94명인 상황이다.[9] 저출산의 원인은 결혼 자체에 대한 인식 변화, 즉 비혼와 만혼에 있다. 장애물은 결혼 이전에 있다고 말해도 좋다. 이 점은 나중에 다시 자세히 다루려 한다.

기본 현황을 파악하고자 도표 1-5을 보면, 연령·계층별 미혼율이 드러난다. 결혼에 관해 상당히 급격한 인식 변화가 일어났음을 알 수 있다.

예를 들어 20대 후반 여성의 미혼율은 1970년에 약 20퍼센트에 불과했다. 80퍼센트 이상은 이미 결혼한 상태였던 것이다. 그 후 미혼율이 빠르게 상승해 2015년에는 60퍼센트 이상이 비혼인 상태다. 30대 초반 남성의 미혼율은 1970년 약 10퍼센트에 불과했지만 2015년에는 절반 가까운 47.1퍼센트로 늘었다. 50여 년 사이 급격한 변화가 진행됐다.

이런 사실을 바탕으로 저출산의 요인이 무엇인지 중요한 몇 가지를 확인해보자.

우선 여성의 사회 진출이 저출산의 원인이라는 견해가 이따금 있

1-5 연령·계층별 비혼율의 추이

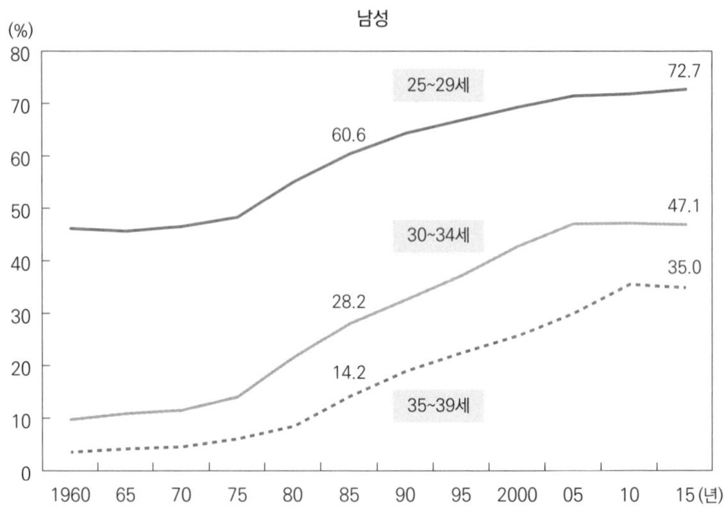

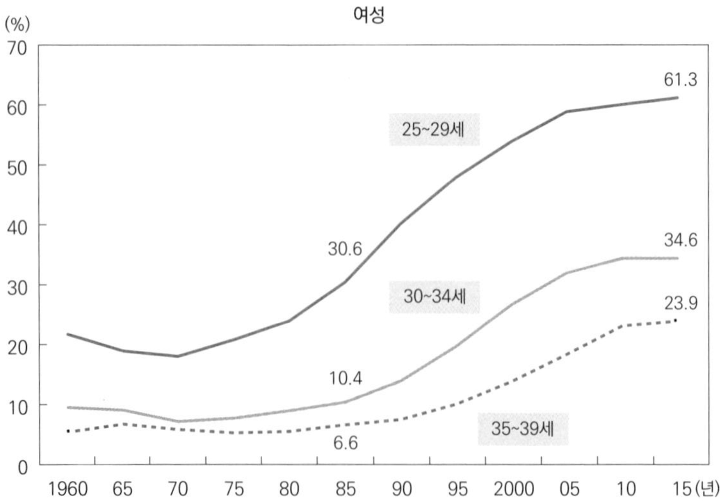

1960~1970년은 오키나와현을 포함하지 않음.

(출처) 総務省, 「国勢調査」.

는데, 이는 사실이 아니다. 도표 1-6을 살펴보자. 선진국이라 불리는 OECD 가입국의 여성 취업률과 합계출산율의 상관관계를 나타낸 것으로, 위 그림이 1980년, 아래가 2012년의 수치를 나타낸다.

1980년에는 여성의 취업률과 출산율이 부負의 관계지만, 2012년에는 정正의 관계로 바뀌었다. 크게 보면 "여성의 취업률이 높은 국가가 일반적으로 출산율도 높다"라는 경향을 읽을 수 있다.

대학에서 사회보장론을 강의하면 학생들이 의외라며 놀라는 부분이다. "여성이 사회로 진출하기 때문에 출산율이 떨어진다"는 주장은 사실이 아니고, 중요한 것은 새로운 변화에 맞춰 정책과 사회시스템이 제대로 대처하는지 못 하는지다. 유감스럽게도 일본은 여전히 충분하게 대처하지 않는다는 사실이 저출산으로 증명되는 것이다.

출산율은 일본 내에서도 지역차가 상당하다는 점 또한 무시할 수 없는 사실이다. 2018년 일본에서 출산율이 가장 높은 광역 자치단체는 오키나와현(1.89명)이며 가장 낮은 곳은 도쿄도(1.2명)다. 흥미로운 것은 규슈 지역 출산율이 높아 미야자키현, 가고시마현, 구마모토현 등이 상위 10위권에 들었다는 점이다. 이 배경에는 무수한 요인이 작용하기 때문에 단순히 얘기하긴 어렵겠지만, 넓은 의미에서 '생활의 여유', '일과 육아의 양립 용이' 같은 요인이 영향을 끼치는 건 틀림없다. 또 조부모 동거나 근접성(육아에 대한 지원) 같은 요인도 연관되었을 가능성이 있다.

어쨌든 사실관계가 불변한다고 가정하면, 도쿄의 출산율이 가장 낮다는 사실은 이미 다양하게 논의되었듯 "인구가 도쿄에 집중할수록 일본 전체의 출산율이 떨어져 인구가 감소한다"는 의미다.

1-6 OECD 가입국의 여성 취업률과 합계출산율의 상관관계

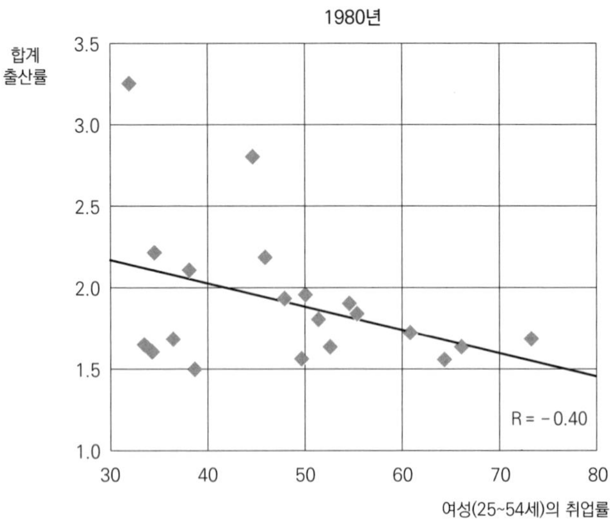

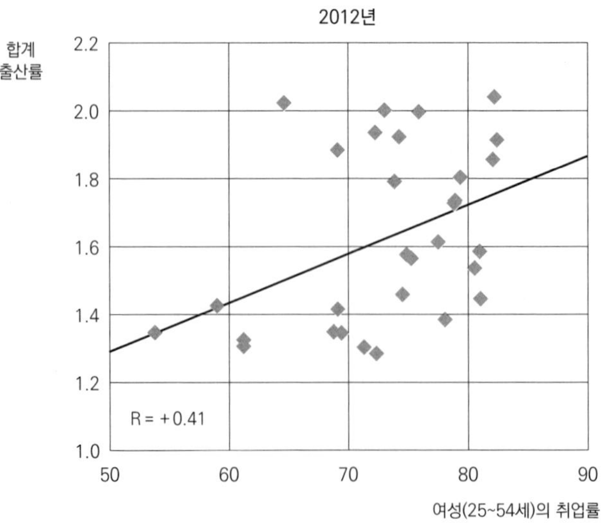

(출처) OECD, Social Policy Division, 『Directorate of Employment, Labour and Social Affairs』.

＼경제 효율성을 둘러싼 역설과 청년 세대의 불안

더 깊이 파고 들어가보자. 도쿄는 말할 것도 없이 경제나 효율성 면에서 압도적으로 일본의 '넘버원'이다. 그런 도쿄의 출산율이 가장 낮아 인구 감소 가능성이 가장 유력하다는 점은 근본적 역설을 내포하는 것이 아닐까. 경제적 효율성이나 생산성만을 추구하면 단기적으로는 높은 실적을 올릴 수 있지만, 아무리 생산성이 증대해도 출산율이 떨어져 인구 감소가 심각해진다면, 중장기적으로는 경제적 측면에서도 근본적 손실을 불러일으킬 것이다.

비유적으로 표현하자면 인구 감소 문제에는 이솝 우화처럼 북풍보다 해님 같은 대응이 중요하다. 거품경제 시기에 외치던 "24시간 싸울 수 있습니까"•와 같은 생각으로는 도쿄가 그렇듯 일과 육아의 양립 과제가 뒤로 밀려 결과적으로 저출산 그리고 인구 감소가 심각해진다는 점이 핵심이다. 경제적으로도 심각한 손해다. 경제 효율성이나 무한 확대·성장을 추구하는 안일한 생각이 역설적으로 인구와 경제에 부정적으로 작용하는 것이다.

앞에서 저출산 원인을 결혼한 부부가 낳는 아이의 수가 줄어들기 때문이 아니라, 비혼·만혼 때문이라고 지적했다. 특히 2000년대에는 청년 세대의 고용이 크게 불안정하다는 점이 매우 중요한 요인으로 작용한다. 2011년 내각부의 조사에서 "20대와 30대의 남성의 경우 연간 수

• 1989년 일본에서 유행어 대상을 받은 제약회사 다이이치산쿄(第一三共株)의 피로 회복 드링크제 리게인의 광고 문구. 버블 경제기에 철야도 불사하며 맹렬히 일하던 장시간 과로 사회를 상징한다.

입 300만 엔을 기준으로 그 이상인가, 그 이하인가에 따라 결혼한 비율에 큰 차이가 있다"는 결과가 나와 화제가 되었다.[10] 마찬가지로 정규직인가, 비정규직인가에 따라 결혼한 비율이 상당히 큰 차이를 보인다는 통계도 있다. 30대 정규직 남성의 결혼한 비율은 60.1퍼센트인 데 비해, 비정규직은 27.1퍼센트다.[11]

따라서 청년 세대의 고용 불안정과 빈곤이 저출산의 주요인이라는 점을 고려할 때 청년 세대 지원은 인구 감소 사회의 디자인에 매우 중요한 요소다.

결혼한 부부의 아이 수는 크게 줄지 않은 점과 비혼·만혼이 저출산의 주요 원인이라는 점을 감안할 때, 보육원 정비 등 이미 결혼해 아이가 있는 계층에 대한 지원도 물론 중요하지만, 오히려 혼인적령기이면서 결혼 의사가 있어도 생활과 고용이 불안정해 결혼을 못 하는 연령층에 대한 주택, 고용, 교육 등 폭넓은 지원이 무엇보다 중요할 것이다. 이에 대해서는 제4부 사회보장과 자본주의의 진화에서 자세히 살펴볼 예정이다.

＼저출산의 구조 요인

지금까지 저출산을 둘러싼 상황과 그 배경을 국제 비교 등 다양한 각도에서 살펴봤는데, 그 주요한 구도를 단순화한 것이 다음 그림이다.

세로축은 육아와 청년에 대한 공적 지원의 규모를 나타내는데 육아에는 보육원이나 아동 수당, 육아휴직 같은 제도가, 청년에는 고용이

1-7 저출산·가족 정책을 둘러싼 국제 비교

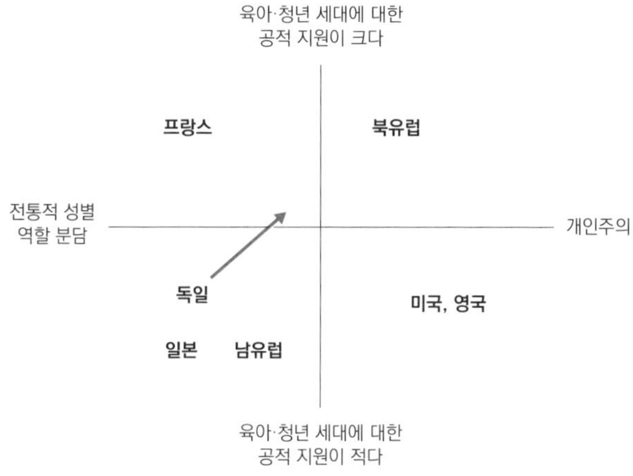

나 교육, 주택 등의 지원이 해당한다. 한편 가로축은 개인의 행동이나 가치관에 관한 것으로 왼쪽은 전통적 성별 역할 분담을, 오른쪽은 개인주의를 나타낸다. 왼쪽은 남녀의 역할 분담이나 그에 관한 규범이 비교적 뚜렷한 보수주의적 사회이며, 오른쪽은 고정적 성별 역할 분담에 구애받지 않고 남녀 개인의 능력을 중시하는 개인주의적 사회다.

커뮤니티 논의에서도 다루겠지만 나는 좋은 의미의 개인주의가 앞으로 일본 사회에서 매우 중요할 것으로 생각한다. 개인이 일정하게 독립하면서도 동시에 고립되지 않고, 집단을 넘어 느슨하게 연결하는 관계성을 겸비하는 것이 바람직하다는 의미다. 이는 도시형 커뮤니티의 모습과 일맥상통한다. 또 여기서 말하는 개인주의란 될 수 있는 한 눈치보기식 잔업을 하지 않거나 직장의 분위기에 얽매이지 않고 휴가를 낼 수 있는 것처럼 건조한 관계를 가리킨다.

경향을 살펴보면 출산율이 비교적 높은 선진국은 앞에서 말한 두 요소, 즉 육아나 청년에 대한 공적 지원이 많고, 전통적 성별 역할 분담에 구애받지 않는 개인주의를 강하게 지향하는 등 양쪽 모두 일정 정도 실현된 국가다. 북유럽에서는 두 가지 모두 명료하게 실현되며, 특히 프랑스는 가톨릭 국가로 전통적 가족의 성별 역할 고정관념이 뿌리 깊은데도 일찍부터 육아 지원 정책을 아주 충실히 실시해왔다.

반대로 미국, 영국 같은 앵글로색슨 국가(특히 미국)는 공적 보육원이나 아동 수당 같은 제도가 그다지 충실하게 정비되어 있지 않다. 특히 미국은 사적으로 육아 도우미를 고용하는 경향이 강하지만, 그럼에도 개인주의 행동 양식이 바탕이 되면서 출산율은 비교적 높다.

육아와 청년에 대한 공적 지원도 적고, 동시에 전통적 성별 역할 분담의 경향이 여전히 강한 국가, 즉 독일, 일본, 남유럽은 실제로 출산율이 낮다.

서문에서 언급한 것과 같이 독일은 안정 사회의 훌륭한 모델이다. 또 오해와 달리 기본적으로 개인주의가 강한 나라다. 독일의 낮은 출산율은 패전국으로서의 역사와 관련 있을 것이고 그밖에도 여러 요인이 있지만, 최근에는 육아와 청년에 대한 정책이 충실해면서 실제 출산율도 점차 회복되어 도표의 오른쪽 윗부분 그룹으로 이행했다.

3

지구적 고령화와 안정형 사회

지금까지 일본의 인구 감소 상황과 국제 상황을 살펴보았다. 이제부터는 전 세계로 관심을 넓히면서 인구 감소를 둘러싼 전망을 생각하고자 한다.

일본의 전망

먼저 향후 일본의 인구 감소에 대한 나의 생각을 밝혀보고자 한다. 제1부에서 확인했듯이 일본은 이미 인구 감소 사회가 됐는데, 나는 현재 일본의 인구(2021년 기준 약 1억 2,605만 명)가 어느 정도 줄어도 좋다고 생각한다. 출산율이 급격하게 상승하는 일은 현실적으로 불가능하며, 더구나 고령자가 특히 많은 일본에서는 앞으로 연간 사망자 수가 꾸준히 증가할 것이기 때문이다. 이에 대해서는 제6부에서 살펴볼 예정이다. 어쨌든 일본의 인구가 당분간 계속 감소하는 것은 피할 수 없는 사실이다.

일본의 인구가 앞으로 어느 정도 줄어도 좋다고 말하는 또 다른 이유가 있다. 선진국을 보면 영국, 프랑스, 이탈리아의 인구는 약 6,000만 명으로 엇비슷한데, 이는 일본 인구의 절반에 못 미친다. 더욱이 프랑스의 국토는 54만 제곱킬로미터로 일본보다 1.5배 가까이 넓고, 영국과 이탈리아는 일본보다 약간 작은 정도다. 독일은 인구가 8,000만 명 조금 넘고 면적은 일본과 비슷하다.

더구나 유럽의 많은 나라와 달리 일본은 국토 대비 산림 면적이 70퍼센트가 넘는다. 한마디로 과밀한 상태인데, 뒤집어 생각해보면 현재의 인구를 절대적으로 유지해야 할 이유가 없는 셈이다.

물론 인구가 계속 줄어드는 것은 문제다. 인구 정책의 기본 방향은 가능하면 출산율을 인구가 유지되는 이른바 '인구 대체 수준'•에 맞춰 2.07명 내외로 회복하는 편이 바람직하다.

이유는 먼저 거시적 관점에서 안정 인구, 더 크게 보면 내가 안정형 사회라고 제시한 형태가 바람직하다고 생각하기 때문이다. 그러나 더 중요한 것은 미시적이고 개인적인 차원이다. 현재는 희망하거나 이상으로 삼는 자녀 수에 비해 실제 아이 수가 상당히 낮다는 것이 여러

• 한 사회의 인구가 장기간 안정적으로 현상 유지되는 데 필요한 출산율의 수준. 일반적으로 유아 사망률이 낮은 선진국은 2.1명, 개발도상국은 3명 전후로 여긴다.

조사에서 밝혀졌다.[12] 따라서 삶의 질과 행복 관점에서 희망하는 만큼 아이를 낳아 기를 환경이 실현되는 게 중요하다.

이처럼 생각하면, 비록 이미지 수준이지만, 출산율은 현재의 약 1.4명에서 서서히 2.0명을 향해 시간을 들여 회복해가는 것이 바람직하다. 당분간은 인구가 줄겠지만 어느 단계에 이르러 감소가 멈추고 머지않아 안정 상태가 될 것이다.

이러한 전망이 상식적으로 바람직한 모습 아닐까. 그 안정 상태의 인구 수준이 어느 정도일지는, 향후 출산율이 2.0명 내외를 향해 회복해갈 때의 패턴과 시간 경과에 따라 바뀐다.

흥미롭게도 UN의 인구 추계에서도 2100년까지 각국의 출산율 목표를 2.0명으로 제시했다. 즉 일본처럼 출산율이 낮은 나라는 상승하고 반대로 개발도상국과 같이 출산율이 높은 나라는 감소해 전체적으로 균형을 보일 거라는 전망이다. 이러한 전제에서 생각하면 일본 인구는 2100년에는 대체로 8,000만 명 내외로 안정될 것이다.

물론 출산율은 다양하고 무수한 요인이 연관되기 때문에, 단순하게 "이렇게 하면 이렇게 된다"고 할 수 없으며, 또 어떠한 모습이 바람직한가에 대해서도 정답이 있는 것도 아니다. 그러나 인구 감소 사회라는 주제를 생각할 때 앞으로 나아갈 방향에 대해서는 이미지나 비전을 가지는 것이 중요하다.

1-8 지구적 차원의 고령화

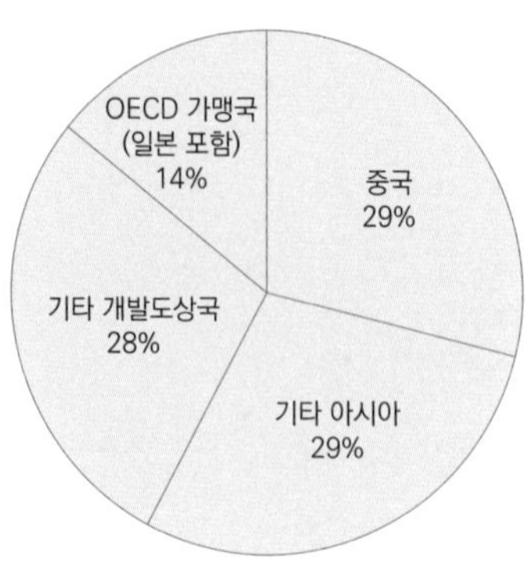

2030년까지 세계에서 증가하는 60세 이상 고령자의 지역별 비율임.
(출처) World Bank, 『Averting the Old Age Crisis: policies to protect the old and promote growth』, 1994.

＼지구적 차원의 고령화

또 한 가지 인구를 둘러싼 중요한 동향으로 전 지구적 고령화를 파악해야 한다.

일반적으로 고령화하면 일본 등 선진국의 이야기로 생각하기 쉽지만 그렇지 않다. 세계은행이 1994년에 발간한 『*Averting the Old Age Crisis*』라는 보고서를 보자. 2030년까지 60세 이상 고령자의 지역별 증가 비율을 담았는데, 전체의 약 30퍼센트를 중국이 차지한다고 예측한 것이 인상적이다. 그 밖의 아시아 국가들도 비슷하게 약 30퍼센트를 차지해 아시아 전체가 크게 고령화한다고 내다봤다. 한편 일본이 가입

1-9 세계 인구 추이와 예측 (1950~2100년)

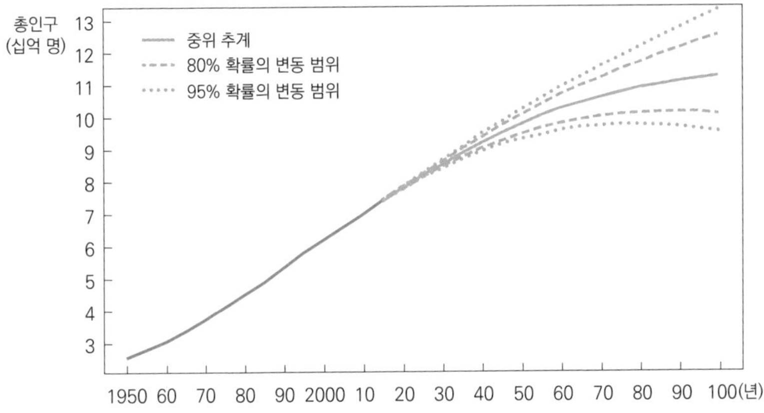

미래 예측(연한 실선)은 세계 인구의 중위 추계로 각국의 합계출산율이 대체로 2.0명으로 수렴된다고 가정. 파선은 80%의 확률의 변동 범위, 점선은 95%의 확률의 변동 범위를 나타냄.
(출처) UN, 『The World Population Prospects: The 2015 Revision』.

한 선진국 모임인 OECD의 비율은 14퍼센트에 지나지 않아 오히려 적다. 요약하자면 앞으로 지구상에서 늘어가는 고령자의 대부분은 신흥국 또는 개발도상국 인구로, 바야흐로 지구적 고령화 현상이 더욱 심화될 것이다.

한 가지 덧붙이자면 나는 고령화와 관련해 중국과의 관계를 소중히 해야 한다고 생각한다. 단적으로 고령화율에서 세계의 선두를 달리는 곳은 일본이며, 고령자의 절대 수에서는 중국이 선두를 달리고 있다. 요컨대 일본과 중국은 형태는 다르지만 고령화의 선두 주자로, 고령화 사회의 사회 모델을 구상할 때도 서로 협력해야 한다.[13]

그렇다면 이 같은 지구적 차원의 고령화 속에서, 앞으로 세계의 인

1-10 ReAFRICA: 2100년의 세계 인구 추계
(상위 10개국 중 5개국은 아프리카 국가들)

(억 명)

1	인도	16.6
2	중국	10.0
3	나이지리아	7.5
4	미국	4.5
5	콩고	3.9
6	파키스탄	3.6
7	인도네시아	3.1
8	탄자니아	3.0
9	에티오피아	2.4
10	니제르	2.1

일본은 30위(8,300만 명)다.
(출처) UN, 『The World Population Prospects: The 2015 Revision』.

구는 어떤 추이를 보일까.

도표 1-9는 현재까지의 세계 인구 추이와 앞으로의 예측을 나타낸 UN 자료다. 크게 볼 때 세계 인구는 20세기에 16억 명에서 60억 명까지 늘었고, 현재는 70억 명을 넘었다. 이후는 점차 완만한 증가율을 보여 2100년에 112억 명 정도에서 안정된다는 것이 UN의 희망 섞인 예측이다. 2019년에는 2100년의 인구 예측이 109억 명으로 하향 조정되었다. 또 2050년에는 97억 명이 될 것으로 예측했기 때문에, 21세기 후반의 인구 증가는 지극히 적은 셈이다. 세계 인구는 21세기의 중반 즈음부터 대체로 성숙기를 맞이하고 얼마 안 있어 안정 상태에 이르는

것이다.

이와 관련해 흥미로운 사실이 있다. 도표 1-10은 마찬가지로 UN이 2015년에 예측한 '2100년의 세계 인구 추계'의 상위 10개국이다. 1위를 차지한 인도, 2위의 중국에 대해선 잘 알려졌지만, 상위 10개국 중에 다섯 개를 아프리카 국가(나이지리아, 콩고, 탄자니아, 에티오피아, 니제르)가 차지한다는 점은 흥미롭다.

이러한 사실을 다음과 같은 각도에서 보는 것도 재미있을 것이다. 약 20만 년 전 호모사피엔스가 아프리카에서 태어나고, 농경 문명의 변방이던 영국에서 17세기 전후에 자본주의가 탄생해 세계로 확산되었다. '자본주의 최후의 프런티어'로 불리는 아프리카까지 자본주의가 (다행인지 불행인지) 전파된 후에 최종적으로 인류의 역사가 안정 상태에 도달한다는 해석이다.

마르크스주의 계보에 속하는 종속 이론의 기수 안드레 프랑크Andre Frank의 저서 『리오리엔트*ReORIENT*』의 논의[14]를 뛰어넘어 '리아프리카ReAFRICA(다시 아프리카로)'라고 부를 현상일지도 모른다.

톺아보기

아프리카의 인구 증가

최후의 프런티어로서 21세기 후반에는 아프리카의 인구가 큰 폭으로 증가할 것이라고 예측된 반면, 세계 인구는 그다지 크게 늘지 않을 것으로 추산되는 건 왜일까. 20세기에 세계 인구는 16억 명에서 60억 명으로 네 배 가까이 늘었다. 21세기 100년 동안에는 60억 명에서 109억 명 정도로 증가할 것으로 예측되는데, 증가폭이 이렇게 크게 작아지는 이유가 무엇일까. 아프리카의 인구가 애당초 유라시아에 비해 상대적으로 적기 때문이다. 아프리카는 수렵·채집 지역이 많고 농경이 발전하지 못해 인구 규모가 유라시아에 비해 절대적으로 작기 때문에, 아프리카의 인구 증가율이 높더라도 세계 인구 전체에 미치는 영향은 상대적으로 적다.

참고로 재러드 다이아몬드Jared Diamond는 저서 『총·균·쇠*Guns, Germs and steels*』의 아프리카 부분에서 이렇게 기술한다.

"아프리카에는 재배하거나 가축화할 만한 야생 조상종이 별로 서식하지 않았다. 식량 생산에 적합한 토지도 별로 없었다. (중략) 아프리카 대륙에서 식량 생산에 적합한 토지의 총면적은 유라시아 대륙의 거의 절반밖에 되지 않는다. 더구나 기원전 1,000년에 아프리카의 농경민과 목축민이 거주하던 곳은, 이 유라시아 대륙의 절반밖에 안 되는 아프리카 대륙 중에서도 약 3분의 1에 지나지 않는 적도 이북의 사하라사막 지역뿐이었다. 오늘날 유라시아 대륙에는 40억 명이 산다. 이에 비해 아프리카의 총인구는 7억 명에 미치지 못한다."[15]

＼세계 인구 안정화와 세계적 안정형 사회

세계 전체로 이야기를 되돌려 일본·아시아, 그리고 세계 인구의 동향을 살펴보자. 중국만 하더라도 한 자녀 정책의 영향으로 2020년대 중반에 총인구 약 13.9억 명을 기록해 정점을 찍는다. 이후 빠르게 안정되어 인구 감소 시대에 돌입한다. 동아시아 지역은 일본 이상으로 저출산 문제가 심각해, 2016년 기준 합계출산율은 한국 1.17명, 홍콩 1.21명, 대만 1.17명, 싱가포르 1.2명으로 일본보다 낮다.

인구통계학자 볼프강 루츠Wolfgang Lutz는 '20세기가 인구 증가의 세기였다면, 21세기는 세계 인구 증가의 종언과 인구 고령화의 세기가 될 것'이라고 말하는데,[16] 분명히 그렇게 전개될 것이다. 일본은 그 선두를 달리는 셈이다.

나는 이러한 전망을 '세계적 안정형 사회'라고 불러왔다.[17] 한마디로 '21세기 후반에 고령화가 고도로 진행되고 인구와 자원 소비도 균형을 잡는 어떤 안정점을 향하며, 또 그렇게 되지 않으면 지속 가능할 수 없다'는 생각 때문이다.

그 선두에 일본이 있기 때문에, 새로운 안정형 사회의 모델을 먼저 구상하고 실현해나가는 것이 일본의 역할이자 책무라고 말할 수 있지 않을까.

마지막으로 세계 인구의 변동에서는 다음을 주목해보자. 도표 1-11은 16세기 이후 세기별 전쟁 사망자 수다. 이는 최근 관심을 끈 빅 히스토리 분야의 역사가 데이비드 크리스천David Christian의 대표 저작 『*Maps of Time*』에서 인용한 것이다.[18]

1-11 전쟁 사망자 추이(1500~1999년)

시기	전쟁 사망자(100만 명)	인구 1,000명당 전쟁 사망자 수
1500~1599년	1.6	3.2
1600~1699년	6.1	11.2
1700~1799년	7.0	9.7
1800~1899년	19.4	16.2
1900~1999년	109.7	44.4

(출처) David Christian, 『*Maps of Time*』, University of California Press, 2004, p.458.

이 도표에서 보듯이 전쟁에 의한 사망자 수는 16세기 이후에 근대 사회의 급격한 인구 성장에 비례해 증가했고, 20세기에 정점에 도달했다. 20세기의 전쟁 사망자는 1억 명을 넘었고 그중 제2차 세계대전의 사망자 수가 약 5,300만 명이다. 인구 1,000명 당 사망자 수도 이전 시대와 비교가 안 될 정도로 많았다.

물론 인구 증가와 전쟁이 단순하게 직결되는 것은 아니지만, 일반적으로 인구와 경제성장기에는 자원이나 에너지, 영토를 둘러싸고 국가나 부족 간의 충돌이 발생하기 쉬운 게 분명하다. 따라서 다양한 과제가 존재하는 데도 인구가 빠르게 증가하는 시대가 종언을 고하고 안정화하는 것은 세계 차원에서도 커다란 전환이며 오히려 긍정적 전망이 많다고 생각한다. 물론 21세기가 전쟁 사망자 수가 감소하는 전환의 시대가 될지는 우리의 대응에 달렸다.

제2부

커뮤니티와 마을 만들기·지역 재생

제1부에서는 일본, 세계, 지구라는 관점에서 '인구 감소 사회를 어떻게 이해해야 하는가'를 살펴봤다.

인구 감소 사회의 디자인에서 중요한 핵심어는 커뮤니티와 마을 · 지역이다. 커뮤니티란 사람과 사람의 관계성 개념으로 파악한다. 소프트웨어의 영역에 속하는 동시에 장소, 즉 거리의 공간 구조, 교통 상황, 환경 등 다양한 하드웨어와도 뗄 수 없는 관계다. 여기서는 이러한 커뮤니티와 지역을 둘러싼 과제를 살펴보고자 한다.

1

커뮤니티란 무엇인가

먼저 '도대체 커뮤니티란 본래 무엇인가' 하는 약간 기본적인 논의부터 시작해보자.

╲ 커뮤니티라는 애매한 존재

커뮤니티란 매우 애매한 존재다. 근대라는 시대의 틀 속에서 사회와 세계는 독립된 개인(개체)에 의해 성립한 것으로 여긴다. 경제적 맥락에서 개인은 시장에서 자유롭게 경쟁하고 최대 이윤을 추구하는 것으로 생각해왔다. 거기서 발생하는 격차의 확대나 환경 파괴 같은 문제는 정부라는 공적 부문을 만들어 조정해왔다.

2-1 공(公)·공(共)·사(私)를 둘러싼 역동성

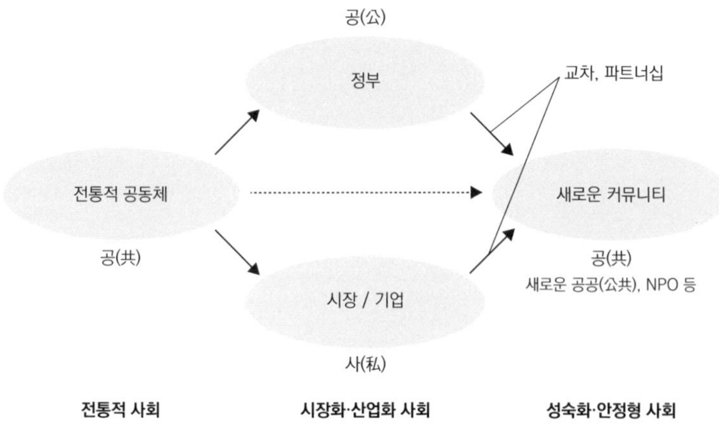

이것이 근대적 인간관이자 사회관의 바탕이다. 거기에는 개인과 사회 또는 사私, Private와 공公, Public, 시장과 정부의 이원론만이 존재하며, 커뮤니티라는 개념은 등장하지 않는다. 다시 말해 "커뮤니티를 전제하지 않더라도 인간 사회는 성립하고 오히려 그편이 바람직하며, 그랬을 때도 인간과 사회를 이해할 수 있다"는 것이 근대적 패러다임이었다.

그런데 최근 들어 그런 이원론 가지고는 현재 발생하는 다양한 문제를 근본적으로 해결할 수 없어 애초부터 인간이라는 존재를 제대로 이해하지 못한 것은 아닌가 하는 의문이 제기되었다. 이때 떠오른 것이 커뮤니티이며, 이는 공公과 사私 어디에도 속하지 않는 공共이라는 제3의 영역이자 관계성이다.

돌이켜 보면 커뮤니티는 근대 이전의 전통 사회, 예컨대 농촌 공동체의 중심이었으므로, 최근의 방향은 새로운 커뮤니티를 재구축하려는 움직임이라고도 볼 수 있다. 이러한 공公·공共·사私를 둘러싼 역동적 흐름을 보자.

실제로 여러 학문 분야에서 문과와 이과의 틀을 넘어, 커뮤니티, 인간 관계, 개체를 초월한 인간에 관한 새로운 이해와 개념 등이 백가쟁명하듯이 다양하게 전개된다. 이렇게 다양한 최근 논의의 중심에는 다름 아닌 커뮤니티라는 애매한 존재가 있다.

＼정보와 커뮤니티의 진화

지금까지는 주로 인간을 논의했는데, 인간 이외의 생물까지 포함해 커뮤니티를 생각하면 어떨까. 이때 떠오르는 것이 정보다.

그 실마리로 일찍이 칼 세이건Carl Sagan이 『에덴의 용*The Dragon of Eden*』에서 펼친 관점을 참고해보자.[19] 정보는 크게 유전정보와 뇌 정보로 구분한다. 전자는 DNA에 내장된 정보로, 유전자를 통해 부모에서 자식으로 전달된다. 그렇지만 생물이 복잡해지면서 이 유전정보만으로는 불충분해진다. 필요한 정보량을 DNA만으로는 감당하기 어려워진 것이다. 그래서 생물은 유전정보와 더불어 뇌라는 저장 매체를 만들고, 뇌 정보를 통해 다양한 정보를 축적하고 전달하도록 했다. 이 경우 뇌의 정보 전달은 생물 개체 간 의사소통으로 이루어진다. 이 가운데 형성된 것이 다양한 형태의 커뮤니티다.

이처럼 정보와 커뮤니티는 서로 뗄 수 없는 개념이다. 뇌 정보와 커뮤니티는 생물 진화 과정에서 점점 그 비중이 커지고 특히 포유류에게서

2-2 정보와 커뮤니티의 진화

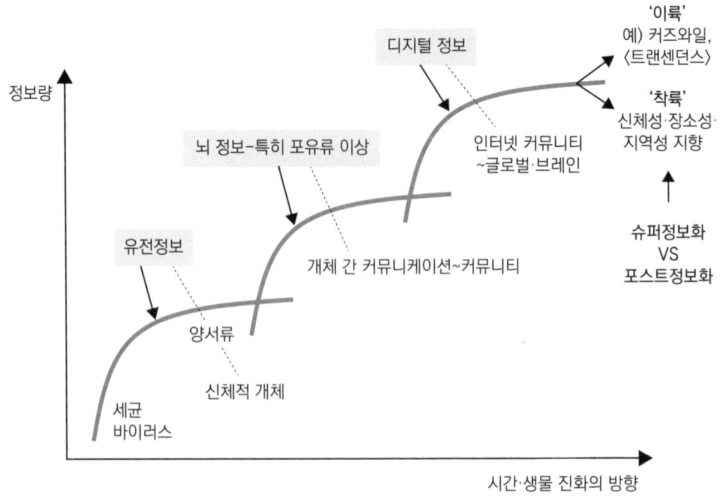

(출처) 세이건, 『에덴의 용』, 1978.

크게 확대되었는데, 그것을 가장 높은 단계로 펼친 것이 인간이었다.

칼 세이건의 논의가 흥미로운 것은, 이렇게 뇌 정보가 크게 진화한 인간이지만 역사 흐름 속에서 뇌 용량마저 부족해져 이윽고 한층 더 새로운 정보 매체를 만들었다고 파악하는 점이다. 즉 문자 정보와 그 축적 수단으로서의 서적, 도서관 등은 뇌의 외부 메모리와 같다. 이것으로도 부족해서 얼마 지나지 않아 컴퓨터가 등장하고, 일상적으로 디지털 정보를 축적하고 전달한 것이 20세기 후반이다.

정리하자면 인간은 '유전정보→뇌 정보→문자 정보→디지털 정보'라는 단계를 거쳐 정보를 외부화한 것이다. '디지털 커뮤니티가 인간에게 어떤 의미를 가지는가'라는 질문도 이런 시각에서 파악할 필요가 있다.

디지털 정보와 커뮤니티의 미래를 어떻게 전망할 수 있을까. 앞서 언급한 미국의 미래학자 커즈와일의 기술적 특이점 논의는 디지털 정보에 유전정보와 뇌 정보를 모두 통합하려는 비전이다. 저서 『특이점이 온다』의 부제가 '인간이 생물학을 초월할 때When Humans Transcend Biology'인 것이 바로 그러한 세계관을 보여준다.

그러나 이런 비전은 인간과 생명, 세계를 대폭 축소해 파악하는 것 아닐까. 이른바 슈퍼정보화나 슈퍼자본주의로 일컫는 방향이 아니라, 오히려 육체성이나 지역적 장소성, 정보로 환원되지 않는 생명 그 자체를 지향하는 쪽으로 정보가 착륙하는 방향이 인간과 행복, 그리고 유한한 지구의 지속 가능성이 향해야 할 바람직한 길이라고 생각한다. 이는 후술하는 지역화나 포스트정보화라는 주제와도 연결된다.

＼일본 사회와 커뮤니티

앞으로의 인구 감소 사회에서 커뮤니티를 생각할 때 피해갈 수 없는 것이 일본 사회와 커뮤니티 문제다.

나는 커뮤니티에 농촌형 커뮤니티와 도시형 커뮤니티라는 이질적 양자가 있으며, 동시에 이 둘은 모두 인간에게 본질적이고 보완적이라고 생각한다. 농촌형 커뮤니티란 집단 속에 개인이 묻힌 형태이며, 그 연결 고리는 정서적 일체감을 기반으로 해 강고한 결속력을 갖는 반면에 외부에 배타적이다. 도시형 커뮤니티란 어디까지나 개인이 독립하

2-3 농촌형 커뮤니티와 도시형 커뮤니티

	농촌형 커뮤니티	도시형 커뮤니티
특징	동심원을 넓히며 이어진다	독립된 개인으로서 이어진다
내용	공동체적 일체감	개인을 바탕으로 한 공공 의식
성격	정서적(비언어적)	규범적(언어적)
관련 사항	문화	문명
	공동성(Common)	공공성(Public)
사회적 자본	결합형(Bonding) [동질적 사람들끼리의 긴밀한 연대]	중개형(Bridging) [이질적 개인 간의 네트워크형 연대]

면서 느슨하게 이어지는 커뮤니티 본연의 모습이며, 이는 이념 공유나 공공 의식을 기반으로 한다.

일본과 연관해 살펴보면, 일본인의 관계성은 농촌형 커뮤니티로 기울기 쉬우며, 겉과 속의 명확한 구별이나 동조와 배제의 양극화 성향으로 표출된다는 점은 분명하다.

이는 벼농사 유전자라 할 만큼 2,000년에 걸친 벼농사 중심 사회구조에서 형성된 것이다.[20]

이 점은 선진국 중 일본이 사회적 고립도가 가장 높은 것과도 연결된다. 사회적 고립은 가족 등의 집단을 뛰어넘은 관계와 교류가 얼마나 이뤄지는지를 가리킨다. 집단을 초월한 개인과 개인의 연결 고리 구축은 지금의 일본 사회가 직면한 다양한 과제의 뿌리다.

개인적 경험으로 유럽 등 해외와 일본의 상황을 서로 비교할 때 통감하는 것이 있다. 도쿄 같은 대도시와 지역 도시를 막론하고 현재 일본에서 실감하는 것이다.[21]

- 낯선 사람끼리 평범한 일로 말을 걸거나, 인사를 하거나, 대화를 나누는 것을 거의 볼 수 없다
- 낯선 사람 사이에 길을 양보하는 경우가 드물고, 부딪쳐도 서로 아무 말도 하지 않는 것이 보통이다
- 타인끼리 '감사합니다'라는 말을 사용하는 경우가 적고, 기껏해야 '죄송합니다'처럼, 사과라고도 할 수 없고 감사라고도 할 수 없는 애매한 말이 한정된 범위에서 사용된다
- 도시의 의사소통은 그마저도 돈을 매개로 점원과 손님 사이에 이뤄지는데, 여기서도 점원이 일방적으로 말을 걸고 고객 쪽에서는 아주 제한적으로 응답한다

이와는 대조적으로 '낯선 사람끼리 사소한 일로 말을 거는 일'은 유럽 등에 한정되지 않고 아시아 국가에서도 일본보다 훨씬 흔하다. 전철에서 선반에 짐을 올리는 사람을 아무렇지 않게 돕거나, 길에서 부딪칠 뻔했을 때 미소를 보이는 등 사소한 행동이지만 모르는 사람끼리 주고받는 행위나 소통이 일본보다 압도적으로 많다.

'모르는 사람끼리'라는 점이 중요하다. 유감스럽게도 일본은 '아는 사람끼리'는 지나칠 정도로 배려하면서 동조하지만, 낯선 사람이나 집단 바깥 사람에게는 관심을 두지 않거나 잠재적 적대 관계로 대하곤 한다. 도쿄 등 도시는 말 그대로 무언 사회라고 부를 만하다.

손타쿠忖度•도 이런 일본인의 행동 양식의 단면이라고 할 수 있다. 나는 이러한 상태를 "집단이 안으로 닫혔다"라고 표현한다.[22]

이런 일본 사회에서 어떻게 사람과 사람의 관계성을 열린 관계로 바

• 윗사람의 뜻을 눈치껏 헤아려 행동하는 것.

꿔 갈 수 있을까 하는 점이 가장 큰 과제다. 도시형 커뮤니티의 확립과도 겹치는 문제다.

현재의 일본은 관계성 전면 재편 시대를 맞았다. 여기서 가리키는 관계성은 국민성처럼 고정적인 속성이 아니라, 앞에서 말한 벼농사 유전자처럼 그 시대의 생산구조나 사회구조에 적응하도록 진화하는 것을 말한다. 전후 일본은 농촌에서 도시로 인구 대이동이 일어나 회사와 핵가족이라는 '도시 안의 촌락 사회'가 만들어졌다. 고도성장기에는 기존의 농촌형 커뮤니티 같은 관계성을 유지한 채 나름대로 선순환을 유지할 수 있었다. 그러나 인구 감소 사회를 맞이해 회사 등의 조직이 유동화하고 가족 형태도 다양해져 1인 가구가 급증한 가운데, 집단을 넘어 개인과 개인을 잇는 관계성을 어떻게 키워 나갈지가 최대 과제가 되었다.

지금까지는 일본 사회의 현상을 상당히 부정적이고 비관적으로 평가했지만, 반대로 희망을 가질 만한 움직임이 백화제방하듯 각 지역에서 일어나는 것도 분명한 사실이다.

전국 각지에서 지역과 커뮤니티 재건, 사회 공헌을 지향하는 청년세대와 기업 등의 움직임이 다방면에 걸쳐 일고 있다. 대부분 새로운 관계, 즉 독립된 개인이 네트워크 하는 방향으로, 고도성장기에 볼 수 없던 새로운 성격으로 움직이고 있다.

사회적 고립과 무언 사회 상황에 "이대로는 안 된다"라고 느낀 사람들이 일상에서 새로운 시도와 행동 변화를 일으키는 것이 아닐까.

2

고령화·인구 감소 사회의 커뮤니티와 도시

＼지역에 따라 서로 다른 과제

앞에서 본 커뮤니티를 바탕으로 인구 감소 시대의 커뮤니티와 지역, 마을 만들기의 기본 방향을 생각해보자.

먼저 내가 2010년에 실시한 「지역 재생·활성화에 관한 전국 지방자치단체 설문 조사」의 일부를 소개한다. 총 986개의 전국 기초 자치단체 중 약 절반에 해당하는 597곳(회수율 60.5퍼센트)을 대상으로, '현재 직면한 정책 과제 중에 우선순위가 높은 것은 무엇인가'라는 질문에 대한 응답을 정리한 것이다. 역시 1위는 '저출산·고령화의 진행', 2위가 '인구 감소 및 청년층 유출'이었는데 인구 감소 사회의 디자인에 직결되는 과제들이다.

2-4 현재 직면한 정책 과제 중 우선순위가 높다고 생각하는 것(복수 응답)

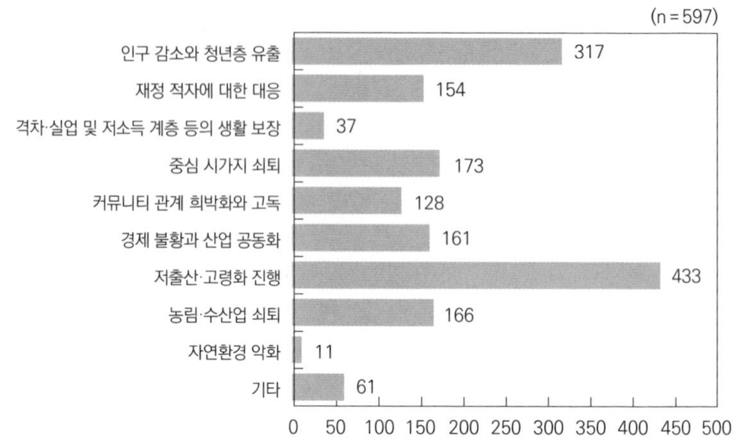

자치단체 규모별로 재정리하면 약간 다른 특성이 나타난다. 도표 2-5 위쪽은 농촌에 해당하는 인구 1만 명 미만의 작은 지자체, 아래쪽이 인구 규모가 큰 지자체, 맨 밑은 전체 합계다.

지자체의 규모에 따라 우선순위 높은 과제가 크게 달라진다. 농촌 등 작은 지자체에서 가장 눈에 띄는 것은 역시 '인구 감소와 청년층 유출'이며, 중간 크기인 5만 명에서 수십만 명 규모의 지역 도시에서 눈에 띄는 것은 빈 점포 거리 등 '시가지 쇠퇴'다.

도쿄와 요코하마 등 대도시권의 특징은 '커뮤니티 관계 약화와 고독'으로, 소프트웨어 영역인 사람 사이의 관계성 자체가 과제다. 작은 농촌 지자체처럼 사람이 없어져 커뮤니티의 기반이 소멸 위기에 놓인 지역이 있는가 하면, 대도시권에서는 인구가 많더라도 커뮤니티 관계가 약해져 고독 같은 문제가 심각한 것이다. 요컨대 인구 감소 사회의

2-5 지역에 따라 서로 다른 과제(인구 규모별, 복수 응답)

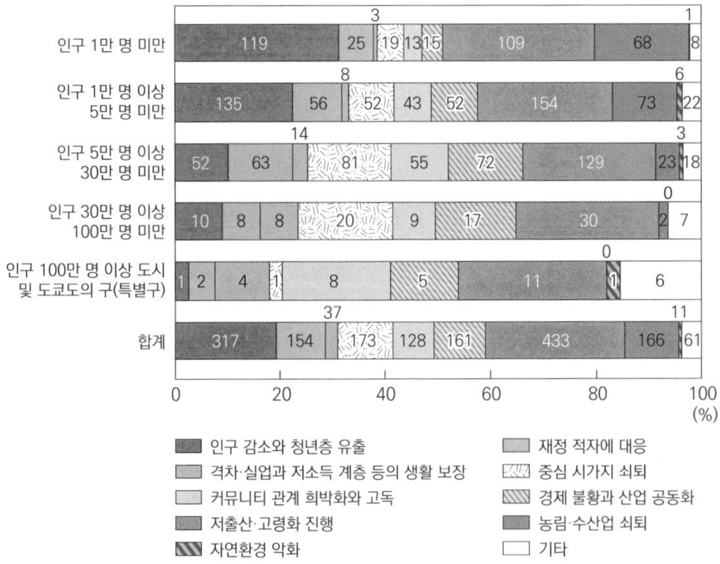

소규모 기초 자치단체에서는 '인구 감소나 청년층의 유출'이 특히 문제. 중간 규모 도시에서는 '중심 시가지 쇠퇴'가 문제. 대도시권에서는 '커뮤니티 관계의 희박화와 고독'('격차·실업과 저소득 계층 등의 생활 보장')도 문제.

공통 과제라 하더라도 지역에 따라 차이가 크기 때문에, 가능한 한 총체적으로 원인을 파악하면서 동시에 이들 지역의 서로 다른 과제를 최대한 연계하는 작업으로 해결 방안을 찾아가는 것이 중요하다.

＼지역 밀착 인구의 증가

바람직한 커뮤니티를 모색할 때 '지역 밀착 인구'의 증가 현상은 중요한 의미를 가진다. 도표 2-6을 보자. 전체 인구에서 어린이의 비율은 지금까지 계속 낮아졌으며 앞으로도 더욱 낮아질 것으로 예상된다. 이와는 대조적으로 고령자가 차지하는 비율은 계속 높아졌으며 앞으로도 더욱 높아질 전망이다. 그러나 주목할 것은 어린이와 노인을 더한 비율로, 여기서는 '지역 밀착 인구'라고 한다. 왜 지역 밀착 인구라고 부르는가. 이유는 인생 전체에서 어릴 때와 퇴직 후 고령기에 지역 생활과의 연관성이 강해지기 때문이다. 반대로 현역 세대가 되면 근무지와 관계성이 압도적으로 강한 반면 지역과의 관계는 대체로 약해진다.

지역 밀착 인구의 비율 관점에서 보면 고도성장기를 중심으로 전후의 인구 증가 시대에서는 지역 밀착 인구의 비율이 확연히 감소했다. 쉽게 말해 지역의 존재감이 점점 줄어든 시대인 셈이다. 하지만 2000년경부터 지역 밀착 인구의 비율이 증가세로 돌아서고, 2050년을 향해 일관되게 높아진다. 물론 그때는 고령자가 중심이겠지만, 어쨌든 인구 감소 시대에는 지역에서 시간을 많이 보내는 계층이 크게 늘면서 지역의 위상은 꾸준히 높아질 것이다.

최근에는 청년 세대의 지역 지향이 강해졌고 직주 근접에 대한 요청도 높아졌다. 전체적으로 생활 현장의 지역 커뮤니티가 존재감을 크게 높여가는 것이 인구 감소 시대의 주요한 특징이라 할 것이다.

고령화가 완전히 진행된 인구 감소 사회는 1인 가구가 크게 늘어난 시대이기도 하다. 최근 국세國勢조사에 의하면 65세 이상 1인 가구 남성은 1995년 46만 명에서 2015년 180만 명으로 3.9배, 같은 시기에 여성은 174만 명에서 383만 명으로 2.2배 급증했는데, 앞으로는 증가세가 더욱 뚜렷할 것으로 보인다.

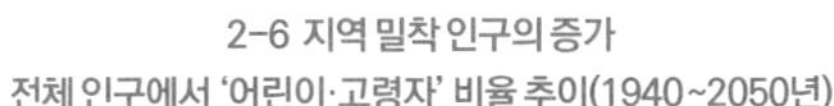
2-6 지역 밀착 인구의 증가
전체 인구에서 '어린이·고령자' 비율 추이(1940~2050년)

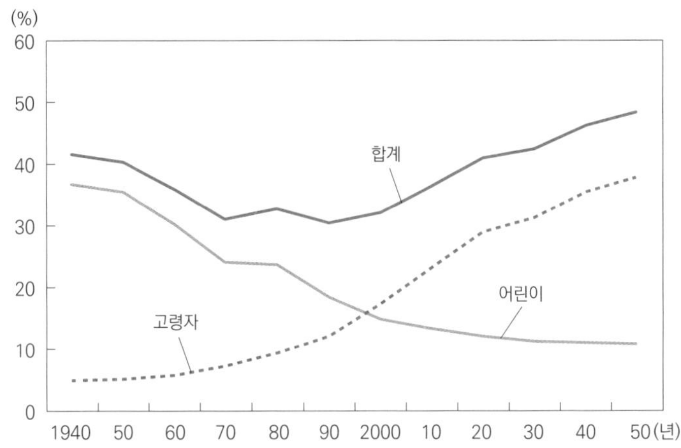

어린이는 15세 미만, 고령자는 65세 이상을 말한다.
(출처) 2010년까지는 総務省, 「国勢調査」, 2020년 이후는 国立社会保障·人口問題研究所, 「日本の将来推計人口(平成29年推計)」 참고.

특히 고령자가 급증하는 지역은 수도권으로, 2010년부터 2040년까지 30년 동안 도쿄 권역(도쿄도, 가나가와현, 사이타마현, 지바현)의 고령자는 388만 명이나 증가하며, 도쿄도에서만 144만 명이 늘 것으로 예측된다.[23] 2015년 기준 광역 자치단체인 시가현 전체 인구가 141만 명, 야마나시현이 83만 명인 점을 고려하면 얼마나 거대한 규모인지 이해할 수 있다.

＼고도성장기의 부정적 유산

새삼스럽지만, 수도권의 고령화가 이렇게 빠르게 진행되는 이유는 고도성장기에 농촌 등 전국 각지에서 수도권으로 한꺼번에 모여든 젊은 세대가 고령자가 되었기 때문이다. 지역 도시보다도 수도권 등의 대도시권이야말로 고령화 대응이 큰일이다.

최근 수도 도쿄로의 인구 유입이 자주 화제가 되는데, 실은 전국에서 도쿄 권역으로 인구가 가장 많이 이동한 시기는 1960년대 전후의 고도성장기로, 1962년 39만 명이 유입돼 절정에 달했다.

널리 인식되진 않았지만 최근 들어 지역의 인구 감소가 뚜렷한 이유도 고도성장기에 젊은 세대가 몽땅 빠져나간 뒤 남은 사람들이 나이 들어 사망하기 때문이다. 아키타현만 하더라도, 젊은이를 중심으로 한 인구 유출이 압도적으로 컸던 것은 1960년대 전후의 고도성장기이며, 최근의 인구 유출은 당시에 비하면 훨씬 적다.

따라서 당면한 지역의 인구 감소 문제는 실은 고도성장기에 발생한 현상의 부정적 유산이다. 최근에 일어나는 청년 세대의 지역 지향 현상은 우리에게 희망을 가지게 하는 측면이 크다.

최근 수도권 인구 집중이 또다시 심화되고 있다. 실제 도쿄 권역 전입 인구 초과•는 2018년에 13.6만 명에 달해, 최근 5년 중 최대치를 기록했다.[24] 이 규모는 고도성장기에 비하면 상당히 적지만, 우려할 만

• 2018년 도쿄 수도권에서 지방으로 이주한 전출 인구는 35만 5,000명인 반면에, 지방에서 도쿄 수도권으로 전입 인구는 49만 1,000명으로, 그 대부분을 젊은 층(15~29세)이 차지했다.

한 수준인 것은 분명하다.

도쿄 권역 인구 유입 배경에는 2021년 도쿄 올림픽 개최와 그에 따른 건설 붐으로 고용 증가 등이 큰 영향을 끼쳤을 것이다. 그러나 구조적으로는 다음과 같은 요인이 작용하는 것으로 보인다.

앞서 언급했듯 고도성장기에 대량으로 수도권에 이주한 당시의 젊은 층이 이제는 고령 세대가 되었고, 그 결과 최근 퇴직자가 대량 발생했다. 자연스레 대규모 인력 부족과 구인 수요가 발생하면서 지역의 젊은이를 다시금 빨아들이는 결과를 낳았다.

게다가 퇴직한 고령자가 75세 이상 초고령자가 되면 돌봄 서비스를 담당할 젊은 노동력이 많이 필요하고, 지역에서 수도권으로 청년층 인구 이동을 한층 더 유발한다. "고도성장기에 발생한 현상에 끝까지 휘둘린다"는 점에서 최악의 시나리오다.

이를 고려할 때 지역으로 고령자의 U·I턴을 촉진하는 정책이 중요할 것이다. 고도성장기에 지역에서 수도권의 대도시로 이주했지만, 지금 도쿄의 근교에 사는 삶은 가짜이며 여전히 "영혼(마음)은 고향에 두고 왔다"는 사람들이 결코 적지 않으리라 생각한다. 수도권에 눌러앉은 고령자를 돌보려고 청년들을 빨아들인 탓에 지역 인구 감소가 더욱 심화되는 것보다는 고령자가 지역으로 돌아가는 쪽이 훨씬 바람직하지 않을까.

＼연금 자산의 수도권 집중

그리 지적되지 않는 사실이지만 수도권 고령자가 급증한다는 건 연금 자산도 수도권에 집중된다는 의미다. 지금보다 더 많은 돈이 수도권에 모일 뿐 아니라, 연금이라는 정부의 공적 제도를 통해 이전되는 것이다.

지금까지 고령화가 먼저 진행된 곳은 대도시가 아니라 지역이었다. 지역 입장에서는 예기치 않게 연금제도를 통해 지역으로 소득이 이전되어 수도권과 격차를 줄이는 공간적 재분배가 가능했다. 나는 이를 공간적 사회보장 효과라고 불러왔는데, 앞으로는 그 반대가 될 수도 있다. 고령화에 따라 수도권에 부가 집중하는 폐해를 바로잡기 위해서도, 앞에서 강조한 것처럼 교형자의 지역 U·I턴을 촉진하고 지원하는 정책이 중요하다.

당면 과제는 고도성장기에 발생한 젊은 세대의 수도권 대량 유입이 수십 년의 시간차를 두고 다른 형태로 드러난다는 점이다. 고도성장기 정부는 수도권에 일본주택공단을 통해 대규모 주택단지를 조성하는 등 거국적으로 청년 세대의 수도권 유입을 지원했다. 따라서 젊은 세대의 지역 지향이 높아진 지금은 정반대 지원 정책을 적극적으로 추진해야 한다. 유럽 등에서 말하는 역도시화 정책, 즉 지역으로 이주하는 청년의 기본 소득 보장이나 주택 지원, 농업 소득 보장 등이다. 그것이 고도성장기의 부정적 유산을 극복하는 길이 될 것이다. 뒤에서 자세히 살펴볼 예정이다.

＼안식처와 마을 만들기

다음으로 커뮤니티 논의에서 안식처라는 주제에 주목해보자. 일본 경제신문사 산업지역연구소가 실시한 설문 조사에서 흥미로운 결과가 나왔다. 수도권에 사는 60~74세 남녀 1,236명에게 '당신은 집 이외에 정기적으로 가는 편안한 안식처가 있습니까'라는 질문을 던졌다.[25] 그 결과 남녀 모두가 도서관을 1위에 꼽았는데, 언뜻 의외일지 모르지만 조금 생각해보면 수긍이 가는 결과다.

그다음 순위부터는 남성과 여성이 다소 차이를 보인다. 여성은 스포츠 클럽, 친척 집, 친구 집으로 이어지는데, 남성은 도서관 다음 공원을 꼽은 것이 인상적이다. 은퇴한 고령 남성이 공원에서 홀로 서성거리는 모습이 눈에 선하다. 결과를 살펴보면 선택지 가장 아래 '생각나지 않는다/특별히 없다'는 응답이 2위를 차지했다.

이는 현재 일본의 도시에 안식처라 할 만한 장소가 매우 적다는 사실을 보여준다. 병원 대기실이 고령자로 붐비는 것도 갈 곳이 없는 이들이 존재하기 때문일 것이다.

안식처는 뒤에 설명할 마을 만들기 문제와 깊이 관련된다. 전후 고도 성장기에 농촌에서 도시로 옮겨간 일본인에게는 회사와 핵가족이 안식처였고, 특히 남성에게는 회사의 존재가 컸다. 그러다 퇴직해 회사를 떠나고, 불안정한 고용 환경에 청년 세대와 어린이도 새로운 안식처를 찾는 것이 현재 일본인과 일본 사회의 모습 아닐까.

이런 인식을 바탕으로 안식처가 많은 마을과 도시를 만들어가는 일이 앞서 언급한 사회적 고립과 함께 중요한 과제다.

＼커뮤니티 공간으로서의 도시

안식처 관점에서 도시와 거리를 편안하게 쉴 수 있는 커뮤니티 공간으로 접근하는 사고가 중요해질 것이다.

앞서 언급했듯이 유감스럽게도 일본과 미국은 나쁜 면에서 많이 닮은 게 사실이다. 도시 구조가 압도적으로 생산자 중심이자 자동차 중심이라는 점에서 더욱 그렇다.

그래서 나는 언제부터인지 성숙한 사회를 그려볼 때 유럽의 거리를 떠올리고, 그 모습에서 생활의 질이 훨씬 높다는 것을 실감한다. 유럽의 도시에서는 남녀노소 모두가 아주 자연스럽게 시장이나 카페 등에서 느긋하게 시간을 보낸다. 안식처 개념과 연결해 그러한 장소가 거리에 있다는 것은 의료나 복지 시설을 만드는 것보다 더 중요한 의미를 갖지 않을까. 도시 정책과 복지 정책의 통합, 즉 마을 만들기와 도시 정책, 복지 정책을 연결하는 발상이 필요하다.

구체적으로 사진을 몇 개 보자. 일반적으로 유럽의 도시는 1980년대부터 도심에서 자동차 통행을 억제하고 보행자 공간을 늘리는 방향으로 변화했다. 자동차가 다니던 프랑크푸르트 중심부는 완전히 보행자 전용 도로로 바뀌었다. 독일 자르브뤼켄은 인구 18만 명 정도의 지역 도시인데, 역 앞부터 시가지까지의 도로가 완전히 보행자 공간이 됐다. 인구 약 12만 명인 프랑스의 메스 역시 보행자가 걸어서 즐길 수 있는 공간이 제대로 확보됐다.

스위스 취리히 거리는 앉을 장소가 많기 때문에, 거리가 편안하고 느긋하게 시간을 보낼 수 있는 공간이라는 걸 보여준다. 일본을 방문

❶ 자동차가 없이 걸어서 즐기는 도심(프랑크푸르트)
❷ 자동차가 없이 걸어서 즐기는 도심(자르브뤼켄)
❸ 자동차가 없이 걸어서 즐기는 도심(메스)
❹ 보행자 공간과 앉는 장소의 존재(취리히)
❺ 자동차가 없이 걸어서 즐기는 도심(헤르닝)

한 외국인을 대상으로 한 설문 조사에서 '일본에 와서 불편하다고 느낀 점은 무엇인가'라고 물은 결과, '거리에 앉을 장소가 적다'는 대답이 1위를 차지한 적이 있다. 의외라는 생각과 함께 '정말 그렇겠다'라고 생각했다. 헤르닝이라는 인구 약 5만 명의 덴마크 중소 규모 도시에서도 역시 중심부가 보행자 전용공간이 됐다. 이렇게 작은 지역 도시 중심부가 사람들로 북적거리는 게 인상 깊었다.

유감스럽지만 10만~20만 명 규모의 일본 도시는 중심부가 완전히 공동화되어 이런 광경을 볼 수 없다. 30만~40만 명 규모의 도시도 마찬가지다. 어떤 경위로 그렇게 변했는지는 다시 논의할 것이다.

도시 구조를 이렇게 보행자 중심으로 만드는 일은 조금 전 살펴본 커뮤니티와 복지의 의미, 그리고 교통 억제에 따른 CO_2 배출 감소 같은 환경 측면의 효과뿐만 아니라, 시가지의 활성화와 경제 관점에서도 사람·물건·돈의 지역 내 순환이라는 긍정적 의미를 지닌다. '복지—환경—경제'의 상승효과를 고려한 발상이 중요한 것이다.[26]

참고로 독일의 1인당 자동차 보유 대수는 일본보다 많다. 인구 1,000명당 승용차 대수는 일본 465대인 데 비해 독일은 517대다.[27] 아마도 차이점은 첫째, 아우토반 같은 도시 간 교통과 도시 내 시가지 교통을 명확히 구분하고 사람과 자동차의 공간 구별을 계획적으로 잘 실현한다는 점, 둘째로 지역 분산형 사회를 실현하는 만큼 자동차 수요는 일정 정도 이상 존재한다는 점일 것이다.[28]

╲ 커뮤니티 감각의 마을 만들기

이런 도시 공간은 심리적 측면, 그리고 관계 감각 등에도 크게 영향을 미치지 않을까.

인구 60만 명의 독일 슈투트가르트와 인구 약 2만 명인 후줌의 도심부 시장을 보자. 고령자가 천천히 쇼핑을 즐기는 모습을 볼 수 있다. 독일도 '고령자가 고령자에게 물건을 파는' 광경이 흔히 눈에 띈다. 어쨌든 거리 안에 이러한 장소가 있다는 것은 심신의 건강에도 긍정적일 것이다.

최근 10년간 건축이나 도시계획, 마을 만들기 분야 사람들과 교류하는 경우가 늘었는데, 공간 구조라는 하드웨어가 커뮤니티 감각이나 관계 의식에 매우 큰 영향을 미친다는 사실을 크게 강조한다. 나는 커뮤니티의 소프트웨어 측면에 관심이 커지던 중 도시와 지역의 공간 구조에 맞닥뜨린 셈인데, 반대로 얼마 전부터는 건축이나 도시계획 분야의 사람들이 커뮤니티의 소프트웨어 측면으로 관심을 넓히는 경향이 뚜렷해 자연스럽게 쌍방 교류가 일어난다.

도로로 분단된 일본의 수도권 도시에서 보듯 직장과 주거가 너무나도 멀고, 자동차 의존형 구조 때문에 쇼핑 난민이 600만~700만 명 규모나 되는 등 일본의 커뮤니티 감각이 크게 손상되고 말았다.

안식처 부분에서 언급했지만, 경제 효율과 성장 일변도로 도시를 만들어온 가치관에서 탈피하고, 새로운 방향으로 전환하는 큰 기둥으로서 안정 사회에서는 커뮤니티와 커뮤니티 감각을 중시한 마을·지역 만들기가 매우 중요하다.

고령자도 천천히 즐기는 시장과 공간(위 슈투트가르트, 아래 후줌)

서문에서 기이반도 주변의 예를 든 것처럼, 유감스럽게도 일본의 많은 지역 도시가 압도적으로 자동차와 도로 중심 구조로 형성됐다. 내가 근무했던 지바대학교 주변은 아사마신사라는 명소가 있어 참뱃길 역할을 하는 유서 깊은 상점가다. 교통량이 너무 많은 데다 보행자를 배려하지 않고 도로를 만들었다. 그 결과 유럽에서 본 커뮤니티 성격이 없어졌을 뿐만 아니라 신사 참뱃길이라는 귀중한 사회적·문화적 자원도 거의 활용하지 못하고 있다. '복지—환경—경제'의 상승효과나 거리 활성화 측면에서도 이런 시가지 모습은 부정적이다.

이러한 사례는 일본에 무수히 많다. 하나하나 개선해나가는 것이 2050년경 안정 사회로 가는 인구 감소 사회의 디자인의 과제가 아닐까. 다행스럽게도 커뮤니티 공간으로서 도시·지역을 만들려는 움직임이 현재 일본 각지에서 꽃피고 있다.

가가와현 다카마쓰시의 마루가메거리는 상점가 재생의 성공 사례로도 자주 언급되지만, 단순한 상점가 활성화 관점에 머물지 않고 상점가, 고령자용 주택 등을 한 틀에서 정비해 고령화에도 대처한 복지 도시가 되었다. 예컨대 이온AEON• 같은 전국 규모 체인에서 납부한 세금은 중앙정부와 본사가 있는 지역으로 빠져나간다. 하지만 여기서는 지역 상점이 중심이기 때문에 세금과 사람·물건·돈이 지역에서 순환하면서 다양한 활동을 추진하는 중이다.

히메지역 정면에서는 멀리 히메지성이 보인다. 역에서 히메지성으로 향하는 도로가 보행자와 대중교통(노선버스)만 운행하는 공간으로 탈

• 슈퍼마켓, 할인점, 쇼핑몰 등을 운영하는 일본의 대표적인 유통 기업.

❶ 개선이 필요한 사례: 도로로 분단된 상점가와 참뱃길
❷❸ 다카마쓰시 마루가메거리 점포

히메지역 앞의 보행자와 대중교통만을 위한 트랜짓 몰

바꿈했다. 획기적인 시도다. 이를 북미에서는 '트랜짓 몰Transit Mall'•이라고 이른다.

이것이 줄곧 서술한 걸으며 즐기는 공간 만들기다. '드디어 일본에서도 이러한 시도가 실현됐구나' 하는 감회를 느꼈다. 지역 관계자의 선구적이고 꾸준한 노력으로 이루어진 결과이며 그 과정을 『건축잡지』에서도 소개했다.[29]

유사한 사례로 구마모토시에서는 구마모토성 부근의 옛 버스 터미널과 그 주변을 마을의 큰 사랑방 만들기라는 콘셉트로 재편해 보행자 전용공간을 대폭 확충한다. 이것도 커뮤니티 공간으로서의 도시라

• 도심에 사적인 자동차 통행을 막고 대중교통만을 허용하여 보행 공간 쾌적화와 상가 활성화를 도모하는 지구를 말한다.

는 비전과 궤를 같이하는 것이다.

한편 2018년 10월에 구마모토시에서 개최한 제6회 일본·프랑스 지역 정부 교류 회의에 양국의 52개 지자체(일본 35개, 프랑스 17개)가 참가했다. 주제는 '안정 사회에서 도시의 매력과 가치의 향상: 인구 규모나 경제 규모의 증가에 의존하지 않는 지속 가능한 도시 만들기의 비전과 방법'이었으며, 인구 감소 사회의 도시상이 큰 화제였다.

지금까지 살펴본 것처럼 일본의 도시는 압도적으로 자동차·도로 중심이며, 전후의 정책이 기본적으로 미국의 도시·지역상을 모델로 추진됐다. 앞으로는 유럽처럼 걸으며 즐기는 거리를 목표로 삼아 실현해야 하지만, 아직 충분히 나아가지 못했다. 이러한 가운데 나는 고령화를 전환의 기회이자 추진력으로 활용하면 어떨까 생각한다.

고령화가 진행되면 멀리 있는 대형 마트나 쇼핑몰에 자동차를 타고 갈 수 없는 사람들이 늘어난다. 말 그대로 걸으며 즐기는 거리, 자동차에 의존하지 않는 방향이 요구되는 것이다. 근래 여러 참담한 사례가 계속되듯이, 치매 환자나 고령자가 가해자인 교통사고가 증가한다는 문제도 있다. 일본은 이러한 이유 때문이라도 커뮤니티 공간을 중시한 보행자 중심의 마을을 실현하는 것이 무엇보다 중요할 것이다.

＼도시·마을·농촌을 둘러싼 전후 일본의 정책 흐름

제1단계: 1950～1970년대—농촌을 버리는 정책

도시·마을·농촌을 둘러싼 제2차 세계대전 이후의 일본 정책 흐름이

2-7 주요 선진국의 식량자급률

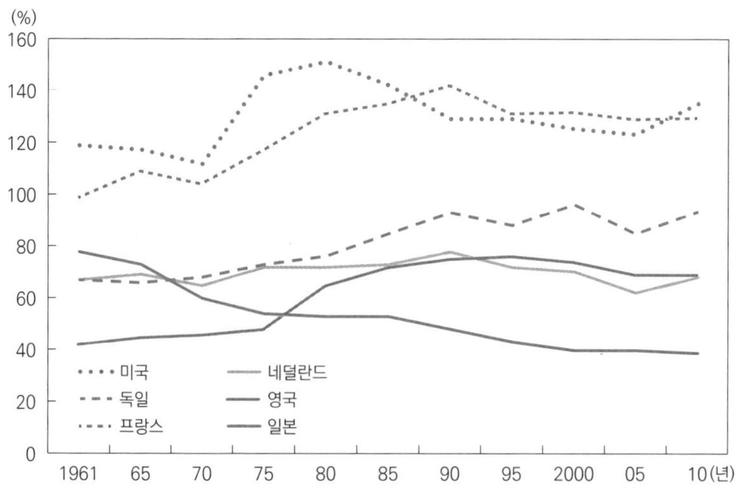

(출처) 農林水産省.

라는 관점에서 좀 더 살펴보려 한다. 전후 일본의 정책 흐름은 크게 세 단계로 파악할 수 있지 않을까 생각한다.

제1단계는 1950년대부터 1970년대 무렵까지의 고도성장기로, 농촌에서 도시로 인구가 이동한 시대이며, 지역과 농촌의 인구가 가장 크게 감소한 시기였다. 이 시기에는 공업화 추진이 국가 최고의 정책 기조였기에, 조금 심하게 표현하면 농촌을 버린다고 해도 과언이 아니었다. 물론 다양한 농업 보호 정책도 진행됐지만, 그 기조는 어디까지나 공업화와 도시화를 지원하는 것이었다. 앞서 언급했듯 수도권 등 대도시 근교에는 도시로 이주하는 청년층과 어린 자녀를 키우던 젊은 세대의 주거를 보장하기 위해, 대규모 주택단지가 다수 조성되었다.

도표 2-7는 주요 선진국의 식량자급률을 나타낸 것인데, 유감스럽게도 일본의 식량자급률만 지속적으로 떨어진다. 다른 선진국의 식량자급률은 1960년대 이후 변동이 없거나 오히려 상승한다. 영국과 일본을 비교하면 1961년 영국의 식량자급률은 약 40퍼센트, 일본은 약 80퍼센트였다. 그 후 영국은 상승해 현재 70퍼센트 정도인 데 비해 일본은 약 40퍼센트로 낮아졌다.

유럽은 농가 소득 보전 등 다양한 농업 지원 정책이 전개된 반면 일본은 공업화 일변도의 정책이 추진되었다.

한편, 1단계 시기에는 또 하나 짚고 넘어갈 사실이 있다. 당시 일본의 지역 도시가 현재의 빈 점포 거리와 완전히 대조적으로 번성했다는 점이다. 농촌 인구가 도쿄 등의 대도시뿐만 아니라 지역의 중소 도시에도 많이 유입되었기 때문에, 지역 도시의 상가와 중심부가 가장 번성한 자연스러운 결과이기도 했다.

앞에서도 언급했듯이 나의 본가는 오카야마시의 중심가다. 현재는 거의 빈 점포 거리로 변했지만 어머니의 이야기로는 상점가의 황금시대는 1975년 전후였다고 한다. 현재는 공동화된 오카야마현 북부의 쓰야마시에는, 음악 그룹 B'z•의 보컬리스트 이나바 코시稲葉浩志의 본가인 화장품 가게가 있었다. 나의 본가도 화장품 장사를 했기 때문에 어떤 의미에서 라이벌 관계였는데, 그 가게는 전국에서 주문이 몰려 번성했다고 한다. 어쨌든 이 시대 농촌은 공동화한 반면에, 도시는 활기찼던 것이다.

• 1988년 데뷔해 현재까지 활동하는 일본의 대표적인 인기 록 밴드.

제2단계: 1980~2000년대—마을을 버리는 정책

그러다가 일본의 마을이 크게 변모하고, 공동화된 것은 제2단계 시대였다.

1980~2000년대 무렵, 미국 모델의 영향을 받아 당시 통산성의 유통 정책과 건설성의 도로·교통 정책 모두 강력한 교외 쇼핑몰형 도시상, 즉 자동차·도로 중심의 모델을 추진했다.

1991년에 일미구조협의日米構造協議를 통해 대형소매점포법이 개정됐다.• 이러한 흐름에 보조를 맞춰 이온 최초의 대형 쇼핑몰이 1992년 아오모리현, 1993년 아키타현에 생겼다. 물론 여러 요인이 작용한 결과였지만 이 시기부터 지역 도시의 중심부는 완전히 공동화됐다.

이런 맥락에서 보면, 제1단계의 농촌을 버리는 정책에 이어 이 시대에는 마을을 버리는 정책이 진행된 것이다. 중요한 것은, 서문에서 언급한 것처럼 현재 일본 지역 도시의 공동화는 정책이 제대로 추진되지 못해서가 아니라, 아이러니하게도 오히려 이 시기 추진된 국가정책이 성공한 결과라는 점이다.

정확하게 말해 당시 정책 담당자에게 마을이나 지역 도시의 중심 시가지를 유지하는 일은, 가치나 의미 차원에서 우선순위가 높은 과제가 아니었다. 더욱이 커뮤니티 공간으로서의 도시라는 생각은, 경제 규모의 확대와 효율성이 무엇보다 중요한 이 시대의 정책 관념 속에는 존재

• 일미구조협의는 1989년부터 4회에 걸쳐 일본과 미국의 무역 불균형을 바로잡으려 열린 협의이다. 당시 미국은 중소형 소매업체 보호를 위해 대형 유통업체의 대도시 출점과 영업 시간을 제한하는 일본의 '대형소매점포법'이 폐쇄적인 유통 제도이자 비관세 무역 장벽이라 주장하고 철폐를 요구했다. 그 결과 1991년에 법을 개정하여 규제를 완화하면서 일본 각지에 대형 쇼핑몰이 건설되었다.

하지 않았다고 할 수 있다. 정책을 펼칠 때는 중심 철학이 무엇인지가 사회의 방향을 규정한다고 생각된다.

제3단계: 2000년대 중반부터 2010년대 이후 — 전환의 징조

그렇다면 현재와 앞으로의 시대는 어떠할까.

희망을 담아 말하면, 나는 그간의 흐름과 크게 다른, 전환의 싹이 나타날 시기로 판단한다.

이유는 첫째, 지금까지 설명한 바와 같이 고령화 심화가 사회적 과제로 인지된 점을 들 수 있다. 앞에 언급한 바와 같이 멀리 있는 쇼핑몰에 자동차로 갈 수 없는 상황에서 쇼핑 난민 문제가 확산됐다. 지역 상점가의 가치를 인식했기 때문이다.

또 지역이 텅텅 비는 저밀도 문제가 뚜렷해, 인구 증가 시기와는 다른 모델의 필요성에 대한 인식이 확산됐다. 예를 들어 요코하마시는 고도성장기에 시가지 주변의 논 등이 계속해서 주택지로 변했지만, 인구 감소 시대에는 정반대의 흐름이 전개되었다. 이른바 역발상으로 이를 농지나 시민 농원● 등의 녹지로 활용하자는 논의도 이루어진다.

지역 밀착 인구의 증가나 청년 세대의 지역 지향, 그리고 젊은이의 자동차 회피 현상도 지역의 모습과 존재에 변화를 불러온다. 나의 본가인 오카야마시의 빈 상점가도 최근 청년 세대가 잇달아 카페를 열고 고령자 쇼핑객이 늘어나는 등 재활의 조짐이 나타난다. 앞서 언급했듯이 다카마쓰, 히메지, 구마모토 같이 걸어 다니면서 즐기는 거리와 커

● 비농업인인 시민이 소규모 농지에서 비영리적으로 채소, 과일 등을 재배할 수 있는 농원.

뮤니티 공간을 지향하는 도시·지역 만들기가 조금이나마 확실하게 확산되고 있다.

국토교통성 등의 정책 기조에도 변화가 나타났다. 2006년의 마을 만들기 3법의 개정, 2014년의 '국토 그랜드 디자인 2050'에서 제시한 작은 거점이라는 방향• 등이 그것이다. 그러나 아베노믹스나, 뜻밖의 흐름으로 좌절한 환태평양경제동반자협정•• 등 세계화 정책도 여전히 강해, 앞으로의 마을 만들기·지역·교통이나 도시·마을·농촌을 둘러싼 정책이 어디로 향해 갈 것인가 하는 분수령이 될지도 모른다. 그것이 바로 서문에서 소개한 'AI를 활용한 시뮬레이션'에서 도시 집중형과 지역 분산형의 갈림길과 맥을 같이하는 것이다.

＼권역 대도시 집중에서 지역 거점 집중•••으로

이러한 상황에서 향후 전망으로 '지역 거점 집중' 개념을 살펴보고

• 마을 만들기 3법(도시계획법, 대형점입지법, 중심시가지활성화법)의 개정으로 무질서한 교외 개발을 억제하고 도시 기능을 집적해 중심 시가지를 활성화하고 도시 공간을 압축적으로 재편하는 근거가 마련됐다. 국토 그랜드 디자인 2050은 21세기에 맞춰 대도시-중소도시-농산어촌 3단계의 비전을 제시한다. 여기서 작은 거점이란 여러 마을을 묶어 생활·편의 서비스를 제공하는 거점을 말한다.

•• 보호주의를 주창하는 도널드 트럼프가 대통령에 당선된 후 미국인의 일자리를 빼앗는다고 탈퇴하면서 경제권 규모가 대폭 축소된 일을 가리킨다.

••• 인구 변화에 따른 국토 공간 구조 재편을 나타내는 용어다. 일본에서는 인구 증가 시대의 일극집중 문제를 고치려 다극분산이 제시되었다. 현재는 일극집중과 일부 대도시로의 소극집중이 동시에 진행되지만 저자는 저밀도 문제를 고려해 다극분산이 아닌 다극집중 개념을 제시한다. 여기서는 일극집중은 수도권 집중, 소극집중은 대도시 권역 집중, 다극집중은 지역 거점 집중, 다극분산은 지역 분산으로 바꿔 사용한다.

싶다.

최근 도쿄권으로의 인구 유입이 화제가 되지만, 다른 한편으로 삿포로, 센다이, 히로시마, 후쿠오카와 같은 지역 도시의 인구 증가율도 상당히 크며 그중에는 후쿠오카처럼 도쿄를 능가하는 경우도 있다. 실제로 2010년에서 2015년 사이의 인구 증가율을 보면 도쿄 23구•가 3.7퍼센트인 데 비해 삿포로 2.1퍼센트, 센다이 3.5퍼센트, 히로시마 1.8퍼센트, 후쿠오카 5.1퍼센트다. 따라서 현재 진행되는 것은 '수도권 집중'이라기보다는 오히려 '권역 대도시 집중'이라고 부를 상황이 아닌가 싶다. 또 '지속 가능한 지역사회종합연구소' 소장 후지야마 고우藤山浩가 분석한 것처럼, 권역별 대도시 이외에 일부 농촌에서도 이주자가 증가했다.

일본은 한층 더 권역 대도시 집중으로 향할지, 아니면 지역 거점 집중으로 향할지의 갈림길에 선 셈이다. 지역 거점 집중이란 일본의 미래 지역 구조 개념이다.[30] 이는 수도권 집중이나 그와 대비되는 '지역 분산'과도 다른 도시·지역 구조다. 각 지역의 거점이 되는 도시나 거리·마을은 많다. 그런 장소는 걸으며 즐기는 거리처럼 가능한 한 집약적이고 보행자 중심인 커뮤니티 공간 기능을 중시한다.

수도권 집중과 그 반대의 지역 분산 모두 고도성장기 인구 증가 시대의 개념으로, 동전의 양면 관계다. 당시는 전체 인구가 꾸준히 늘고 도쿄 등 대도시권으로의 인구 이동이 진행되었는데, 그것을 수도권 집중이라고 비판하면서 그 반대 모습으로 지역 분산이 주창되었다. 현재

• 일본의 정치·경제·행정 등의 중추 기능이 집적되어 높은 수준의 자치권을 행사하는 도쿄도의 특별구.

와 같은 인구 감소 시대에는 지역 분산이 오히려 지나친 저밀도를 초래한다.

그렇기 때문에 지역 거점 집중, 즉 다거점이면서 각 거점 안에서는 집약적인 지역상이 인구 감소 사회의 기본 디자인으로서 중요한 것이다. 앞에서 살펴본 독일과 덴마크 등은 그에 상당히 가까운 모습을 실현했다. 서문의 AI 시뮬레이션이 제시한 지역 분산형도 그러한 모습과 일맥상통한다. 이러한 지역 거점 집중 비전 아래 마을 만들기, 대중교통, 지역형·청년형 기본 소득의 보장, 농업형 기본 소득 등 재분배 정책을 비롯한 공공 정책을 추진하는 것이 중요하다.

톺아보기

도시와 농촌의 비대칭성과 재분배

도시와 농촌의 비대칭성 문제에 주목해야 한다. 도시와 농촌은 단순하게 병립하는 관계가 아니다. 일종의 비대칭성, 즉 부등가교환이라고 부를 만한 관계이기 때문에 도시는 식량과 에너지를 농촌에서 저렴하게 사들이는 것이다.[31] 따라서 그냥 내버려두면 교역은 도시에 유리하게 작용해, 사람은 농촌에서 도시로 옮겨 가고 결과적으로 농촌은 공동화된다.

그러나 이렇게 되면 식료나 에너지를 농촌에 의존하는 도시도 성립할 수 없기에, 도시와 농촌이 상호 의존을 유지하려면 비대칭성, 부등가교환을 개선할 다양한 재분배가 중요하다. 유럽 등지의 농업 지원책과 농가 소득 보장 정책은 이러한 관점에서 이해해야 하며, 재생에너지의 고정 가격 매입 제도도 마찬가지다. 지역형·청년형 기본 소득이나 농업형 기본 소득 같은 제안을 한 것도 이러한 취지다.

3

진수의 숲·자연에너지 커뮤니티 구상

이제는 한 걸음 더 나아가 농촌 지역 등을 고려하면서, 지역에서 벌어지는 사람·물건·돈의 경제순환도 염두에 두고 전망해보려 한다.

전통문화 재평가

여기서 논의를 이끄는 실마리로 삼고 싶은 것이 내가 최근 조촐하게나마 추진하는 '진수의 숲鎮守の森[●]·자연에너지 커뮤니티 프로젝트'다.

● 진수(鎮守)는 우리의 성황당과 비슷하게 그 고장을 지키는 신, 또는 신을 모신 사당을 의미하며, 진수의 숲은 마을에 있는 신사·절 등의 숲을 지칭한다. 이 책에서는 단순한 종교 시설이 아닌 자연에너지 보급 등 커뮤니티 거점의 의미로 사용한다.

먼저 최근 어느 한 학생의 사례를 소개하려 한다. 원래 국제 문제에 관심이 많아서 1년 예정으로 스웨덴에 유학하던 여성이 "출신 지역의 활성화에 기여하고 싶다"라는 이유로 유학 기간을 반년으로 단축하고 귀국한 사례가 몇 년 전 있었다. 그의 출신지는 이바라키현의 이시오카시로, 관동 3대 축제의 하나인 이시오카 축제가 유명한 곳이다. 이 축제의 존재가 그 학생이 고향에 애착을 가지게 하는 데 큰 영향을 미쳤다고 한다.

나아가 "축제를 활성화한 지역일수록 청년들이 정착하거나 U턴하는 경향이 높다"는 주장도 있다. 지역의 전통문화와 거기에서 생겨나는 고향에 대한 애착이, 미래에는 지역 재생과 활성화에 무시할 수 없는 중요한 의미를 가질 것이라는 생각이 든다.

위의 얘기와 순서가 좀 뒤바뀌었지만, 나는 일본 전국의 신사와 절의 숫자가 각각 약 8만 개나 된다는 걸 처음 알았을 때에 매우 놀랐다. 꽤 많다고 생각한 6만여 개의 편의점보다 훨씬 더 많았다. 중학교는 전국에 약 1만 개가 있으므로, 단순하게 계산하면 중학교 한 곳마다 신사와 절이 각각 여덟 곳씩 있는 셈이다.

신사는 메이지시대 초기만 해도 약 20만 개나 있었는데, 이것은 그 당시 일본의 자연 마을•이나 지역 커뮤니티의 숫자에 대응한 것이라고 본다. 그 후 신사들을 합사合祀한 결과 현재의 숫자가 되었다.•• 덧

• 행정리에 대비되는 근대 이전 농업사회에서 자연 발생적으로 성립한 촌락 공동체. 1889년 근대적인 행정구역 정비로 복수의 자연 마을을 합병한 시정촌제(市町村制)가 도입되었다.

•• 그 합사에 반대해 신사 합사 반대 운동을 전개한 이가 민속학자 겸 일본에 생태학 이론을 도입한 생물학자인 미나카타 쿠마구스(南方熊楠)다.

붙여서 이 합사와 병행해, 그것을 뒤쫓는 듯한 방식으로 추진된 것이 기초 자치단체의 합병이었다.

여기에서 신사와 절이라는 존재는 좁은 의미의 종교 시설이라기보다는, 조금 전에 언급했던 축제와 시장이 열리는 경제적 기능, 또 서당과 같은 교육 기능 등 커뮤니티의 거점 기능을 담당했다. 예컨대 유럽을 기차로 여행할 때, 밭이 계속 이어지다가 마을이 보이는가 싶으면 그 마을 중심부에 높은 건물, 즉 교회가 서 있다. 교회가 지역 커뮤니티의 중심 역할을 하는 것을 보고, 이전에는 일본과는 전혀 다른 모습이라고 생각해왔다. 그러나 형태는 달라도 일본에도 신사와 절이라는 존재가 지역에 있었고, 단지 그것들이 고도성장기를 거치면서 사람들의 의식에서 멀어졌다는 사실을 깨달았다.

보충하자면 내가 이러한 진수의 숲에 관심을 갖게 된 계기는, 제6부에 다루는 사생관을 둘러싼 자연의 영성이라는 주제 때문이었다. 애초에는 여기서 다루는 커뮤니티나 지역과는 관련이 없었다. 그러나 진수의 숲은 그러한 자연관과 관련한 의미뿐만 아니라 자연 신앙과 일체화된 지역 커뮤니티의 거점으로서 존재하며, 현재 일본의 커뮤니티 재생이라는 과제와도 깊은 차원에서 이어진다는 생각이 들었다.

그리고 지역 커뮤니티 거점으로서 진수의 숲이 가지는 의의를 특히 3·11 동일본대지진 이후 커다란 사회적 과제가 된 재생에너지 거점의 분산적 정비라는 과제와 묶어서 전개할 수 없을까 하는 생각에서 진수의 숲·자연에너지 커뮤니티 프로젝트를 떠올렸다.

진수의 숲으로 상징되는 자연 신앙과 자연관은 본래 자연에너지 구상과 친화적이다. 자연에너지라는 현대적 과제와, 자연 신앙과 커뮤니티가 일체화한 전통문화를 접목한 것으로서, 낙관하자면 일본이 세계에 제시할 비전이 될 수도 있지 않을까 하는 것이 여기서의 기본 생각이다. 비슷한 관심을 가진 사람들의 네트워크로 2013년에 창설한 '진수의 숲 커뮤니티 연구소'의 홈페이지(http://c-chinju.org/)도 참조해보면 좋을 것이다.

덧붙여서 일본 전체의 에너지 자급률은 4퍼센트대에 지나지 않지만, 광역 자치단체별로 보면 20퍼센트를 넘은 곳이 스무 곳이며, 2018년 기준 상위 다섯 곳은 오이타현 40퍼센트, 가고시마현 35퍼센트, 아키타현 32.4퍼센트, 미야자키현 31.4퍼센트, 군마현 28.5퍼센트다. 이는 환경 정책이 전문 분야인 구라사카 히데후미倉阪秀史 지바대학교 교수가 추진하는 영속 지대永続地帯• 연구의 조사 결과다. 오이타현이 다른 지역보다 월등히 높은 이유는 벳푸 온천 등의 존재에서 알 수 있듯이 지열발전의 비중이 크기 때문이다. 산악 환경을 배경으로 중소 수력발전 등의 비중이 높은 광역 자치단체도 있다.

지금까지 한결같이 "천연자원이 부족하다"고 일컫는 일본이지만 의외로 이러한 자연에너지로는 일정한 잠재력을 가진 것이다.

＼기후현 이토시로지구의 선진 사례

원래 나는 2004년경부터 진수의 숲에 관한 연구회와 관련 활동을

• 지역의 부존자원을 활용해 그 지역에 필요한 에너지와 식량 수요를 충족하는 곳을 말한다.

펼쳤으나, 그것을 위와 같이 자연에너지와 연결해 생각한 것은 3·11 동일본대지진과 후쿠시마 원전 사고가 발생한 2011년의 일이다. 당시 기후현 구조시 이토시로지구 사례가 인연이 됐다.

이토시로지구는 기후현과 후쿠이현의 경계에 있는 산촌으로, 일반적으로는 한계 취락限界集落●으로 불리는 지역이다. 그곳에 U턴한 젊은이를 중심으로 지역 재생 기구라는 비영리단체를 만들고 소수력발전小水力発電을 중심으로 한 지역 활성화 사업이 추진되었다. 2016년에는 이 일대의 전력을 완전히 지역에서 생산한 전기로 자급하는 소수력발전 설비가 완성되고, 남은 에너지를 다른 지역에 판매하는 수준으로 발전해 지역 내 경제순환이 활발하며, 밖에서 지역으로 들어오는 이주자도 늘었다.

이러한 사업들을 추진하는 사람이 히라노 아키히데平野彰秀 씨다. 그는 예전에 도쿄의 외국계 컨설팅 회사에서 세계 경제 관련 일을 했다. 그런데 세계적 문제로 여긴 것들도 사실은 식량이나 자원, 에너지를 둘러싼 싸움이며, 따라서 그것들을 가능한 한 지역 내에서 자급해야만 세계적 문제도 제대로 해결할 수 있다는 생각을 품었다. 이후 고향인 기후현으로 U턴해 위와 같은 활동을 시작했다.

앞서 언급한 것처럼 나는 후쿠시마 원전 사고를 계기로 진수의 숲·자연에너지 커뮤니티 구상이라는 프로젝트를 생각했는데, 그러한 시기에 우연히 히라노 씨의 활동을 접했고 2012년 초에 페이스북을 통

● 마을 공동체로서 존속하는 데 한계에 이른 취락. 65세 이상 고령자 비율이 절반이 넘고 인구, 토지, 마을의 공동화가 진행되어 관혼상제와 농작업 등 사회적 공동 작업이 어려운 마을.

해 생면부지의 그에게 연락했다. 처음에는 진수의 숲과 자연에너지의 분산적 정비를 연결해보자는 등의 구상은 거절당할 수도 있을 것으로 생각했는데, 그때 히라노 씨로부터 받은 메시지는 매우 인상 깊었다.

> 이토시로지구는 하쿠산白山 신앙•의 거점 마을로, 소수력발전을 보러 오시는 분들께는 반드시 신사에 참배도 하시라고 부탁드립니다. (중략) 자연에너지는 자연의 힘을 빌려 에너지를 만든다는 생각인데, 지역에서 자연에너지를 생산하는 일은 지역 자치나 커뮤니티의 힘을 되찾는 것이라고 저희들은 생각합니다.

어찌 보면 진수의 숲·자연에너지 커뮤니티는 이미 일본에 존재했던 것이다. 히라노 씨의 이러한 활동은 최근 전국적으로도 주목받았으며, 최근에는 재생에너지를 둘러싼 각지의 노력을 그린 다큐멘터리 〈조용한 혁명〉에서도 주요 사례로 소개됐다. 뛰어난 영상 작품을 제작하는 야마가타현 출신의 젊은 다큐멘터리 감독 와타나베 사토시渡辺智史가 연출을 맡았다.

이토시로지구의 히라노 씨의 시도에서 크게 영향을 받으면서, 그 후 조금씩이지만 진수의 숲·자연에너지 커뮤니티 구상 활동을 진전해왔다. 초기 단계에서 비교적 원활하게 실현된 것은 사이타마현 고시가야시 히사이즈신사久伊豆神社의 사례다. 신사의 이름을 '퀴즈クイズ' 신사라

• 하쿠산은 일본 3대 명산 중의 하나이자 인근의 수원지로, 농사와 생활을 지탱하기에 예로부터 사람의 생명을 지켜주는 수신(水神), 농업신으로 산악 신앙의 대상이었다.

재생에너지를 통한 지역 재생 시도를 그린 다큐멘터리 〈조용한 혁명〉

고도 읽을 수 있어, 퀴즈의 신을 모신 곳으로 여겨 퀴즈 방송에 대비해 참배하러 오는 사람도 있다. 이곳에서 우리 그룹에 문의가 와서 여러모로 검토해 소규모 태양광 패널을 사무실 지붕에 설치했다.

신사 쪽에서 이러한 시도에 관심을 갖게 된 계기는 역시 동일본대지진의 경험이다. 당시 신사 주변은 물론 신사도 정전되면서 지역 주민의 대피장으로 제 역할을 하지 못한 데 대한 반성이 태양광발전 사업의 출발점이 된 것이다. 거기에서 재해 시 비상 전원을 행정에 의존하지 않고 신(자연)에 의지하는 역할을 담당한다는 목적으로 태양광 패널을 도입하기에 이르렀다.

한편, 현재 진행 중인 프로젝트 하나가 미야자키현의 다카하루高原라는 마을의 사례다. 여기는 다카치호高千穂 봉우리가 있는 곳으로 일본 신화인 천손 강림天孫降臨•의 무대가 된 곳이기도 하다. 신화 속 마을의 성격도 지니지만 근래에는 일본의 많은 지역과 마찬가지로 인구 감소가 진행되었다.

이 지역에 I턴해 '지구의 배꼽'이라는 사단법인을 설립하고 소수력발전을 통해 지역 재생을 추진하는 키타하라 신야北原慎也라는 분이 있다. 그런데 재생에너지 관련 일을 하는, 나의 지바대학교 시절 제자 하나가 어느 세미나를 통해 키타하라 씨와 알게 된 것을 계기로, 다카하루 마을의 소수력발전 도입 프로젝트가 시작되었다.

한편, 서문에서 언급한 바와 같이 2016년에 교토대학교에 설립된 히타치 교토대학교 연구소와의 공동 연구로 AI를 활용한 일본의 미래 시뮬레이션 작업을 수행하고, 거기에서 지역 분산형이라는 방향이 제시되었는데, 우연히도 이 연구소 안에 에너지의 지역 자급과 이를 통한 지역 활성화를 연구하는 사람들이 있었다. 2017년부터 이러한 여러 갈래의 흐름을 서로 묶는 식으로 '다카하루 마을 자연에너지 자급 실증 실험'을 추진했다. 그리고 1차 조사 결과를 2019년 3월에 발표했다.[32]

이처럼 자연에너지 등을 통해 지역 내 경제순환을 높여, 지역 밖으로 새어 나가는 자금을 지역 내에 환류할 수 있도록 해 사람·물건·돈의 순환이 지역 안에서 이뤄지게 하는 방향에 대해서는 졸저에서도 논해왔다.[33] 그런데 이러한 생각은 『작은 것이 아름답다*Small is Beautiful*』로

• 일본 천황가의 직계 시조라고 일컫는 천손 니니기노 미코토(邇邇藝命)가 왕권을 상징하는 구슬·거울·칼의 삼종신기(三種神器)를 가지고 하늘에서 내려왔다는 건국 신화.

잘 알려진 경제학자 에른스트 슈마허E. Schumacher의 맥을 잇는 영국의 조직 NEFNew Economics Foundation•도 제창해왔다.

거기에서는 지역 내 승수효과라는 흥미로운 개념을 제시함과 동시에, ①자금이 해당 지역의 구석구석까지 순환함으로써 경제 효과가 발휘되는 관개灌漑, ②자금이 밖으로 새어 나가지 않고 내부에서 순환함으로써 그 기능이 충분히 발휘되도록 새는 구멍을 막는 것 같은 독자 개념과 함께 지역 내에서 순환하는 경제의 바람직한 모습이 제안됐다.[34] 미야자키현 다카하루 마을의 실증 실험은 이러한 흐름을 따른 것이다.

진수의 숲·자연에너지 커뮤니티 구상에 관한 최근의 또 다른 사례로 교토시 남쪽 야와타시에 위치한 이와시미즈하치만궁石清水八幡宮을 소개하려 한다. 이곳은 2016년에 국보로도 지정된 신사다. 오이타현 우사시에 있는 우사신궁宇佐神宮이 원류인 하치만궁八幡宮••이 일반적으로 그렇듯, 외래의 불교와 토착의 자연 신앙이 융합된 신불습합神佛習合•••의 성격을 강하게 지닌 신사다.

이곳의 부신관인 다나카 도모키요田中朋清 씨가 역시 진수의 숲을 거점으로 한 지역 재생에 관심을 가지고, UN의 지속 가능한 개발 목표SDGs 활동에도 관여하면서 '이와시미즈 오래된 미래 창조 사업단石清水なつかしい未来創造事業団'이라는 조직을 설립해 활동을 시작했다. 여기에

• 삶의 질 향상을 위한 정책 제안과 실천 활동을 하는 민간 싱크 탱크로서, 국가별 행복 지수(HPI)를 산출해 발표한다.

•• 우사신궁은 한반도 토속 불교의 영향을 받아 신토와 불교의 접촉과 융합이 시작된 곳으로, 전국의 약 4만 4,000여 개에 이르는 하치만궁의 총본산이다.

••• 신불은 신토와 불교, 습합은 본래 서로 다른 교리를 결합하고 절충하는 것을 의미한다.

대학원 학생들의 활동과 접점을 가지며 자연스레 진수의 숲·자연에너지 커뮤니티 구상과 연결되었다. 히타치 교토대학교 연구소와 관련 조직의 협력을 얻어, 작지만 그 첫걸음으로 하치만궁 본당의 등롱을 태양광발전으로 밝히는 작업을 시도해 2019년 3월 점등식을 열었다. 앞으로는 이런 태양광발전 사업을 신사 경내뿐만 아니라 주변으로도 넓혀가려 한다.

4

지역화와 정보화·포스트정보화

＼경제구조의 변화와 경제의 공간적 단위

지금까지 내가 소소하게 추진한 진수의 숲·자연에너지 커뮤니티 구상을 살펴보았다. 여기서는 주제를 좀 더 일반화해 2장에서 서술한 커뮤니티와 마을 만들기, 도시·지역을 둘러싼 과제까지도 종합적으로 고려해가면서 인구 감소 사회 혹은 포스트성장 시대의 바람직한 사회상을 고민할 예정이다. 그 핵심 개념이 지역화Localization다.

일반적으로 세계화나 지역화를 다양하게 논의하지만, 원래 방향을 규정하는 것은 그 시대의 경제구조나 산업구조일 것이다.

이 논의의 실마리로서 도표 2-8을 살펴보자. 이는 19세기 말 메이지유신 이후 일본의 다양한 사회간접자본SOC 정비를 보여주는 것으

2-8 사회간접자본 정비의 네 가지 S자 커브

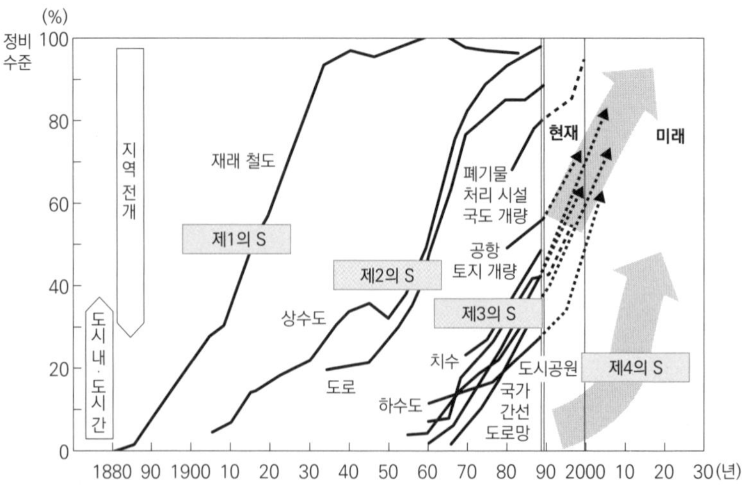

미래의 S자 커브는 복지(돌봄)·환경·문화·마을 만들기·농촌 등 지역적인 것이 부상 → 문제 해결의 단위는 지역이 중심.
(출처) 通商産業省編, 『創造的革新の時代-中期産業経済展望研究会報告書』, 1993.

로, 철도나 도로 등의 사회간접자본이 점차 보급되어 머지않아 성숙 단계에 이르는 S자 커브로 나타난다.

최초로 정비된 것은 제1의 S자 커브인 '철도'로, 당시에는 "철은 국가다"라고 불렸다. 철도는 그 나라의 공업화 수준, 나아가 '국력'을 바로 보여주는 것이나 다름없었다. 그것은 영국이나 프랑스가 선도한 자본주의와 공업화에 대해, 부국강병의 이념을 내걸고 일본이 필사적으로 따라잡으려 했던 상황과 조응한다. 그러한 시대를 상징하듯 이 철도는 도쿄 등의 도시권에서 머지않아 지역 전체로 부설된다. 철도와 그 역은 사람들이 새롭게 모여 사는 거점이 되었고, 일본의 인구 분포는 이에 따라 크게 변해갔다.

제2의 S자 커브의 대표는 제2차 대전 이후 고도성장기를 상징하는 '도로'인데, 물론 이는 자동차의 보급, 석유화학 등 제반 산업의 확대와 함께 추진되었다.

고도성장기 후반의 제3의 S자 커브가 되면 경향이 변한다. 폐기물 처리 시설, 도시공원, 하수도, 공항, 국가간선도로망(고속도로) 등 정비되는 사회간접자본도 다양해졌지만, 이것들도 대체로 한 바퀴 일순하듯이 정비가 끝나 문자 그대로 S자 커브의 성숙 단계에 이르렀다.

세 차례 S자 커브를 보여준 공업화 시대의 사회간접자본 정비는 모두 전국적인 범위에 관한 것으로, 국가 차원의 중앙집권적 계획에 더 잘 어울리는 성격이라는 점에 주목해보자. 즉, 농업은 기본적으로 지역적 성격을 가진 데 반해, 철도망 부설이나 도로 건설 등 공업화 시대의 사회간접자본 정비는 국지적 범위를 넘어서는 일로, 지역이나 지자체가 단독으로 계획하거나 정비할 수 있는 것이 아니다.

여기서 나는 경제의 공간적 단위라는 관점이 중요하다고 본다. 공업화 사회에서는 경제의 공간적 단위가 하나의 지역 단위에서 완결되지 않으며, 국가 차원이나 전국 차원에 친화적이어서 자연스럽게 중앙집권적 계획이나 의사 결정이 중요해진다. 공업화 중심인 메이지시대 이후 특히 확대·성장의 시대인 고도성장기에 도쿄를 주축으로 국가 주도의 집권적 구조가 강화되어온 것은 이러한 배경에서다.

＼포스트공업화 그리고 포스트정보화 시대

그러나 S자 커브가 보여주듯이, 공업화 관련 사회간접자본 정비는 현재 성숙·포화 단계에 이르렀다. 앞으로 크게 부상할 다음 단계의 S자 커브가 있다면, 그것은 ①고령화로 규모가 빠르게 확대되는 복지·의료(돌봄), ②다양한 대인 서비스, ③자연에너지 등 환경 관련 분야, ④문화, ⑤마을 만들기 및 디자인, ⑥농업 등의 영역일 것이다.

이미 눈치챘을지도 모르지만 지금 지적한 영역은 기본적으로 모두 일정한 장소나 커뮤니티에 뿌리내린 지역적 성격의 것이다. 다시 말해 미래에는 경제구조의 변화라는 측면에서도 지역화로 나아간다는 것이다. 다만 앞서 다음 단계의 S자 커브라고 말한 부분을 정확히 따져보면, 공업화의 세 가지 S자 커브 다음 1980~1990년대부터 최근까지 정보화·금융화의 물결이 밀려왔고 이런 세계적 추세를 '제4의 S자 커브'라고 부를 때, 새로운 지역화의 파도는 '제5의 S자 커브'가 될 것이라는 점이다.

이와 관련해 미국의 도시경제학자 리처드 플로리다Richard Florida는 저서 『*The Rise of the Creative Class*』에서 앞으로의 자본주의를 이끌어나가는 것은 크리에이티브 산업이라고 불러야 할 과학, 문화, 디자인, 교육 등의 분야이며, 이는 다음과 같은 특징을 가진다고 말한다.[35]

첫째는 비화폐적 가치, 즉 돈으로 환산할 수 없는 가치가 노동의 큰 동인이 된다는 것, 둘째는 장소나 커뮤니티가 중요한 의미를 지닌다는 것이다. 특히 후자는 "세계 자본주의는 장소의 제약을 넘어 국경 없이 확산한다"라는 통상의 이해와는 다른 것으로, 앞서 말한 지역화와 맥을 같이한다. 흥미롭게도 플로리다의 논리는 일종의 자본주의 반전론으로도 읽을 수 있다. 비화폐적 가치나 커뮤니티, 장소 모두 본래의 자본주의가 내포하지 않거나 근본적으로 모순되는 가치와 개념인데, 자본주의가 진화하면서 그 내부에서 이러한 것들이 형성될 수밖에 없는 새로운 방향성이라는 주장이다.

＼자본주의와 과학의 기본 개념 진화 —물질→에너지→정보→시간·생명

이 같은 전망을 자본주의와 과학의 큰 흐름 속에서 살펴보자. 지금까지 여러 곳에서 논했지만,[36] 17세기 전후의 자본주의 발흥기 이후 생산과 기술혁신, 소비구조에서 중심 개념은 크게 '물질→에너지→정보→생명·시간'이라는 흐름으로 변해왔다고 파악할 수 있다. 이는 과학의 기본 개념 변화와도 일맥상통하는 측면을 지닌다. 17세기 전후 자본주의가 발흥하면서 시장경제를 통한 거래가 활발해지고 상업자본을 중심으로 다양한 물질·물건의 유통과 국제무역이 크게 확장되는 시대가 열렸다. 이는 17세기 유럽에서 기본 체계로서 물체의 운동에 관한 뉴턴역학이 성립한 과학혁명 시대와 일치한다.

18세기 후반에는 산업혁명이 일어났고 19세기에는 공업화가 빠르게 진행되었는데, 석유·전력 등 에너지의 대규모 생산·소비가 핵심이었다. 과학에서는 19세기 중반에 말 그대로 에너지 개념이 독일의 헤르만 폰 헬름홀츠Hermann von Helmholtz 등에 의해 정식화하면서, 뉴턴역학에서는 충분히 다루지 않던 열 현상熱現象과 전자기電磁氣 등이 이론적 탐구 대상에 편입되었다.

공업화의 진전은 열강에 의한 식민지화와 자원 쟁탈전으로 확대되어 두 번의 세계대전까지 치르는데, 케인스주의 정책의 시대라고도 할 수 있는 20세기 후반에 이르면 단순한 물질·에너지 소비에 머무르지 않는 정보 소비가 펼쳐진다. 정보 소비란 IT나 인터넷 등 좁은 의미에 한정되지 않고, 상품을 살 때 그 디자인이나 브랜드에 주목해 구입하는 등 좀 더 넓은 의미의 소비 행위를 가리킨다.[37] 덧붙여서 좁은 의미에서 정보 소비가 관련 기술이나 금융의 세계화와 접목해 1980년대 무렵부터 최근까지 자본주의의 기조를 형성해온 것도 분명한 사실이다.

이렇게 큰 틀에서 되돌아보면, '물질→에너지→정보'라는 자본주의와 과학의 기본 개념 진화는 경제를 비약적으로 확대·성장시키면서 그때까지 국지적으로 한정된 경제활동을 세계적 공간으로 확장하는 과정, 즉 세계 규모의 시장화를 말하는 것이기도 하다.

한편, 플로리다가 지적했듯 최근 선진국 경제의 장기정체론과도 이어지지만, 이렇게 경제체제가 진화한 결과 우리가 살아가는 세계는 "물건과 정보가 넘쳐나는" 세상이 되면서 사람들의 수요는 거의 포화 상태에 이르렀다.

그 가운데 사람들의 요구는 정보의 소비를 넘어서 시간의 소비로 향한다. 나아가 화폐로는 평가하기 힘든 필요needs와 관련되는, 시장경제를 뛰어넘는 영역으로 향하는 것이 현주소 아닐까.[38]

\ 정보에서 생명·생활로

여기에서 시간의 소비란 충족감을 느끼는 시간을 보내는 것이 바로 욕구라는 의미다. 여기에는 커뮤니티나 자연과의 연결, 나아가 정신적 충족과 같은 눈에 보이지 않는 가치에 대한 추구가 포함된다. 이는 사람들의 욕구와 수요의 방향이 생활의 끊임없는 수단화·효율화·가속화에서 벗어나, 현재 충족적인consummatory● 지역화 방향으로 질적으로 전환되고 착륙한다는 것이다.

시간의 소비는 정보의 다음 단계로서 과학 영역에서 생명life이 미개척 분야이자 중심 개념이 된다는 사실과 부합한다. 여기서 영어 'Life'가 생명을 의미하는 동시에 생활이나 인생으로도 번역된다는 점에 주목해야 한다. 일상에 뿌리내린 생활의 풍요와 행복을 찾는다는 점에서 시간의 소비와 맥락을 같이하는 것이다.

이런 견해는 정보화를 극한으로 밀어붙여 인간의 미래를 설계하려는 커즈와일식의 기술적 특이점 주장과 질적으로 완전히 다르다. 앞서 정보와 커뮤니티의 진화에서도 언급했지만, 그의 견해는 최종적으로 생명을 정보로 환원할 수 있다는 세계관이다. 이는 정보적 생명관이라고 부를 수 있다.[39] 그러나 앞으로의 포스트정보화 시대에는 단순한 정보의 집적과 알고리즘을 넘어, 생명·생활 그 자체에 대한 과학적 탐구와 관심이 높아질 것으로 예상한다.

● 미국의 사회학자 탤컷 파슨스(Talcott Parsons)가 제창한 용어로, '그 자체를 목적으로 한 자기 충족적인 것'을 의미한다. 특히 1980년대 후반 이후 태어난 사토리 세대는 필요 이상의 물질적 풍요나 돈에 대한 욕심이 적고, 현실적인 자기 충족 행동이 두드러져 컨서머토리족이라고 불리기도 한다.

＼정보화 이행기

정보화 시대의 의미에 대해 보충 설명을 하고자 한다. 앞서 정보화와 세계화를 동등하게 간주하는 듯한 언급을 했는데, 정확하게 살펴보면 이 점은 복잡하다. 분명 AI나 IT 등 정보화에는 세계화라는 측면과, 집중화·집권화가 진행되는 사회라는 인상이 있지만, 이는 현상의 한 측면만을 파악한 견해다. IT 등의 네트워크가 발달한 사회란, 원격지에 있어도 각자가 자기 지역에서 서로 정보 전달과 의사소통을 할 수 있는 사회다.

덧붙여 정보화사회에서는 원자력발전과 같은 중앙 제어형 기술과 달리, 정보 기술과 네트워크를 활용한 각 지역의 에너지·식량 수급과 조정, 지역 내 순환이 쉽다. 따라서 정보화가 고도로 진전된 사회란 분산형 사회시스템에 친화적이다.

AI를 활용한 미래 일본의 시뮬레이션에서 지역 분산형이 지속 가능성 측면에서 우수하다는 결과가 나온 것도, 위상은 조금 다르지만 위의 내용과 관련된다. 또 AI와 분산형 사회라는 이질적 양자가 의외로 친화성이 있다는 점을 시사한다. 이렇게 보면 정보화에는 세계화를 촉진하는 방향성와 지역화와 분산화를 촉진하는 방향성 모두가 포함됐다고 생각할 수 있다. 이 점을 정보화의 전반기와 후반기라는 형태로 다소 단순화해 정리한 것이 도표 2-9다.

이 중에서 수단적 합리성instrumental과 현재 충족성consummatory의 차이를 보충 설명하려 한다. 정보라면 우리는 일반적으로 효율화와 수단화라는 방향으로 생각하기 쉽지만, 우리가 음악이나 영화, 디자인, 패

2-9 정보화: 전반기와 후반기

정보화 전반기	정보화 후반기
집권화	분산화
거대화	소규모화
수단적 합리성	현재의 충족성
세계화	지역화
GAFA	블록체인 분산형 에너지 시스템
물질·에너지에서 정보로	정보에서 생명·환경으로 (포스트정보화)

션 같은 것을 소비의 대상으로 삼을 때는 물건이 아니라 음성이나 시각에 관한 정보를 즐기는 것이다. 정보화의 현재 충족적 성격이 더욱 강해진다면 앞서 말한 시간의 소비 성격이 강화될 것이다. 자연 속에서 혼자 조용히 지내고 싶다든가, 친구들과 여가를 즐기고 싶다는 것은 정보의 소비 측면도 없는 것은 아니지만, 오히려 시간의 소비라는 성격을 강하게 가진다.

앞서 '물질→에너지→정보→생명·시간'이라는 과학의 기본 개념과 소비구조의 변화를 설명했는데, 이처럼 정보는 후반기로 갈수록 생명·시간으로 이행하는 중도적 성격을 가지는 것이다.

돌이켜 보면 정보가 과학의 기초 개념으로 자리 잡은 건 미국의 과학자 클로드 섀넌Claude Shannon이 정보량의 최소 단위인 비트Bit 개념을 체계화하고 정보이론의 기초를 만든 1950년경이다.

대개 과학기술의 혁신은 '원리의 발견·확립→기술 응용→사회 보

2-10 경제시스템의 진화와 포스트정보화

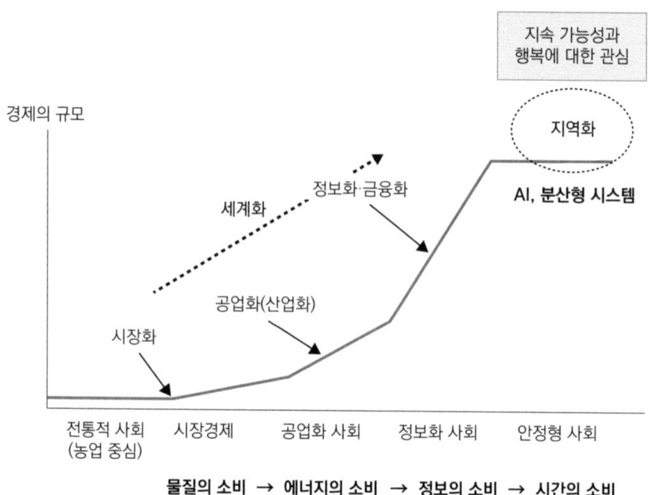

급' 흐름으로 전개된다. 언뜻 보면 정보에 관한 과학기술은 현재 폭발적으로 성장하는 것처럼 보이지만, 실은 이미 기술적 응용과 사회적 보급에서 성숙기에 접어들었다. 바로 S자 커브의 성숙기가 그것인데, 실제로 인터넷의 보급이나 그 밖의 다양한 관련 지표도 최근 포화 상태를 보인다.

그간 강조한 것처럼 과학에서 정보의 다음 단계는 분명히 생명이다. 영어 'Life'가 생활·인생이라는 의미를 담는 것처럼 생명이란 '지금, 이곳'에 뿌리내린 지역적이고 현재 충족적인 삶 그 자체다. 동시에 생명이라는 개념은 생명과학처럼 미시적 차원의 생명뿐만 아니라, 생태계와 지구의 생물 다양성, 그리고 지속 가능성이라는 거시적 의미도 지닌다.

이러한 포괄적 의미에서 생명이 앞으로 포스트정보화 시대의 과학이나 경제·사회·생활·소비의 기본 개념이 될 것이다.

우리는 이러한 생명·생활이 기본 개념이 되는 새로운 시대의 입구로 진입하는 중이며, 도표 2-10은 그러한 경제·사회의 구조 변화를 보여준다. 여기에 그간 논의해온 AI나 행복, 지속 가능성, 분산형 사회, 지역화라는 다양한 주제가 상호 교차한다. 이러한 새로운 시대의 흐름을 조명하면서, 그에 걸맞은 여러 가지 실천과 정책을 추진해가는 일이 지금 요구된다.

자연과의 관계를 통한 치유
– 진수의 숲 세러피

화제가 넓어지지만, 앞에서 살펴본 진수의 숲·자연에너지 커뮤니티 프로젝트는 자연에너지 관련 활동과 병행해 또 하나의 활동으로 진수의 숲 세러피(진수의 숲 요법)를 추진했다.

나는 자연과의 관계를 통한 치유라는 주제를 1990년대 말부터 연구해왔는데,[40] 인간에게 숲이나 자연과의 관계는 심신의 건강과 정신적 충족에서 커다란 의미를 지닌다. 특히 도쿄 등의 대도시권 도회지의 번잡함과, 스트레스·빠른 속도 속에서 생활하는 현대인이 일반적으로 자연과의 관계에서 멀어지기 쉽다. 그것이 심신 상태의 악화로 이어지는 사실은 크든 적든 누구나 느낄 것이다.

이 문제를 다룬 책으로는 미국의 논픽션 작가 리처드 루브Richard Louv의 베스트셀러 『자연에서 멀어진 아이들*Last Child in the Woods*』이 있다.[41] 이 책에서 저자는 '자연 결핍 장애'라는 개념을 제기하고, 아이부터 현대인까지 자연과의 연계가 근본적으로 부족하며 그것이 발달 과정에 부정적 영향을 미쳐 다양한 현대병의 원인이 된다는 주장을 사례로 소개했다. 원제인 'Last Child in the Woods'는 자연 속에 있는 아이들이 현대에는 멸종 위기종처럼 사라지고 있음을 의미한다.

자연과의 관계를 통한 치유는 일본에서도 도쿄농업대학교의 우에하라 이와오上原巖가 일찍부터 삼림 요법을 제창해, 연구와 함께 다양한 실천과 보

2-11 개인·커뮤니티·자연을 잇다

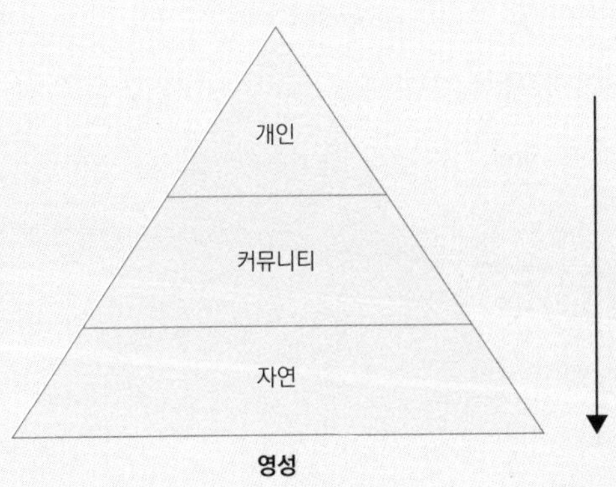

현대의 개인은 그 토대가 되는 커뮤니티나 자연, 나아가 영성(정신적 안식처)과의 연결을 상실해가고 있다.

급 활동을 진행해왔다.[42]

나는 이 주제를 도표 2-11과 같은 틀에서 생각해왔다. 현대사회에서 개인은 그 토대가 되는 커뮤니티나 자연, 나아가 정신적 안식처인 영성과의 연결을 상실했다.

개인의 바탕에는 커뮤니티가 있고, 그 커뮤니티는 진공 속이 아니라 자연 속에 있다. 궁극적으로는 자연의 근저에 물질적 차원을 넘어선, 유와 무의 근원을 이루는 차원이 있는데, 그것을 여기에서는 일단 영성이라고 부른다. 이 점에 대해서는 제6부에서 다루고자 한다.

현대인은 개인의 토대인 커뮤니티와 자연, 영성과 분리되기 쉽다. 그러나 그것과 관계를 회복하는 것이 치유의 본질적 의미라 생각한다.

자연은 단순히 물질적 의미에 그치지 않고, 천천히 흐르는 시간과 리듬에 동조함으로써 현대인이 도시 생활 속에서 잃기 쉬운 잠재된 차원을 회복

해간다는 의미가 있다.[43]

'진수의 숲 세러피'는 자연과의 관계를 통한 치유를 바탕으로, 일본인의 일상생활 장소인 신사의 경내나 진수의 숲에서 추진하자는 것이다. 나도 학교 세미나 수업 등에서 다양한 관계자의 협력을 얻어 진수의 숲 세러피를 시도해왔다. 예를 들어 사회인도 참가하는 교토대학교 세미나에서는, 전반부에 임상심리사이자 요가 지도자인 강사의 지도를 통해 교실 내에서 요가를 체험하고, 후반부에 캠퍼스 바로 옆 요시다신사로 이동해 신림욕神林浴을 제창한 신관 혼마 히로야스本間裕康 씨에게 일본의 전통 자연관과 심신의 치유와의 관계에 대해 강의를 듣는 내용으로 프로그램을 구성했는데, 다행히 참가자에게 호평을 받았다.

또 진수의 숲 프로젝트를 함께 추진하는 미야시타 요시히로宮下佳廣 씨는, 정년퇴직 후 삼림 지도원 자격을 취득하고 지바대학원에서 농학 박사 학위까지 취득한 분이다. 숲이나 자연과의 관계가 인간의 심신 건강에 미치는 영향을 주제로 독자적 진수의 숲 세러피 프로그램을 개발하고 각지에서 활동한다.[44]

이를 커뮤니티와 관련해 살펴보면, 이런 진수의 숲 활동은 지역의 고령자와 어린이 등 여러 세대가 다양한 건강 증진 활동과 세대 교류를 실천하는 장소 만들기의 의미를 지닌다. 특히 앞으로 증가할 은둔형 외톨이나 고독사 방지 등 고령자에 대한 필요나 의의도 크지 않을까 생각한다. 덧붙여 최근 관심이 높아진 마음 챙김mindfulness도 그 원류를 거슬러 올라가면 숲 명상에 이르는 것처럼, 자연과의 관계를 통한 치유는 더욱 깊고 넓게 확산될 것이다.

제3부

인류사 속 인구 감소와 포스트성장 사회

앞에서는 인구 감소 사회의 커뮤니티와 도시 · 지역의 모습을 살펴보면서 지역화와 정보화 · 포스트정보화라는 사회의 근본적 방향성을 논의했다. 새로운 시대의 전망을 좀 더 넓은 시야에서 내다보기 위해, 제3부에서는 시간대를 크게 넓혀 인류사와 근대의 자본주의 전개라는 틀 안에서 인구 감소 사회, 포스트성장 사회가 갖는 의미를 고찰해보고자 한다.

1

인구의 확대·성장과 안정화

인류사 속 인구 감소와 포스트성장 사회

인류 역사에서 인구 감소 사회란 어떤 의미를 갖는 것일까. 먼저 도표 3-1을 보자. 세계 인구의 초장기 추이를 나타내는 그림으로 미국의 생태학자 에드워드 디베이Edward Deevey Jr.가 제기한 것이다. 이를 보면 세계 인구는 크게 세 번에 걸친 증가와 성숙화·안정화의 사이클을 반복해왔다. 현재는 세 번째의 안정기로 이행하는 시기로 파악할 수 있다.

이를 좀 더 자세히 살펴보자. 호모사피엔스는 약 20만 년 전에 아프리카에서 탄생해 수렵·채집 사회를 이루면서 전 세계로 퍼져 나갔다. 도표 3-1은 100만 년 전부터 추정하는데, 이는 네안데르탈인 같은 초기 인류를 포함한 것이다. 이어서 약 1만 년 전에 메소포타미아를 중심

3-1 세계 인구의 초장기 추이

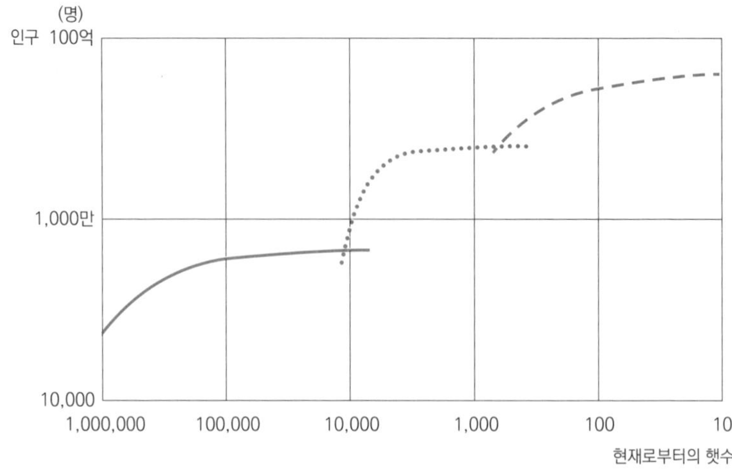

(출처) Joel E. Cohen, 『How Many People can the Earth Support?』, W. W. Norton & Company, 1995.

으로 농경이 시작되면서 인구가 급격히 늘고 그 과정에서 도시가 탄생했다. 그리고 머지않아 또다시 안정화되어 중세 시대에 들어갔다.

제3의 사이클은 말할 것도 없이 300~400년에 걸친 시대이며, 근대 산업화·공업화의 시대가 되면서 또다시 급격하게 인구 증가를 경험한다. 그러나 제1부에서도 살펴봤듯이 세계 인구는 성숙화 또는 안정화로 향한다. 이에 대해 J. 브래드퍼드 들롱J. Bradford DeLong이라는 미국의 경제학자가 수십만 년의 인류 역사에 걸친 GDP의 추이를 계산했다. 도표 3-2를 보자.

복잡해 보이지만, 앞의 디베이 이후 세계 인구에 관한 실증적 연구에 1인당 GDP에 대한 일정한 가정의 결과를 추가해 만든 시산試算이

3-2 초장기 세계 실질 GDP 추이

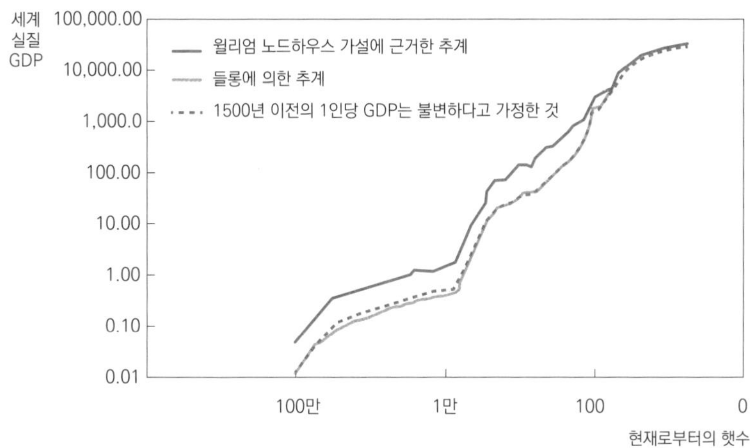

세로축의 단위는 10억 달러(1990년 달러 환율로 환산).
(출처) J. Bradford DeLong, 『Estimates of World GDP, One Millions B.C.-Present』, 1998.

다. 세 번에 걸친 확대·성장과 안정화 사이클이라고는 해도 지구상 다양한 지역에서 농경의 발생이나 공업화에 관한 시간차가 존재하기 때문에 디베이의 가설만큼 깔끔하지는 않다. 그럼에도 위와 같은 사이클을 대략 파악할 수 있다.

그렇다면, 애당초 왜 인구의 확대·성장과 안정화라는 사이클이 발생하는 것일까. 바로 말하면 인간에 의한 에너지 이용 형태, 조금 강한 어조로 표현하면 인간의 자연 착취 방식이 고도화됐다는 점과 맞닿을 것이다. 행인지 불행인지 영양분과 유기화합물을 스스로 만들 수 있는 것은 식물의 광합성이라는 메커니즘뿐이다. 동물은 식물을 먹고 인간은 더 나아가 동식물을 먹어가며 생존을 유지한다. 이것이 수렵·채집 단계다. 농경이 1만 년 전에 시작된 것은 식량 생산, 즉 인간이 식물의 광합성을 관리하고 안정적 형태로 영양을 얻는 방법을 찾아냈음을 의미한다. 현대식으로 비유하자면 태양광 패널을 땅에 가득 설치한 것처럼 식물을 심고 공동 작업으로 수확해 식량을 얻고, 이 결과 인구가 빠르게 증가해나갔던 것이다.

근대 공업화 시대가 되자 화석연료라고 불리는, 수억 년에 걸쳐 지하에 축적된 생물의 사체로 만들어진 석탄이나 석유를 태워 에너지를 얻었다. 반대로 말하면 수억 년이 걸려 축적된 것을 우리는 수백 년 만에 대부분 다 써버리는 셈이다. 어쨌든 이 같은 에너지 이용 형태의 변화가 세계 인구의 확대·성장과 성숙·안정화 사이클의 기본이다.

＼성숙·안정기의 문화 창조① — 추축 시대와 정신 혁명

세계 인구의 증가와 안정화를 둘러싼 세 번의 사이클이 있었다는 사실을 확인했다. 그 점도 중요하지만, 내가 여기서 주목하는 것은 인구와 경제가 확대·성장에서 성숙·안정화로 이행하는 바로 그 과도기에 인간의 정신과 문화에 혁신적 변화가 일어났다는 점이다.

그 첫째는 독일의 철학자 카를 야스퍼스Karl Jaspers가 '추축 시대樞軸時代', 혹은 과학사가인 이토 슌타로伊東俊太郎가 '정신 혁명'이라고 불렀던 시대다. 지금부터 약 2,500년 전인 기원전 5세기 전후, 흥미롭게도 지구상의 몇몇 장소에서 동시다발적으로 현재까지 이어진 보편적 사상(종교)이 생겨났다. 거의 비슷한 시기에 그리스에서는 그리스 철학이,

- 그리스 철학에서 소크라테스가 말하는 '영혼의 돌봄'
- 불교의 '자비'
- 유교에서 예의 근본인 내면적 덕으로서의 '인(仁)'
- 기독교의 '사랑'

인도에서는 불교가, 중국에서는 유교와 노장 사상이, 중동에서는 기독교와 이슬람교의 원형인 유대교 사상이 형성된 것이다.

내용이나 표현은 다르지만 여러 사상들은 그때까지 존재하지 않았던 인간의 정신적이고 내적인 가치와 개념을 새롭게 제기한 것이다. 그렇다면 왜 이 시기에 이런 새로운 사상과 관념이 동시다발적으로 생겨났을까. 야스퍼스도 이 점은 충분히 파고들지 않았지만, 나는 다음과 같은 가설을 세웠다.

최근의 환경사 연구에 따르면, 이 시대 이들 지역에서는 삼림 고갈과 토양침식 등이 심각했다는 사실이 밝혀졌다. 1만 년 전에 시작된 농업 문명이 일종의 자원적·환경적 한계에 부딪치던 최초의 시대가 아니었나 한다.

즉, 외부를 향해 끊임없이 확대해가는 물질 생산의 양적 확대가 불가능해져, 그러한 방향과는 다른, 자원 낭비와 자연 착취를 일으키지 않는 정신적·문화적 가치의 창조와 발전으로의 이행이 이 시대에 생겨난 것은 아닐까 추측한다. 이미 알아차렸겠지만, 이는 현재와 매우 유사한 시대 상황이다. 최근 200~300년 사이에 가속화한 산업화·공업화의 큰 물결이 포화 상태에 이르러 자원·환경 제약에 직면한 가운데,

우리는 또다시 확대·성장에서 성숙·안정화로 향하는 새로운 시대를 맞이하기 때문이다.

제1부에서 행복에 관한 관심의 고조를 언급했는데, 실은 이 같은 추축 시대·정신 혁명의 여러 사상은 모두 궁극적 인간 행복의 의미를 처음 본격적으로 논했던 시대였다고 할 수 있다.

＼성숙·안정기의 문화 창조② — 마음의 빅뱅

지금까지는 농경 문명 성숙기의 정신적·문화적 혁신을 설명했는데, 그렇다면 수렵·채집 단계의 성숙기에도 뭔가 비슷한 일이 일어나지 않았을까 하는 추측이 생긴다. 그렇게 생각의 폭을 넓혀보면 아주 재미있는데, 최근 고고학과 인류학 영역에서 마음(문화)의 빅뱅으로 불리는 현상이 떠오른다. 이는 지금부터 약 5만 년 전에 장식품과 그림 등 상징 표현, 문화·예술적 작품이라 불릴 만한 것이 한꺼번에 등장한 것을 가리킨다. 비교적 우리에게 친숙한 예로는 교과서에도 나오는 라스코 동굴 벽화가 있다. 일본에서 이에 상응한 예로는 조몬시대(B.C. 1만 4500년~A.D. 300년)의 토기군을 들 수 있을 것이다.

사진의 토기군은 야쓰가타케 남쪽 산기슭에 있는 이도지리 고고학 박물관이라는 곳에 수장된 작품들이다.

여담이지만 최근 20년 정도 나는 한두 달에 한 번 정도는 야쓰가타케 근처에 간다. 실은 지금 이 원고도 야츠가다케 남쪽 기슭에서 쓴다. 이 조몬 토기군의 강렬함에는 예사롭지 않은 것이 있고 또 그것은 현

마음의 빅뱅 이미지—야쓰가타케의 조몬 토기군

대 아트와도 통할 만한 뭔가를 내포한다. 아래 줄 오른쪽 사진은 신상통형 토기神像筒型土器로 신의 등(뒷모습)이라고도 하며 개인적으로 가장 좋아하는 토기다. 위 줄 왼쪽은 1970년의 오사카 만국박람회에서 오카모토 타로岡本太郎의 '태양의 탑' 모델이 되었던 토기로 처음 보았을 때는 눈을 의심했다.

3-3 인구의 확대·성장과 안정화 사이클

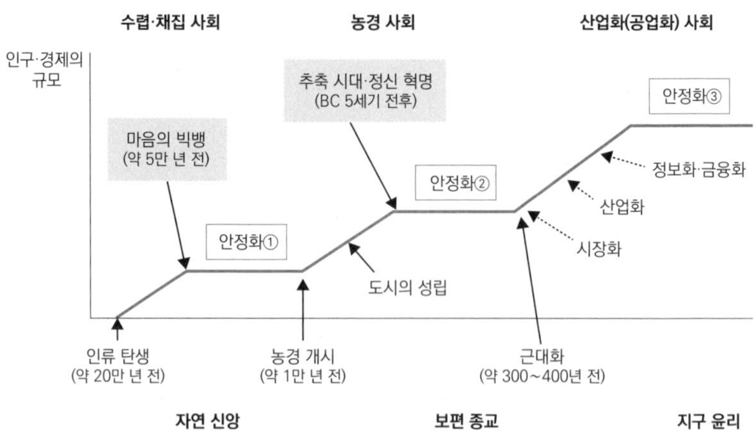

여기에서 핵심은 이 토기군이 실용성이나 유용성, 편리성과 같은 차원을 넘어선 관점에서 만들어졌으며, 물을 끓이거나 음식을 조리하기 위한 목적과 기능을 넘어섰다는 점이다. 즉, 앞의 추축 시대·정신 혁명과 마찬가지로 물질적 생산의 양적 확대라는 방향을 넘어선 창조성과 새로운 가치가 포함됐다. 그것은 마음의 빅뱅이라고 불리는데, 단순히 바깥 세계의 반영이나 이용이라는 차원에서 우리가 마음이라고 부르는 것을 넘어선 가장 근원적 형태의 무엇이 이때 생겨나지 않았을까. 그런 일이 수렵·채집 단계에서 성숙·안정기로 이행하는 시기에 처음 생기지 않았을까, 하는 것이 내 가설이다.

지금까지의 이야기를 정리해보면 수렵·채집 단계의 성숙·안정기에 마음의 빅뱅이 생겨나고, 농경 단계의 성숙·안정기에 추축 시대와 정신 혁명에 접어들었다고 말할 수 있을 것이다. 그것들은 앞에서 서술한 것처럼 물질적 생산의 양적 확대에서 문화·정신적 발전으로 이행한다는 공통점이 있다. 인구와 경제가 양적으로 확대·성장한 다음 시대에 진정으로 풍요로운 문화 혁신이 일어나는 것이다. 이는 도표 3-3에 잘 나타났다.[45]

인구 감소 사회 관점에서, 지금까지 살펴본 현대가 제3의 성숙·안정기로의 이행기라면, 그것은 아마도 다양한 문화적 창조와 긍정적 가능성이 가득한 시대일 것이다.

2

포스트자본주의의 디자인

\자본주의 그리고 포스트자본주의라는 맥락

지금까지 20만 년에 걸친 인류사 관점에서 우리가 맞이한 인구 감소 사회·포스트성장 사회의 의미를 생각해봤다. 여기에서 또 하나, 특히 확대·성장이나 포스트성장이라는 주제에서 반드시 떠오르는 것이 자본주의라는 사회시스템의 모습인데, 이는 인류사 속 제3의 확대·성장 시기인 근대와 겹친다. 여기서는 이 자본주의에서 중요한 점을 생각해보자.

도표 3-4는 서기 1500년부터 2000년 사이 서유럽의 GDP 추이를 나타낸 것으로, 일본의 메이지 이후 인구 증가 패턴과 다소 비슷하지만, 급격하게 증가한다는 사실을 알 수 있다.

3-4 서유럽 국가의 GDP 추이(1500~2000년)

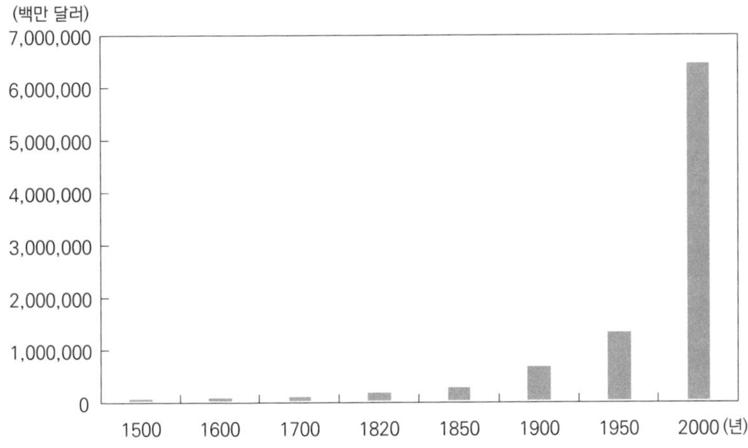

대상국은 오스트리아, 벨기에, 덴마크, 핀란드, 프랑스, 독일, 이탈리아, 네덜란드, 노르웨이, 스웨덴, 스위스, 영국(1990년 달러 환율로 환산).
(출처) Angus Maddison, 『The World Economy: Historical Statistics』, OECD, 2003.

자본주의란 원래 무엇인지 지금까지 무수한 논의가 이루어졌으며 여기서 이 주제를 자세히 다룰[46] 여유는 없지만, 프랑스 역사가 페르낭 브로델Fernand Braudel이 강조한 자본주의와 시장경제는 비슷하면서 다른 것이라는 점은 주의할 필요가 있다. 자본주의가 곧 시장경제라는 것을 당연시하는 논의도 많지만, 양자는 완전히 다른 것이라고 그는 말한다. 시장경제와 시장에서는, 예를 들어 이전의 쓰키지 시장에 있는 어시장 경매처럼, 어떤 의미에서 매우 투명하고 공정한 경쟁이 이루어진다. 이에 반해 자본주의는 오히려 "부유한 사람이 점점 더 부유해진다"라는 힘과 독점의 논리가 지배하는 듯한 성격을 가진다.

이런 주장을 고려할 때, 나는 자본주의에 대해 시장경제를 하나의 요소로 하면서 또 다른 하나의 요소인 끝없는 확대·성장 지향이라는 양면을 함께 지닌다고 파악한다. '자본주의=시장경제+끝없는 확대·성장의 지향'이라는 점을 분명히해둘 필요가 있다고 생각한다.

그렇다면 애초에 왜 확대·성장이 가능한지를 밝혀야 하는데, 그것은 앞서 인간에 의한 에너지 이용 형태나 자연 착취 방식 변화에서 지적했듯이 궁극적으로는 천연자원의 개발과 연계된 것이다. 실제로 자본주의의 상징적 기점으로 1600년 영국의 동인도회사 설립을 꼽는다. 이처럼 유럽 열강이 아시아, 아프리카, 아메리카 대륙의 식민지 경쟁에 뛰어들어 생산 원료로서 천연자원을 대규모로 개발해온 것이 자본주의, 즉 시장경제 확대·성장의 토대가 된 것이다.

＼사적 이익 추구에 대한 긍정과 파이의 확대

한편 확대·성장과 관련해 또 하나 중요한 점은 사람들의 가치 의식이나 행동 패턴에 관한 문제다. 좋든 나쁘든 사익 추구, 다시 말해 자기 이익의 확대를 추구하는 것을 긍정적으로 받아들이는 사상과 가치관이 어떠한 형태로든 존재하지 않으면 자본주의는 기능하지 않는다. 그리고 실제로 역사를 살펴보면 자본주의 발흥기에 사익 추구를 적극적으로 받아들이게 하는 사상이 만들어졌다.

그 상징적 예가 네덜란드 출신의 의사이자 사상가였던 버나드 맨더빌Bernard Mandeville이다. 비교적 잘 알려진 그의 저작 『꿀벌의 우화*The*

Fable of the Bees』는 애덤 스미스Adam Smith나 제러미 벤담Jeremy Bentham, 존 스튜어트 밀John Stuart Mill 등 후세의 사상가에게 큰 영향을 주었다. 여기에서 맨더빌의 주장을 요약하면 '욕망이 적다는 것은 개인의 덕으로서는 좋을지 모르지만 사회 전체의 부로는 이어지지 않는다. 국민의 부와 영예, 그리고 세속적 위대함을 높이는 데는, 오히려 탐욕과 방탕이 사회 전체에 도움이 된다'는 주장이다. 당시에는 상식을 뒤엎는 혁명적 내용으로, 맨더빌은 크게 비난당하고 그의 저서는 재판까지 받았지만, 얼마 안 있어 널리 영향을 미친다.

『꿀벌의 우화』에는 'Private Vices, Public Benefits', 즉 '사적 악덕, 공공의 이익'라는 부제가 붙었는데, 이는 그의 사상을 집약적으로 나타낸다고 할 수 있다.

이때 사익의 추구를 긍정적으로 받아들이는 것과 경제 전체의 파이가 확대된다는 양자가 동전의 양면처럼 표리 관계에 있다는 게 가장 중요하다. 이것은 어찌 보면 지극히 단순한 일로, 전체 부의 파이가 확대되지 않는 사회와 시대에는 어떤 사람이 자기 이익만을 추구해 그 몫을 늘려가는 것은 그만큼 다른 사람의 몫이 줄어드는 것을 의미하고, 이는 사회적으로 부정적인 의미다. 실제로 절약과 소박이 좋다는 가치관·규범은 그런 상황에서 만들어졌을 것이다.

그러나 이와 정반대로 경제의 전체 파이가 증가한다면, 더구나 사익 추구에 의해 사회 전체의 생산과 소비가 확대되어 파이가 늘어난다면, 개인이 자기 이익을 추구하는 것은 그대로 타인에게도 보탬이 될 수 있다. 그 결과 사익 추구는 긍정적으로 인식된다. 다시 말해 규범과 윤리는 모든 시대를 관통하는 일률적인 것이 아니고, 그 시대의 사회·경제 상황에 의존해 만들어진다는 것이다. 특히 경제적·자원적 파이의 확대·성장을 계속해나가는 것이 가능한 상황인지가 규범과 윤리의 내용을 좌우하는 가장 중요한 요인이다.

＼새로운 시대 상황과 인간 이해

그런데 여기에서 확인하고 싶은 것은, 맨더빌 때의 시대 상황과는 마치 정반대 지점에 현재 우리가 있는 것은 아닌가 하는 점이다. 이 책의 주제인 인구 감소 사회와도 연결되지만, 정반대 지점이라는 것은 좀 더 넓게 볼 때 끝없는 확대·성장이라는 방향성이 지구 자원의 유한성이라는 물질적·외면적인 측면에서도, 나아가 제1부에서 살펴본 행복이라는 정신적 충족 측면에서도 일종의 포화점·한계에 다다른다는 의미다.

흥미롭게도 이와 호응하듯, 최근 인문 사회과학과 자연과학 계열 등 인간의 협조적 행동, 이타성, 관계성에 주목하는 연구와 저서가 마치 백가쟁명하듯 다양하게 늘었다.[47]

요컨대 여러 연구 분야에서 맨더빌식 세계관과는 반대인 인간의 이타성, 협조적 행동, 관계성 등에 관심을 가진 논의와 연구가 한꺼번에 터져나오고 있다. 그런데 나는 본래 전공이 과학사·과학철학이며, 그러한 관점에서 조금 김빠지는 견해가 될지도 모르지만 애당초 어떤 이유로 인간의 이타성과 협조성 등에 주목한 논의가 근래에 늘었고, 그 사회적 배경은 무엇인지 고민하려 한다.

그에 대한 현재 나의 대답은, 지금 우리가 끝없는 확대·성장 시대 다

① 인간의 뇌는 진화 과정에서 타인과의 상호작용과 관계성에 결정적 영향을 받는다는 사회적 뇌 이론이나, 타인의 아픔을 자기 아픔으로 인식하는 신경 기반인 거울 신경세포 연구 등에서 볼 수 있는 뇌 연구의 일부
② 건강의 사회적 결정 요인, 즉 인간의 질병과 건강에서 타인이나 커뮤니티와의 관계, 격차와 빈곤, 노동 환경 등 사회적 요인이 지극히 큰 영향을 미친다는 사회 역학의 대두
③ 인간 사이의 신뢰나 네트워크, 규범과 같은 관계성의 질에 관한 사회적 자본 이론
④ 인간의 이타적 행동과 협조 행동에 관한 진화 생물학의 연구
⑤ 경제학과 심리학, 뇌 연구가 결합된 행동 경제학과 신경 경제학의 일부
⑥ 경제 발전과의 관계 등 인간의 행복감이나 그 규정 요인에 관한 행복 연구

음에 다가올 제3의 안정화 시대, 즉 자본주의 발흥기에 나타난 맨더빌 같은 논의와 완전히 다른 포스트자본주의적 상황을 맞이하기 때문이라는 것이다. 기본 인식에 관한 것이지만 인간의 윤리나 가치, 과학의 패러다임은 역사적 맥락에서 보면 그 시대의 사회·경제 상황과 깊게 관계하면서 만들어진다. 조금 더 깊이 파고들자면, 대개 인간의 관념, 사상, 윤리, 가치 원리는 처음부터 하늘에서 뚝 떨어져 존재하는 것이 아니라, 궁극적으로 특정 시대 상황에서 인간의 생존을 보장하기 위한 수단으로서 생겨난 것이 아닐까.

이러한 측면에서 보면 기원전 5세기 무렵의 추축 시대·정신 혁명이 그랬다고 볼 수 있다. 그 당시 농경 문명이 자원적·환경적 한계에 부딪치는 가운데 새로운 정신 가치가 필요했다. 비슷하게 수렵·채집 후반기의 마음의 빅뱅도 마찬가지였을 것이다.

그렇다면 최근 과학계에서 인간의 이타성과 협조적 행동 등을 강조

하는 것은, 그런 방향으로 인간의 행동과 가치 중점을 변화해가지 않으면 현재의 경제·사회가 인간 생존이 위험한 상황에 놓였기 때문은 아닐까. 따라서 현재의 상황은 근본적으로 추축 시대와 마음의 빅뱅 시대가 그러했던 것처럼, 고차원적이고 새로운 가치와 사상이 요구된다고 할 수 있다. 나는 이를 지구 윤리라는 개념으로 제시하는데, 이는 제7부에서 다시 살펴볼 예정이다.

＼제4의 확대·성장은 가능할까

한편 이에 관해 상반된 주장도 존재한다. 나는 앞으로 제3의 안정화 시대가 펼쳐지기 때문에 끝없는 확대·성장과 다른 새롭고 이상적인 사회와 가치를 만들어가야 한다고 이야기하지만, 반대로 인간은 영원히 확대·성장을 추구하는 존재이며 앞으로는 더욱 새로운 제4의 확대·성장기로 접어들 수 있다는 견해도 있다.

그 전형적 사례 하나는 앞서 언급한 커즈와일의 기술적 특이점을 둘러싼 논의로, 컴퓨터의 2045년 문제라는 용어로도 언급된다. 요약하면 다양한 기술혁신, 특히 유전자공학·나노 기술·로봇공학의 발전이 융합되어 기술이 비약적으로 성장하고, 최고도로 발달한 인공지능과 인간의 개조된 신체가 결합되어 최고의 존재가 태어나며, 나아가 정보 소프트웨어로 인간의 의식이 영속화되어 죽음을 초월한 영원한 정신을 얻는다는 내용이다.[48]

이것을 알기 쉽게 영화화한 것이 〈트랜센던스Transcendence〉이며, 개인적으로는 꽤 좋아한다. 조니 뎁이 연기하는 천재 과학자가 사망하는데 역시 과학자인 아내가 그의 뇌 정보를 전부 인터넷상에 업로드한다. 커즈와일이 말한 인격 업로드와 같은데, 얼마 안 가 컴퓨터가 폭주를 시작해 대혼란이 일어난다는 조금 황당한 영화이지만, 여기에 그치지 않고 여러 생각을 하게 만드는 내용이다. 최근에는 이런 주제의 영화도 많은데, 예를 들어 인공지능이 여자 친구가 되는 〈그녀Her〉라든지 뇌와 의식이 진화해서 강력해지는 〈루시Lucy〉 등 여러 가지가 있다.

여기에서는 '제4의 확대·성장은 가능할까'라는 주제로 이야기했는데, 혹시 그런 가능성이 있다면 크게 다음 세 가지 정도일 것이라고 나는 생각한다.[49]

첫째는 인공 광합성으로, 이것은 현재 실제로 연구가 진행 중인데, 식물밖에 할 수 없는 광합성을 인간이 할 수 있게 만드는 내용이다. 그 결과 식량 문제를 해결하고, 이산화탄소를 이용하는 광합성으로 지구 온난화 문제도 해결할 수 있다는 것으로, 한마디로 궁극의 에너지 혁명이다. 둘째는 지구 탈출·우주 진출로, 최근의 SF 계열 영화에서는 이것이 격차 문제와 연결되어 부유층은 지구 밖으로 탈출하고, 빈곤층은 황폐한 지구에 남겨진다는 식으로 묘사되는 경우가 많다. 셋째는 커즈와일의 기술적 특이점과 포스트휴먼론으로, 이는 인간이 개조되거나 다음 단계로 진화한다는 내용이다.

이상 세 가지의 가능성은 논의하기에 재미있고 자본주의 세계와 미국적 가치관 속에서 앞으로 강하게 대두될 방향이라 생각한다. 그러나 나는 이런 방향에 근본적으로 회의적이다. 이 세 방향성이 정말로 현재 일어나는 문제의 해결책이 될까, 그리고 그것으로 인간이 행복해질

까 하는 의문 때문이다.

첫째, 인공 광합성은 매우 유력한 기술적 방법이라고 할 수 있지만, 만일 실현된다면 현재 70억 명을 넘어선 세계 인구가 더욱 큰 폭으로 증가해 제1부에서 살펴본 112억 명• 수준을 훨씬 넘을 것이고, 지구는 더욱 과밀해질 것이다. 그러한 모습이 과연 바람직한 것인가, 결국 지금까지와 같은 문제가 되풀이될 뿐 아닌가 하는 의문이 생긴다.

두 번째 방안인 지구 탈출·우주 진출도 언뜻 보면 매력적으로 보일지 모르지만, 70억 명의 세계 인구 중에서 지구 밖으로 나갈 수 있는 사람은 기껏해야 정말 일부일 것이다. 애초에 우주나 태양계 밖에 나간다고 해서 과연 그곳이 인간에게 지구보다 쾌적한 환경일까 하는 점은 무척 의심스럽다.

제3의 포스트휴먼에 대해서는, 도쿄대학교의 공학 계열 연구자이자 뇌신경 과학 전문가 와타나베 마사미네渡辺正峰는 저서에서 '기계에 의식 이식', 그리고 그것을 바탕으로 한 '기계 속에서의 제2의 인생'이라는 주장을 펼치는데,[50] 그러한 방향이 과연 인간을 행복하게 할까 하는 의문이 남는다. 이는 제6부의 사생관 논의에서 재차 살펴보려 한다.

나는 그러한 끝없는 확대·성장의 추구가 아니라, 이곳에서 기술한 것처럼 안정기의 문화적 창조성이라는 생각을 참고해, 지구와 인간의 유한성에 따른 새로운 풍요와 창조성, 지속 가능한 복지사회라는 방향을 실천하고 추구해야 한다고 생각한다. 아마도 그것이 행복이라는 관점에서도 바람직하며, 이는 인구 감소 사회의 디자인에서 원리적 사고

• UN의 2100년 세계 인구 전망. 2019년 발간된 새 추계에서는 109억 명으로 하향 수정되었다. — 저자 주

의 핵심이 될 것이다.

나아가 다음과 같은 관점이 본질적 의미를 갖는다고 나는 생각한다. 기술적 특이점 이론 같은 일련의 주장은 언뜻 보기에는 매우 새로운 방향처럼 보이지만, 실은 근대사회의 패러다임, 즉 개인이 이윤을 극대화하고 인간이 자연을 지배한다는 세계관을 극한까지 넓힌 것에 지나지 않는다. 그것들은 기존의 확대·성장형 사고를 연장한 것으로, 현대의 시대 상황에서 진정 근본적이고 근저적인 사상을 모색한다면, 오히려 성숙·안정화하는 사회의 창조성이나 풍요, 행복을 지속 가능성 관점에서 사고하는 것이 중요할 것이다.

＼창조적 안정 경제라는 사고

그런데 지금까지 설명한 '안정기의 창조성'에 대해 조금 다른 각도에서 보충해두자.

나는 이전부터 안정형 사회라는 새로운 사회상을 제안해왔는데, 자주 받는 질문이 "안정화된 사회란 변화가 멈춘 매우 지루한 사회가 아닌가"라는 것이다. 하지만 이는 기존의 세계관에 기초한 잘못된 인식이다. 졸저 『定常型社会』에서도 언급했듯이,[51] 조금 진부한 사례지만 음악 CD의 연간 총매출(요즘 식으로는 노래의 다운로드 총량 또는 총액)이 일정하더라도 인기곡 순위는 계속 변하는 것처럼, 양적으로 확대하지 않는다는 것이 변화가 없다는 것을 의미하지는 않는다.

그렇다면 왜 이 같은 오해가 생기는 것일까. 생각해보면 "양적으로 확대하지 않으면 지루하다"는 사고방식은 물건 중심의 경제관념에 사로잡힌 낡은 발상이다. 예컨대 쌀(이라는 물건)의 생산이 중심인 사회에서 쌀 생산량과 매출이 매년 일정하다면, 그것은 변화가 없는 지루한 사회일지도 모른다. 그러나 정보가 중심인 경제에서는 위의 사례처럼 양적으로는 일정해도 변화나 창조성이 끊임없이 생겨날 것이다. 더구나 현재 우리는 앞에서 살펴본 것처럼 새로운 포스트정보화, 시간의 소비라는 단계에 진입하려 한다.

다른 예로 교토를 생각해보자. 나는 우연한 기회에 교토의 인구 추이를 조사하다가 조금 놀랐다. 교토시의 인구는 현재 약 147만 명인데 1968년에 이미 140만 명이었으며 그 후 거의 변하지 않았고, 오히려 최근 들어 약간 감소했다. 그러나 교토가 지루하고 따분한 도시라고 생각하는 사람은 아마 적을 것이다. 양적으로는 확대하지 않지만, 거기에서는 창의적인 일이 계속 생겨나고 영위되기 때문이다.

아베노믹스 이후 최근의 흐름을 보면 'GDP 600조 엔 달성'이 국가 정책 목표라고 줄곧 이야기된다. 이는 고도성장기의 열혈 사원이 할 법한 생각과 닮은 영업 할당 방식의 사고로서, 창조성이나 개인의 자유로운 창발과는 동떨어졌다. 오히려 그러한 양적·할당적 사고에 사로잡힌 것이 일본 경제의 침체나 1990년대 이후 '잃어버린 ○○년'을 낳는 원흉이 아닐까.

제1부에서 인구 감소 사회의 맥락에서, 경제성장 의무에서의 해방을 말했다. 인구 감소 사회·성숙 사회에서는 양의 증대를 1차 목표로 할 것이 아니라, 정부가 기본 생활을 보장하고 개인의 자유로운 창발이 가능한 여건을 확실히 조성하는 게 중요하다. 다음에 서술할 인생 전

반기의 사회보장 등이 그것이다. 이것이 결과적으로 경제 활성화와 선순환으로 이어지는 사회의 모습을 구상해나가야 한다.

여기서는 인류사 속의 인구 감소 사회라는 관점에서 논의를 펼쳤다. 너무 거대한 논의였을지도 모르지만, 아마 이러한 초장기 관점과 근원적 이념·사상을 함께 생각하지 않으면 바람직한 미래의 전망이 열리지 않는 근본적 변화의 시대에 우리는 살고 있다. 인구 감소 사회의 디자인이라는 과제는 그만큼의 넓이와 깊이를 가진 것이다. 이런 시대 인식과 전망을 가지고 다음 제4부부터는 위에 언급한 사회보장을 둘러싼 논의와 인구 감소 사회에 예상되는 여러 구체적 과제를 더욱 탐구할 예정이다.

제4부

사회보장과 자본주의의 진화

인구 감소 사회로 바뀌고 경제가 성숙해 파이가 기존처럼 확대되지 않는 반면, 고령화의 진전 속에서 연금이나 의료, 돌봄 등 사회보장 비용이 커지는 동시에 격차나 빈곤을 둘러싼 문제도 심각해지면서, 부의 분배나 사회보장 등의 부담을 어떻게 나눌 것인지가 중심 주제로 부상했다.

1

사회보장을 둘러싼 현상과 국제 비교

인구 감소 사회와 부의 분배

제2부에서 인구 감소 사회에서 중요한 핵심 주제로 커뮤니티와 마을 만들기·지역 재생이라는 화두를 살펴봤다. 한편, 인구 감소 사회에서는 사회보장을 중심으로 하는 부의 분배가 점점 더 중요해진다.

고도성장기로 상징되는 인구나 경제가 급속도로 증가하는 시대는 전체의 파이가 확대되어 한 사람 한 사람의 몫도 계속 늘어나는, 말하자면 '모두가 이득을 보는 시대'였기에 부의 분배 같은 것을 고려할 필요성은 적었다. 그러다 인구 감소 사회로 바뀌고 경제가 성숙해져 파이가 기존처럼 확대되지 않는 반면, 고령화의 진전 속에서 연금이나 의료, 돌봄 등 사회보장 비용이 커지는 동시에 격차나 빈곤을 둘러싼 문제도 심각해지면서, 부의 분배나 사회보장 등의 부담을 어떻게 나눌 것인지가 중심 주제로 부상했다.

내가 보기에 일본인은 바람직한 분배 구조를 논의하거나 그에 관한 사회시스템을 개혁하는 일에 아주 서투르며, 그 결과 서문에서 언급한 것처럼 그런 문제를 모두 미래로 미뤄 1,000조 엔이 넘는 막대한 빚을 미래 세대에 떠넘겼다. 왜 이러한 사태를 초래했을까.

지금까지 일본인론 등의 맥락에서도 논의되었듯, 일본인은 '그곳'의 분위기를 최우선으로 생각하는 경향이 강하다. '그곳'에서의 합의가 좀처럼 어려운 분배와 부담의 구조 같은 논의를 피하고 '그곳에 없는 사람들'에게 떠넘겨 버리는 경우가 많다. 생각해보면 '그곳에 없는 사람들'의 전형이 바로 미래 세대일 것이다. 다른 나라에서는 유례를 찾기 힘들 정도로 미래 세대에게 빚을 부담시킨 배경에는 이러한 요인이 작용한다고 나는 생각한다.

이는 지속 가능성이란 주제와도 깊은 관련이 있다. 기본 사실을 확인하자면, 일반적으로 지속 가능성과 지속 가능한 발전이라는 개념은 UN의 세계환경발전위원회(브룬틀란 위원회)가 1987년에 발표한 보고서 「우리 공동의 미래*Our Common Future*」에서 제창한 것이다. 거기에서는 '미래 세대가 그들의 필요를 충족할 능력을 저해하지 않으면서 현재 세대의 필요를 충족하는 발전'을 지속 가능한 발전이라고 했다. 바로 이 미래 세대라는 '그곳에 없는 사람들'의 입장을 고려하는 것이 지속 가능성이라는 개념의 중심에 놓인 것이다.

또 일본에는 무시할 수 없는 배경 요인이 하나 더 존재한다. 일찍이 일본은 '일본이 최고'라 불렸을 정도로 경제성장의 최고 성공 사례로 선전됐다. 이 때문에 '경제성장이 모든 문제를 해결해준다', '분배 문제는 성장에 의해 해결할 수 있다'라는 발상이 특히 단카이 세대団塊世代● 등 기성세대에 깊이 스며들었다.

인구 감소 사회는 전후의 일본 사회, 또는 메이지시대 이후의 일본 사회를 특징지어온 모습이나 사상의 틀이 근본적으로 변하는 시대다. 미래 세대를 고려한 지속 가능성이라는 중장기 관점을 가지면서, 일본 사람들이 기피하기 쉬운 '분배의 공정이나 공평, 평등이란 도대체 무엇인가' 하는 원리·원칙에 관한 논의와 사회시스템의 재편을 본격적으로 실천해야 하는 시대다. 그렇지 않으면 사태는 머지않아 파이 쟁탈전으로 향하거나 미래 세대에 대한 부담 전가가 한계에 달해 결국 파국에 이를 것이다.

＼사회보장을 둘러싼 현상

그럼 몇 가지 기본 사실관계 확인부터 시작해보자. 다음은 사회보장 지출액의 추이인데, 2016년도에 116.9조 엔 규모에 이르렀다. 줄어드는 예산이 많은 현재 일본에서, 전체 인구가 줄면서도 고령화율은 2060년을 향해 꾸준히 상승하기 때문에 향후에도 한층 더 증가할 것으로 예상된다.

● 전후 일본의 제1차 베이비 붐 시기(1947~1949년)에 태어나 고도 경제성장을 이끈 세대로서, 일본 전체 인구 중 5.4퍼센트를 차지하는 거대 인구 집단.

4-1 사회보장 지출액의 증가

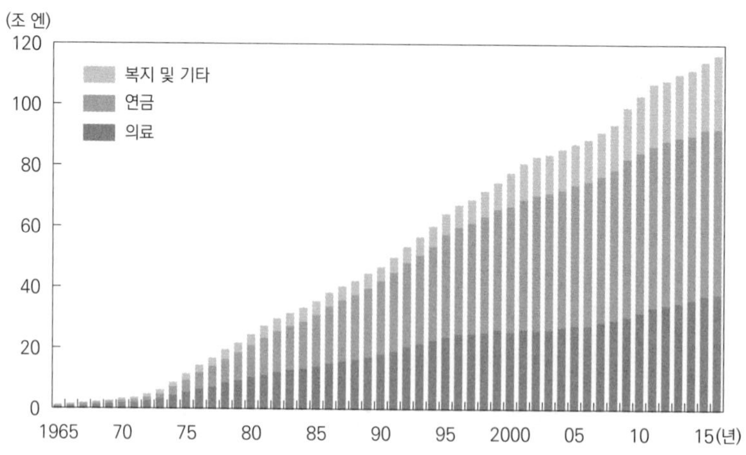

(출처) 国立社会保障·人口問題研究所, 「社会保障費用統計」.

도표 4-2는 2019년도의 정부 예산(일반회계 세출)을 나타낸 것이다. 핵심은 전체 101.5조 엔의 예산 중에서 부채 상환 부분(국채)이 23.5조 엔, 지역 이전 부분(지방교부세 교부금)이 16조 엔 정도로, 이를 제외한 실질적인 정부 예산(일반 세출)은 62조 엔이라는 점이다.

그림에서 알 수 있듯이 사회보장 예산은 34.1조 엔으로 다른 부분을 압도하는 규모다. 일반 세출 62조 엔의 절반 이상인 55퍼센트를 차지한다. 부연하자면, 앞서 말한 116.9조 엔의 사회보장 지출액은 사회보험료와 세금으로 충당되며, 그 세금 부분만 도표의 정부 예산에 표시되기 때문에 실제 사회보장 전체 금액은 더 크다.

정부 예산의 다른 항목을 살펴보면 낭비가 많다고 지적된 공공사업은 약 7조 엔, 방위비가 약 5조 엔이며, 농업 등 식량 안정 공급 관련은

4-2 2019년도 정부 예산(일반회계 세출) 내역(억 엔)

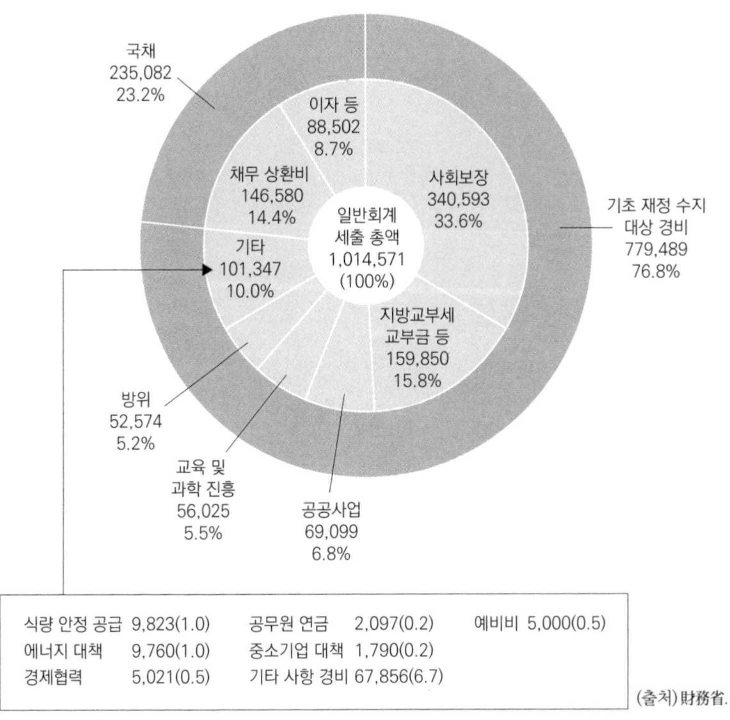

(출처) 財務省.

9,800억 엔으로 1조 엔에도 미치지 못한다. 또 교육 및 과학 진흥 부문 예산은 전체 5.6조 엔인데, 도표에는 나와 있지 않지만 그 중에서 문부과학성의 교육 예산은 4.2조 엔, 국립대학의 예산(국립대학 법인 운영비 교부금)은 1.1조 엔에 이르렀다.

이와 같이 국가 예산에서 차지하는 규모를 보면 사회보장이 두드러지게 커서, 말 그대로 국가의 형태를 결정하는 항목이라고 해도 지나치지 않을 존재가 되어버렸다. 한편 사회보장 규모가 크고 매년 꾸준히

4-3 2015년 GDP 대비 사회보장 급부비(사회보장 지출)의 국제 비교

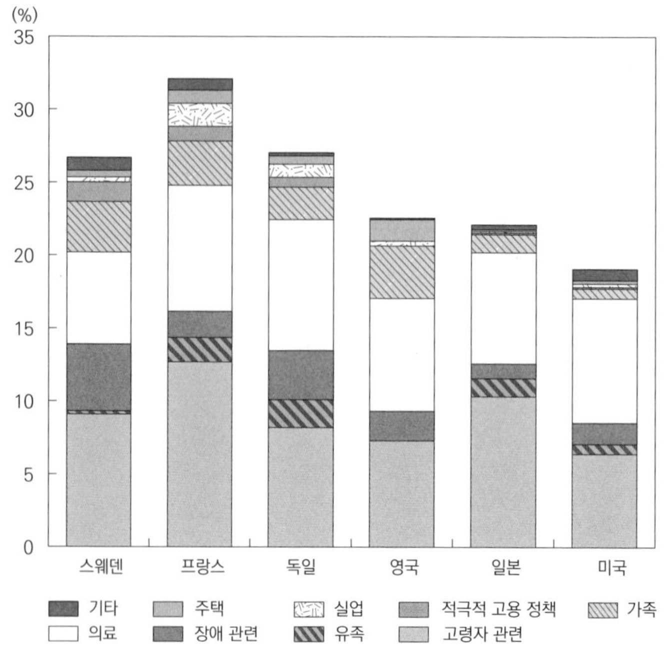

(출처) OECD.

증가한다고 말했는데, 조금 각도를 바꿔서 이를 국제 비교하면 어떨까.

도표 4-3은 그러한 사회보장 지출 규모가 GDP에서 차지하는 비율을 국제 비교한 것이다. 전체적인 경향을 보면, 영국을 제외한 유럽 그룹은 대체로 사회보장이 두터운 반면에 미국이 가장 작고 영국과 일본이 그 중간에 있다.

보충하자면 일반적으로 스웨덴 등 북유럽 국가의 사회보장이 두텁다는 이미지가 있지만, 도표에선 프랑스가 2007년 스웨덴을 제치고 여

러 국가 중에서 가장 큰 사회보장 규모를 보인다. 이는 사회보장의 내용 차이에서 비롯하는데, 프랑스는 특히 연금 수준이 높기 때문에 이러한 결과가 나온다. 나중에 정리하겠지만 북유럽 국가는 상대적으로 복지 서비스가 두텁다는 특징이 있다. 또 도표에서 일본은 영국과 거의 같은 비슷한 규모로 나타나지만, 일본의 고령화율은 여러 국가들 중에서 가장 높다. 이 점을 고려해 고령화 비율을 조정하고 비교하면 사회보장의 실질적 규모는 영국보다 약간 낮은 수준이라고 추정된다.

어쨌든 이처럼 일본의 사회보장 규모는 국제적으로 결코 크지 않은데도, 1990년대 무렵까지는 비교적 적은 사회보장비를 가지고 일정한 수준 이상의 사회적 평등과 생활 안정을 유지·실현했다. 그 이유는 무엇이었을까.

그 이유로는 우선 두 가지를 들 수 있다. 첫째는 비공식적 사회보장, 보이지 않는 사회보장이라고도 부르는 사회 안전망이 일본 사회에 존재했다는 점이다. 구체적으로는 회사와 가족, 즉 종신 고용을 기조로 급여 속에 부양 수당이나 주택 수당 등 사원과 그 가족의 생활을 평생에 걸쳐 보장하는 회사, 그리고 돌봄과 육아 등을 전담하는, 좋든 나쁘든 안정적이고 표준적인 가족이 존재했다. 그러나 이것들은 모두 최근 들어와서는 큰 폭으로 변하고 다양화했다.

둘째는 내가 공공사업형 사회보장이라고 불러온 것으로, 특히 1970년대 무렵부터 공공사업 등이 일자리 제공을 통한 생활 보장 형태로 사회보장적 기능을 수행해왔다. 실제로 당시 토목·건설업에서는 1990년대 이후 600만 명 정도의 사람들이 일했는데, 이 분야 사람들에게 공공사업은 곧 생활을 보장해주는 의미를 지녔다. 그러나 이것도 이른

바 고이즈미 개혁•을 통해 공공사업의 삭감이 추진된 반면, 이를 대신하는 사회 안전망은 충분히 정비되지 않은 채 현재에 이르렀다.

이런 과정을 거쳐 고도성장기를 중심으로 한 일본 사회의 비공식적 사회보장, 보이지 않는 사회보장으로 기능하던 것들이 순차적으로 변모하고 소실되었다. 여기에 고령화의 진행이 맞물려 일본 사회의 경제적 격차가 서서히 확대되어온 것이다.

도표 4-4는 경제적 격차의 정도를 보여주는 지니계수를 국제 비교한 것이다. 세로축의 지니계수는 0에서 1 사이의 값으로 그 수치가 클수록 격차가 크고 작을수록 평등하다는 것을 나타낸다.

도표에서 국가별 순위를 보면 아이슬란드, 덴마크, 노르웨이, 핀란드 등 북유럽 국가의 평등도가 가장 높으며, 벨기에, 오스트리아, 독일 등 소위 대륙 지역의 유럽 국가가 그 뒤를 잇는다. 조금 더 오른쪽으로 가면 캐나다, 호주, 뉴질랜드, 영국과 같은 앵글로색슨 계열의 국가와 이탈리아, 포르투갈, 그리스, 스페인과 같은 남유럽 국가가 늘어서고 가장 오른쪽에 미국이 있다. 이러한 국가 순위 패턴은 바로 사회보장 시스템의 차이 또는 구분과 깊이 관련된다. 이 점은 이후에 다시 다루게 되겠지만, 일본은 1980년대 무렵까지 유럽 국가들과 같은 곳에 있었는데, 유감스럽게도 점차 오른쪽으로 이동해 현재는 선진국 중에서도 격차가 큰 그룹에 들어가 있다.

이 점에 관해서 도표 4-5는 일본에서 생활보호를 받는 계층에 대

• 고이즈미 준이치로 총리가 신자유주의와 작은 정부로의 개혁을 기조로 정부의 공공서비스 민영화, 지방분권 등을 추진한 정책.

4-4 소득 격차(지니계수)의 국제 비교

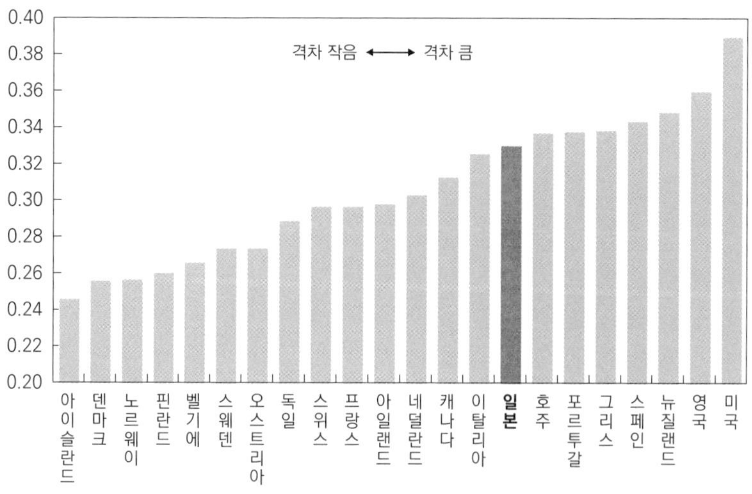

주로 2015년 수치다. 여기서의 소득은 재분배 후의 가계당 가처분소득(가계 인원수에 따라 조정)을 말한다. 최근 일본은 선진국 중에서 격차가 큰 그룹으로 진입했다.
(출처) OECD IDD(Income Distribution Database).

해, 가구 유형별 비율을 살펴본 것이다. 역시 비율이 높은 것은 고령자 가구로, 2015년에는 생활보호 가구의 약 절반을 차지하며, 특히 1인 가구의 고령 여성 등이 많이 포함된다. 한편, 최근 증가 경향을 보이는 '기타 가구'의 전형적 이미지는 대략 고령자를 제외한 중년까지의 젊은 나이에 실직한 계층이다. 나중에 인생 전반기의 사회보장이라는 주제에서 다시 논의하겠지만 이렇게 최근 일본에서 비교적 젊은 층에 빈곤이 퍼진 것은 중대한 상황이 아닐 수 없다. 더구나 여기에 나온 것은 생활보호를 받는 계층인데, 그 정도 빈곤에 이르지는 않았지만 비정규직 등 생활이 불안정한 청년층은 훨씬 많이 존재한다.

4-5 생활보호: 가구 유형 비율의 추이

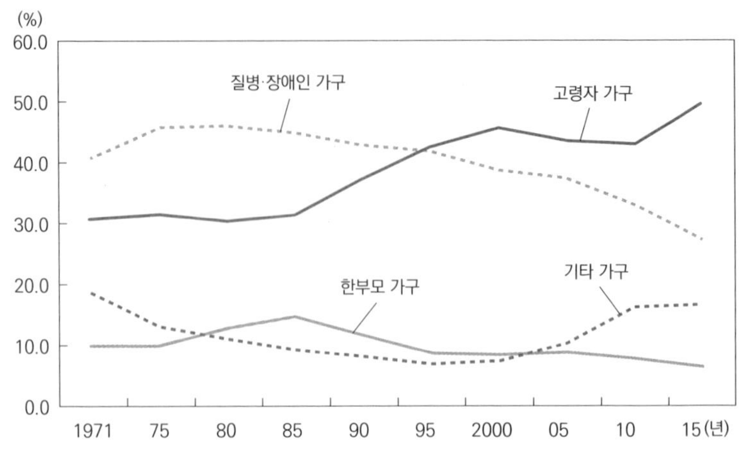

청년이 많이 포함된 '기타 가구'가 증가했다.
(출처) 厚生労働省社会·援護局, 「被保護者調査」.

그렇다면 이러한 상황에 어떠한 대응이 필요한가. 이 점을 밝히기 위해서도 여기에서 사회보장에 관한 국제 비교를 좀 더 깊이 살펴보자.

＼사회보장의 국제 비교 — 세 가지 모델

도표 4-6은 선진국의 사회보장을 국제적으로 비교해 세 그룹으로 분류한 것이다.[52] 우선 북유럽에서 볼 수 있는 '보편주의 모델'의 재원은 세금 중심이며 기본적으로 사회보장이 두터운 고복지·고부담형의 공조公助를 중시한다. 앞서 언급했듯이 돌봄과 보육 등 복지 서비스(혹

4-6 사회보장의 국제 비교

	특징	사례	이념
보편주의 모델	• 큰 사회보장 급부 (특히 복지 서비스의 비중이 큼) • 모든 주민이 대상 • 재원은 세금 중심	북유럽	공조(公助): 정부에 의한 재분배
사회보험 모델	• 거출에 맞는 급부 (특히 연금) 현금 급부의 비중 큼 • 피고용자 중심 • 재원은 사회보험료 중심	대륙 지역 유럽 (독일, 프랑스 등)	공조(共助): 상호부조를 중시
시장형 모델	• 최소한의 공적 개입 • 자립·자조와 자원 봉사 • 민간 보험 중심	미국	자조(自助): 개인이나 시장에 의한 대응을 중시

은 대인적 사회 서비스)가 중점이다. 다음은 '사회보험 모델'로 독일, 프랑스 등의 유럽 대륙부가 전형적 사례이며 이는 사회보험료를 재원으로 해 서로 협력하는 시스템으로 공조共助와 상호부조를 기본 이념으로 하는 것이다. 북유럽에 비해 연금 등 현금 급부에 상대적으로 중점을 둔다. 그리고 이는 사회보장 규모로는 프랑스가 스웨덴보다 크다는 점을 지적한 것과 관련된다.

이상의 두 가지는 크게 보면 비슷한 면을 지니는데, 이것들과는 아주 다른 모델을 보여주는 것이 역시 미국의 '시장형 모델'이다. 이는 말 그대로 작은 정부, 저복지·저부담을 기조로 기본적으로 사회보장은 약하며 의료 등도 민간 보험 중심으로, 좋든 나쁘든 자조自助라는 이념이 매우 뚜렷하다. 자세히 살펴보면 의료보험의 공적 보장을 강화하려는 오바마 케어로 상징되듯이, 미국 민주당은 전통적으로 '전 국민 보험'을 주창하는 등 좀 더 적극적인 정부 개입을 지향한다. 이와 반대로 공화당은 시장 지향이 강하다. 유럽과 비교할 때 미국의 공적인 사회보장과 그에 대한 지지는 압도적으로 적다.

조금 개인적인 소회를 말하자면, 이 책에서 몇 번인가 언급했듯이 나는 1980년대 말의 2년간과 9·11 테러가 발생한 2001년의 총 3년 정도를 미국에서 살았다. 도시 중심부에 유리창이 깨진 채로 방치되거나 쓰레기가 뒹구는 등, 사회보장 시스템의 차이가 거리의 모습과 사람들의 생활, 행동, 의식의 상태에 얼마나 큰 영향을 미치는지 통감했다.

덧붙여서 이런 국제 비교에 관해서는 덴마크 출신의 사회정책학자 요스타 에스핑-아네르센Gøsta Esping-Andersen의 저서 『복지자본주의의 세 가지 세계*The Three Worlds of Welfare Capitalism*』가 비교 복지국가론 연구 분야의 대표작이다. 이 저서에서 에스핑-아네르센은 선진국들의 사회보장을 북유럽과 같은 '사회민주주의', 유럽 대륙부의 '보수주의', 영국·미국 등의 '자유주의' 세 가지로 분류하면서 그것을 탈상품화나 사회적 계층화라는 정량 지표를 중심으로 유형화해 분석한다.

여기서 탈상품화란 사회보장 이외의 영역도 포함하는데, 예컨대 농업이나 교육과 같은 분야를 어디까지 시장경제에 맡겨 상품화하는가, 혹은 공적 시스템으로 대응하는가 하는 기준점을 가진다. 거칠게 정리하자면, 에스핑-아네르센이 논하는 이 세 가지 유형은 도표 4-6의 사회보장의 세 가지 모델과 어느 정도 중첩된다.

톺아보기

사회민주주의 · 보수주의 · 자유주의와 Liberalism · Communitarianism · Libertarianism

앞에 언급한 용어의 사용을 부연하자면, 에스핑-아네르센의 분류에 나오는 '사회민주주의', '보수주의', '자유주의'는 유럽 정치의 기본 용어이다. 실제로 정당의 이름에도 사용된다. 한편 미국을 중심으로 한 정치철학의 영역에서는, 일본에서도 최근 여러 맥락에서 언급됐지만 '자유주의liberalism', '공동체주의communitarianism' '자유지상주의libertarianism'라는 용어 사용이 일반적이다.

여기서 '자유주의'가 미국과 유럽에서 거의 정반대의 의미로 사용된다는 점을 가장 주의해야 한다. 즉, 미국에서의 '자유주의'와 '자유주의자liberal'는 미국 민주당에서 보이는 태도나 존 롤스John Rawls 등의 정치철학에 나타난 것과 같이, 일정 이상의 개인적 평등을 위해 정부의 적극적 개입을 지향하는 이념이다. 그러나 유럽에서는 정반대로 본래 의미의 자유주의, 즉 시장경제를 중시하고 그에 대한 정부의 개입을 최소화하는 입장을 의미한다. 위의 에스핑-아네르센의 분류에서 영국과 미국을 자유주의로 분류하는 것이 그 일례다.[53] 따라서 유럽 용어법의 사회민주주의가 미국에서는 자유주의, 보수주의가 공동체주의, 자유주의가 자유지상주의에 비교적 가깝다는, 조금 뒤섞인 관계성이 존재하는 것이다.

＼자본주의의 다양성과 미국·유럽·일본

이상으로 사회보장의 국제 비교라는 주제에 따라 세 가지 그룹을 살펴봤다. 조금 다른 각도로 얘기하면, 자본주의의 다양성이라는 주제, 즉 자본주의라는 공통된 용어를 쓰지만 실제로는 국가에 따라 매우 다른 모습을 띤다는 주제와 이어진다.

앞의 도표에서 경제 격차의 정도(지니계수)가 국가에 따라 크게 다르다는 점을 살펴보았다. 이것만 봐도 단순하게 "자본주의는 반드시 큰 격차가 발생한다"라고 결론 내릴 수 있는 것은 아니다. 사회보장 시스템의 상황 등 정부와 공적 부문의 대응, 나아가서는 커뮤니티의 모습 등에 따라 무척 큰 차이가 발생하는 것이다.[54]

이처럼 사회보장 시스템이나 자본주의의 형태가 현재 국가 간에 크게 차이 나기 때문에, 앞으로는 서로 근접하면서 줄어들 것인지, 아니면 더욱 다양해져 차이가 늘어날 것인지 하는 문제가 그동안 자본주의 시스템의 수렴과 발산이라는 주제 아래 다양한 형태로 논의되었다.

이 점은 그 자체로 독립된 주제가 될 정도로 폭이 넓지만 여기에서 자세히 다루지는 않으려고 한다. 다만 이 책의 관심 분야에 한정해 아주 기본적인 사항만 단순화하자면, 특히 미국과 유럽 사이에는 사회시스템의 구조에 근본적으로 차이가 존재한다.

설명을 덧붙이자면 트럼프를 차치하고라도 미국은 경제 등의 확대·성장 지향이 두드러지게 강하며, 2015년 지구온난화에 관한 파리 협정 탈퇴에서도 보이듯 환경에 대한 배려의 우선도가 낮다. 또 앞에서 잠깐 언급한 것처럼 정당 간의 차이는 있기는 하지만, 기본적으로 작은

- 미국: 강한 확대 · 성장 지향 + 작은 정부
- 유럽: 환경 지향 + 상대적으로 큰 정부
- 일본: 이념의 부재와 논의 미루기 → 비전과 선택에 관한 논의가 필요

정부를 지향하고 시장경제로 문제를 해결하려는 사고방식이 강하다.

유럽은 유럽 내의 다양성과 차이도 물론 크지만, 대체로 경제와 함께 환경과 지속 가능성에도 일정 이상의 배려를 해야 한다는 생각이 정착되어 있다. 또 복지국가 이념으로 상징되듯이 격차 등 사회 문제를 시장경제에 맡겨버리는 것이 아니라 정부와 공적 부문에서 적극적 재분배와 규제를 통해 해결하려는 사고방식이 바탕에 존재한다.

이상의 대비에서 전자는 '강한 확대·성장 지향인가, 환경 지향인가', 즉 부의 총량에 관한 대립이며, 후자는 '작은 정부인가, 상대적으로 큰 정부인가' 하는 부의 분배에 관한 대립이다. 이 양자를 총체적으로 보고 바람직한 사회시스템을 모색해나가는 것이 중요하다고 나는 생각한다. 이 점은 후술하는 제7부 '지속 가능한 복지사회'에서 향후 바람직한 사회 모습에 관해 논의할 때 다시 한 번 살펴보자.

지금까지 말한 미국과 유럽의 차이를 약간 농담조로 이야기하자면, 꽤 오래전 어느 만담에서 '오우베이까歐米か!'•라는 대사가 유행했었지

• 만담 콤비 '다카&토시'가 유행시킨 '구미인가'라는 대사로, 일본에 있으면서도 마치 오우베이(유럽과 미국)에 있는 듯한 별난 언행을 꼬집는 말.

만 나는 웬만해서는 '구미歐米'라는 표현은 사용하지 않는다. 왜냐하면 미국과 유럽은 사회시스템부터 사람들의 가치관, 행동 양식 등에서 전혀 다른 사회의 모습을 보여, 이 양자를 일괄해 표현하는 것은 오해를 불러올 수 있기 때문이다.

이것은 두 사회시스템의 구조 차이라는 객관적 연구가 아니라, 각 지역에서 체류한 경험을 바탕으로 한 나의 생활 차원의 체험이다. 참고로 제2부에서 설명한 것처럼 마을 만들기와 도시의 모습도 미국과 유럽이 크게 다르다. 그리고 성숙 사회의 풍요라는 관점에서 봤을 때, 유럽이 훨씬 바람직하고 높은 삶의 질을 실현한 것을 나는 강하게 느낀다.

＼일본의 경우 — 비전을 선택하는 논의

그렇다면 정작 일본은 어떤가. 크게 볼 때 전후의 일본은 모든 면에서 미국의 압도적인 영향 아래 놓였고, 특히 아베노믹스를 내세우는 아베 정권은 미국 지향이 강했기 때문에 '강한 확대·성장 지향인가, 환경 지향인가' 하는 방향에서 기본적으로 전자가 우위에 있다.

한편 '작은 정부인가, 큰 정부인가'라는 지향점을 살펴보면 흥미롭게도 사회보장 분야에서 일본은 처음부터 유럽을 모델로 했다. 특히 다이쇼시대부터 쇼와시대 초기에 걸쳐 독일의 의료보험과 연금을 모델로 하는 제도를 창설하기도 했다. 또 고령자 돌봄 등의 영역에서는 북유럽이나 영국 제도의 일부를 도입하기도 했기 때문에 일본의 시스템은 미국과 상당히 다르다. 그리고 도표 4-3 사회보장 지출액의 국제 비교에서 봤듯이, 유럽이 대체로 고복지, 미국이 저복지라고 한다면 일본은 실질적으로 중복지에 가까운 모습을 실현해왔다.

그러나 이런 방향과 필요한 재원, 조세 부담 등에서 사회적 합의를 거치지 않고 "경제성장에 따라 자연스럽게 사회보장의 재원은 조달된다"라는 생각 아래 정책을 추진해 점차 중복지·저부담의 모습이 되었다. GDP가 거의 증가하지 않은 1990년대 이후는, 이 장의 첫머리에서도 언급한 바와 같이 지금의 사회보장을 위한 부담조차 기피하고 대량의 빚을 미래 세대에게 떠넘기는 결과를 낳았다.

이것은 단적으로 말해 유럽, 미국 어느 쪽과 비교하더라도 일본의 대응은 "형편없다"라고 말할 수 있지 않을까. 사회보장의 수준이 낮은 만큼 세금 부담도 낮은 저복지·저부담의 길을 택해 현 세대의 책임 아래 문제에 대처하는 미국과 비교하면 더욱 그렇다. '고복지·고부담인가, 저복지·저부담인가' 하는 선택을 하지 않고, 사회보장의 급부에 걸맞은 부담을 회피하며 미래 세대에게 빚을 떠넘기는 모습은, 곤란한 의사결정은 뒤로 미루고 그곳에 없는 미래 세대에 부담을 강요한다는 점에서 가장 무책임한 대응이라고 해야 할 것이다.

요컨대 앞서 '미국=강한 확대·성장 지향+작은 정부', '유럽=환경 지향+상대적으로 큰 정부'라는 비교를 했는데, 이러한 부의 규모와 분배에 대해서 '어떠한 이념 아래, 어떠한 사회 모델을 만들어갈 것인가' 하는 비전의 선택에 관한 논의를 일본은 한시라도 빨리 진행해나가야 할 것이다.

2

자본주의의 역사적 변용

자본주의의 역사적 진화와 복지국가·사회보장

미래의 이상적 사회보장을 모색하기 위해, 지금까지는 사회보장의 국제 비교라는 공간 요소를 살펴보았다. 이와 함께 시간이라는 또 다른 관점에서 자본주의의 역사적 진화와 복지국가와 사회보장을 알아보자.

결론부터 말하자면 여기서의 핵심은 17세기 전후에 태어난 자본주의 시스템이 시장경제에 대한 정부의 개입이라는 자본주의의 수정과 사회주의적 요소를 도입하면서 진화해왔다는 점이다. 더구나 그 내용은 사후적 구제에서 사전적 개입이라는 방향으로 진행되었다.

이런 전체상을 보여주는 것이 도표 4-7이다. 우선 최초의 조치로서

4-7 자본주의의 진화와 사회보장

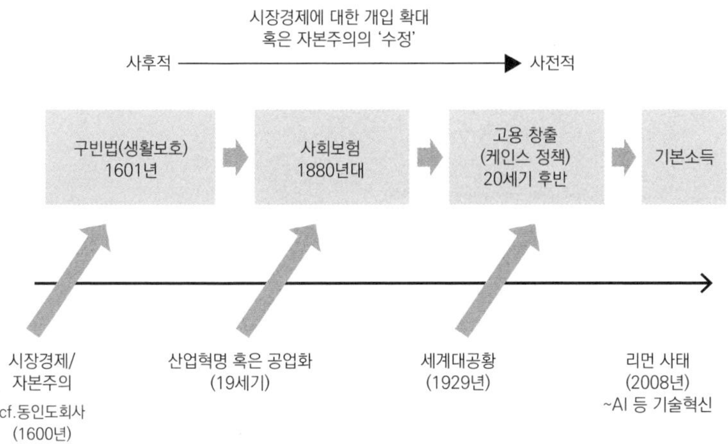

자본주의의 여명기인 1601년 영국에서 엘리자베스 구빈법이라 불리는, 현재의 생활보호에 해당하는 제도가 만들어졌다. 공교롭게도 영국의 동인도회사가 설립된 것이 1600년으로, 거의 비슷한 시기에 자본주의의 본격적인 전개를 상징하는 일이 일어난 것이다.

구빈법의 골자는 자본주의와 시장경제의 확대가 필연적으로 빈부의 차이, 빈곤 계층 증가로 귀결되면서 빈곤에 빠진 사람들에게 사후적으로 급부를 제공하는 것이었다. 그러나 19세기에 이르러 공업화가 가속화되는 가운데 대량의 공장 노동자가 생기면서 구빈법 같은 사후적인 구제 정책으로는 도저히 따라갈 수 없는 상황이 된다. 거기에서 당시 영국을 뒤쫓는 형태로 급속하게 공업화를 추진하던 독일에서 질병이나 사고, 고령 등에 대비하기 위해 미리 보험료를 지불하는 사회보험 제도가 세계 역사상 처음으로 설립되었다. 1880년대 비스마르크시대에 시작된 이 제도는 구빈법 제도에 비해 대상이 되는 사람도 대폭 확대되었고 사전적이고 예방적인 시스템이었다.

이렇게 공업화의 진전과 함께 자본주의가 크게 확대되지만, 제1차 세계대전 후인 1929년에 세계 대공황이 일어나 대량의 실업자가 발생한다. 이때 사회보험 제도의 전제인 고용이 크게 무너져버린다. 사회보험은 고용을 전제로 급여의 일부를 보험료로 적립해 장래에 대응하는 성격의 제도였다.

이러한 상황에 대해, 당시 마르크스주의 진영은 "공황은 생산을 국가가 관리하지 않아 생산과잉이 발생해 일어나기 때문에, 국가가 생산을 계획적으로 관리하는 사회주의 시스템이 불가피하다"는 논리를 펼쳤다. 어떻게 보면 그때 자본주의의 구세주처럼 등장한 사람이 존 메이너드 케인스John Maynard Keynes였다. 케인스는 사회주의와는 달리 생산은 기본적으로 시장경제에 맡기면서도, 정부가 각종 공공사업과 사회보장 등의 재분배 정책을 실시함으로써 사람들의 수요를 환기하고 이를 통해 고용을 창출할 수 있다고 주장했다.

그러나 이는 수정자본주의라고 불린 것처럼 자본주의와 시장에 대한 정부의 개입이 더 커진 셈으로, 유럽의 복지국가 이념과 결합해 자본주의와 사회주의 중간의 길이라고도 불렸다. 이처럼 큰 틀에서 자본주의를 살펴보면, 구빈법이 탄생한 1601년 이후 자본주의는 성장 동력이 고갈되는 위기에 처했을 때 단계적으로 사회주의적 요소인 시장경제에 대한 정부의 개입을 순차적으로 강화해온 것이 커다란 역사의 흐름이다.

어쨌든 이렇게 특히 20세기 후반에 선진국들의 정부 재정 규모, 다시 말해 시장경제에 대한 정부의 개입을 크게 늘리면서 일정 수준의 경제성장을 유지해왔다. 그러나 1970년대부터 경제성장은 점차 둔화되고 2008년에 리먼 사태가 일어난 후 일시적으로 회복되는 듯 보였지만 그 이후에는 장기 침체라는 만성적 저성장이 계속되고 나아가 격차도 크게 확대됐다.

그렇다면 지금까지 살펴본 자본주의 진화의 세 단계, 즉 ①구빈법, ②사회보험, ③케인스 정책이라는 큰 흐름 이후 앞으로 필요한 대응은 무엇인가 하는 물음이 본질적 의미를 가진다. 그 단서는 자본주의가 단계를 거치면서 시장경제에 대한 정부의 개입이 더 강해지고, 나아가 그것이 사후적 구제에서 사전적·예방적 개입으로, 자본주의 주변부에서 중심부로의 개입으로 진화했다는 점이다. 이 방향성을 더욱 진전해 간다면 근본적 사전 대응, 자본주의 시스템의 근간에 대한 개입이 필요해질 것이다.

＼낙원의 역설과 그 대응

이 점을 좀 더 넓은 시각에서 살펴보면, 흥미롭게도 1972년에 유명한 『성장의 한계*The Limits to Growth*』를 출판한 로마 클럽The Club of Rome은 1996년에 발간한 『노동의 미래*The Employment Dilemma*』라는 보고서에서 '낙원의 역설'을 이야기한다. 낙원의 역설이란 "생산성이 최고도에 이른 사회에서는 역설적이게도 대부분의 사람이 실직한다"는 것이다.

최근에는 AI와 관련해 이런 논의가 자주 이루어지지만, 그것은 인공지능에 국한된 이야기가 아니다. 로마 클럽의 논의는 요즈음의 AI 논의를 선점했다고도 말할 수 있다. 즉 앞서 말한 생산성은 노동생산성을 가리키는데, 노동생산성이 높다는 것은 적은 노동으로 생산을 많이 할 수 있다는 의미다. 따라서 생산성이 최고도에 이른 사회에서는 소수 인원의 노동으로 모든 사람의 수요를 충족할 수 있기 때문에 대부분의 사람은 실직한다. 이것이 바로 낙원의 역설이며, "AI에 의해 인간의 일자리가 없어진다"는 최근의 논의와 구조적으로 같다. 더구나 이때 일자리를 가진 일부 사람들에게 부가 집중되기 때문에, 그것은 분배와 격차의 문제로도 이어진다.

그렇다면 어떻게 하면 좋을까. 그 대응은 크게 과잉 억제, 재분배, 커뮤니티 경제라는 세 가지로 귀결될 것이다. 첫째 과잉 억제는 주로 노동(시간) 정책이나 환경 정책에 관한 대응인데, 이를테면 노동생산성이 향상된 만큼 노동시간을 줄이고 그만큼 여가, 일 이외의 시간 등을 늘리거나 사회적 관계와 활동을 통해 생활 전체의 풍요와 만족도를 높이는 방향이다. 유럽의 독일 등에서 펼치는 노동시간 저축 제도[•] 등은 이러한 목적을 가진 것이다. 두 번째 재분배는 방금 논의했던 사회보장 등의 대응으로, 이 뒤에 논하려 한다. 세 번째 커뮤니티 경제는 2부의 논의와 연결되는데 사람·물건·돈이 지역에서 순환하는 경제를 발전해나가는 것으로, 커뮤니티에 내포된 형태의 고용을 창출해나가는 것이다.

• 초과근무를 할 때 수당을 받는 대신 그 시간을 저축해뒀다가 필요할 때 쓰는 제도. 초과 시간을 한 달 단위로 꺼내 쓰는 단기 계좌에 넣을 수도 있고, 안식년이나 육아를 위해 장기 계좌에 저축할 수도 있다.

＼사전적 대응과 기본 소득

그렇다면 두 번째로 언급한 사회보장 중심의 재분배는 어떨까. 앞에서 자본주의가 진화하면서 사후적 구제에서 사전적·예방적 개입으로의 변화, 자본주의의 주변부에서 중추부로의 개입이라는 큰 변화의 방향성을 발견할 수 있고, 이 연장선에서 볼 때 높은 수준의 사전적 대응이자 자본주의 시스템의 근간에 대한 개입이 예측된다고 말했다. 나는 이 방향의 연장선에 떠오르는 것으로 특히 인생 전반기의 사회보장과 자산stock에 관한 사회보장이 중요하다고 생각한다. 이에 대해 설명하기 전에 여기서는 먼저 다양한 맥락에서 자주 화제가 되는 기본 소득의 의의를 간결하게 정리해보려 한다.

기본 소득이란 단순하게 말하면 모든 사람에게 일정한 소득을 무조건 지급하는 제도를 말한다. 최근에는 AI에 의한 인간의 노동 대체라는 맥락 속에서, "AI로 인해 많은 사람들의 일자리가 없어지기 때문에 노동 여부와 상관없이 소득을 보장하는 기본 소득 제도가 필요하다"는 논의가 많이 이루어진다. 나는 '애당초 기본 소득이라는 시스템의 의미를 어떻게 이해해야 하는가'에 관해서는, 지금까지 논의한 자본주의 진화 과정 속 '사후적 급부에서 사전적 대응으로'라는 파악이 가장 본질적 관점을 제공해준다고 생각한다.

다시 말해 기본 소득이란 "사전에 기초적 소득을 제공한다"라는 장치이기 때문에 사전적 급부의 궁극적 형태이며, 사후적 급부에서 사전적 대응으로 가는 자본주의 진화의 흐름에서 일종의 도달 지점에 있는 제도로 파악할 수 있을 것이다. 여기서 다시 도표 4-7을 참고해 보기를 바란다.

이처럼 기본 소득의 의의를 확인했지만, 나는 기본 소득의 전면 도입은 아직 시기상조이며 부분적 기본 소득이 타당하다고 생각한다. 여기에서 부분적 기본 소득이라는 것은 후술하는 청년 기본 소득, 지역 기본 소득, 농업 기본 소득 등을 말한다. 그 이유는 사회보장 등 재분배 시스템의 기본 틀은 위와 같이 자본주의의 진화 정도에 맞춰 대응이 이루어져야 하는데, 최근 AI 등의 논의는 적잖게 AI의 능력과 그에 따른 인간의 노동 대체를 과대평가한다고 생각하기 때문이다. 그러나 지금 현실을 돌아보면, 고령화 등의 흐름 속에서 앞으로 '사람이 사람을 돌보는' 영역과 인간이 주역인 노동 집약적 영역이 오히려 증대할 것이다. 특히 일본은 인구 감소에 따른 노동력 공급 부족도 동시에 진행되기 때문에, 기본 소득의 필연성은 지극히 한정적이라고 생각한다.

기본 소득의 전면 도입은 AI 등에 의해 인간 노동 대부분이 대체되어, 예컨대 실업률이 40~50퍼센트를 넘는 단계에 이르러 이루어져야 할 것이다. 이 점에 관해서 다음과 같은 사고실험을 해보자. 예를 들어 실업률이 80퍼센트에 이르는 사회가 되어 생활보호 대상 수급자가 전체 인구의 80퍼센트를 차지하는 사태에 이르면, 그러한 상황에서 생활보호와 기본 소득이라는 두 가지 제도는 실질적으로 거의 다르지 않다. 이는 자본주의 진화의 끝에서 사회보장의 기원인 생활보호(구빈법)와 기본 소득이라는 양극단에 있는 제도가 교차된다고도 할 수 있다.

그러한 사태에 이르면 기본 소득은 거의 필연적 제도가 되겠지만, 나는 현재 실업 등 상황을 보더라도 사태는 거기까지 이르지 않을 것이다. 오히려 고령자의 기초 연금을 충실히 하면서 청년을 위한 기본 소득, 농업판 기본 소득, 지역부흥협력대와 같은 지역판 기본 소득 등의 부분적 기본 소득이 당분간 필요하다고 생각한다. 참고로 나는 오래전부터 이와 같이 청년층 대상의 '청년 기초 연금'이라는 제도를 제안했다.[55] 이 점은 후술하는 인생 전반기의 사회보장과 자산에 관한 사회보장이라는 화제와도 연결된다.

톺아보기

중국의 사회주의 시장경제와 자본주의

자본주의의 진화와 변용, 복지국가와 관련해 그다지 논의되지 않은 주제로서, "중국의 사회주의 시장경제라는 시스템을 어떻게 평가할 것인가" 하는 문제가 있다. 사회주의 시장경제란 사회주의에서 출발해 자본주의적 요소(시장경제)를 도입한 시스템이다. 여전히 사회주의라고 말할 수 있는 까닭은 토지 소유를 공유제公有制로 한다는 점에 있다.

한편 복지국가란 여기서 논한 바와 같이 자본주의에서 출발해 사회주의적 요소(부의 사후적 재분배)를 도입한 시스템이다. 따라서 단순하게 말하자면, 사회주의에서 자본주의 쪽으로 접근한 것이 사회주의 시장경제이며, 반대로 자본주의에서 사회주의로 접근한 것이 복지국가로, 이 양자는 실은 이미 연속적 관계에 있다.[56]

다음 논의에서 후술하듯이 자본주의가 더욱 진화한 결과로서 토지를 포함한 자산의 재분배까지 이루어지면, 양자의 관계는 한없이 접근한다. 제7부에서도 논의하겠지만 자본주의·사회주의·생태주의의 교차가 커다란 과제로 부상할 수 있다는 점이나 중국이 미래에 존재감을 한층 더 높여갈 것이라는 점에서도, 지금껏 논의한 것은 세계적 차원의 21세기 사회시스템 구상에서 흥미로운 의미를 가지게 될 것이다.

3

앞으로의 사회보장

＼앞으로의 사회보장 ① — 인생 전반기 사회보장의 강화

이 같은 논의를 바탕으로 인구 감소 시대의 사회보장에서 특히 중요하다고 생각한 주제를 두 가지 들고 싶다. 그것은 '인생 전반기의 사회보장'과 '자산에 관한 사회보장'으로, 이 주제들은 모두 앞에서 서술한 사후적 구제에서 사전적 대응으로의 변화와 자본주의 시스템 근간에의 개입이라는 방향의 연장선에 있다.

첫 번째 인생 전반기의 사회보장은 말 그대로 어린이나 청년 세대에 관한 사회보장을 가리킨다. 일본은 고령화율이 높아서 2009년 기준 전체 사회보장 중에서 고령자 관련 급부가 약 10분의 7(68.7퍼센트)을 차지한다. 지금까지 일본의 사회보장은 압도적으로 고령자 중심으로 논의되었고, 연금, 돌봄, 고령자 의료가 기본이었다. 실제로 고도 경제 성장기 중심의 인구 증가 시대에는, 앞서 기술했듯이 종신 고용 회사가 현역 세대에 필요한 생활 보장을 제공했다. 따라서 생활 리스크는 퇴직한 이후나 고령기에 집중되었고 사회보장은 고령자를 중심으로 생각해도 괜찮았다.

그러나 근래에는 회사나 가족이 유동화·다양화하거나, 청년층을 중심으로 비정규직 비율이 증가하는 가운데 다양한 생활 리스크가 인생 전반기 세대까지 넓게 확산된다. 여기에 더해 자산 등 소득격차가 세대를 통해 누적되면서, 전후 일본에서 일정 정도 유지되어 오던 '개인이 태어났을 때 공통의 출발선에 서야 한다'는 상황이 크게 무너졌다.

한편 인구 감소와 관련해서 20~30대에게는 생활의 안정이나 소득 수준이 결혼, 나아가 출산율에도 커다란 영향을 미친다. 1부에서 설명한 것과 같이, 20~30대 남성은 연 수입 300만 엔을 기준으로 결혼율에 큰 차이가 존재한다는 점이 시사하듯, 청년 세대의 고용과 생활의 불안정은 비혼화·만혼화를 통해 출산율의 저하, 어린이 감소로 이어지면서 인구 감소의 기본 배경이 됐다.

한편 고도성장기에는 대도시권 주변에 당시 일본주택공단이 대량으로 주택단지를 건설했는데, 당시 빠른 결혼 연령 때문에 비교적 젊은 부부나 아이를 거느린 육아 세대가 주로 입주했다. 자산 측면의 생활 보장에서도 공공 주택이 젊은 세대에게 매우 중요한 역할을 담당했던 셈이다. 그런 공공 주택이 점차 후퇴하고 고령의 공공 주택 입주자 비율이 증가하는 동시에 만혼화의 상황에 처한 독신 청년들이 늘었지만, 공공 주택은 여전히 가족 가구 중심인 점은 문제다.

4-8 GDP 대비 인생 전반기의 사회보장에 관한 국제 비교(2015년)

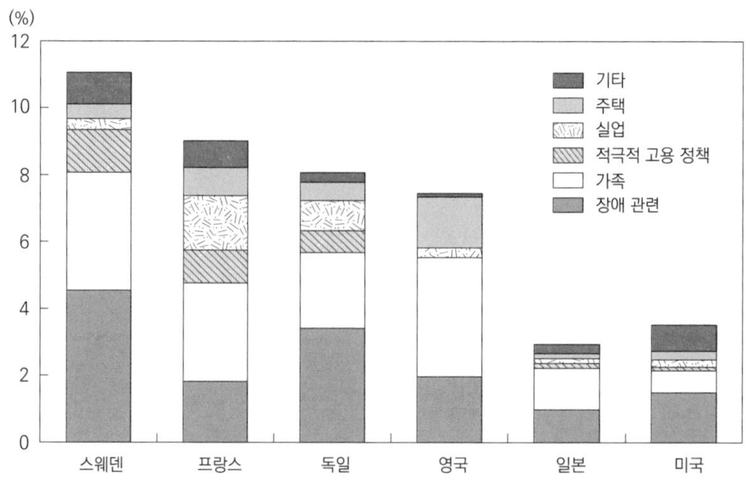

(출처) OECD.

이러한 상황에서 인생 전반기의 사회보장이 지극히 중요하다. 하지만 이를 국제적으로 비교한 도표 4-8을 보면 일본은 현저히 낮은 수준으로, 작은 정부를 지향해 사회보장 규모가 작은 미국보다도 낮다.

또 교육에 대한 지원은, 당연히 인생 전반기 사회보장의 중요한 핵심이지만, 도표 4-9에 나타나 있듯이 GDP 대비 공적 교육 지출의 국제 비교를 보면 일본은 OECD에 가입한 선진국 중에서 가장 낮은 그룹에 속했다. 특히 일본은 초등학교에 들어가기 전과 고등교육 시기의 사교육비 부담이 선진국 평균치와 비교할 때 상당히 높다는 특징이 있다.

한편 이러한 제도와는 별도로, 현재 일본에서의 연령대별 소비의 특징을 살펴봐도, 다음 같은 사실이 흥미롭다. 총무성 가계 조사 2017년

4-9 GDP 대비 공적 교육 지출의 국제 비교(2015년)

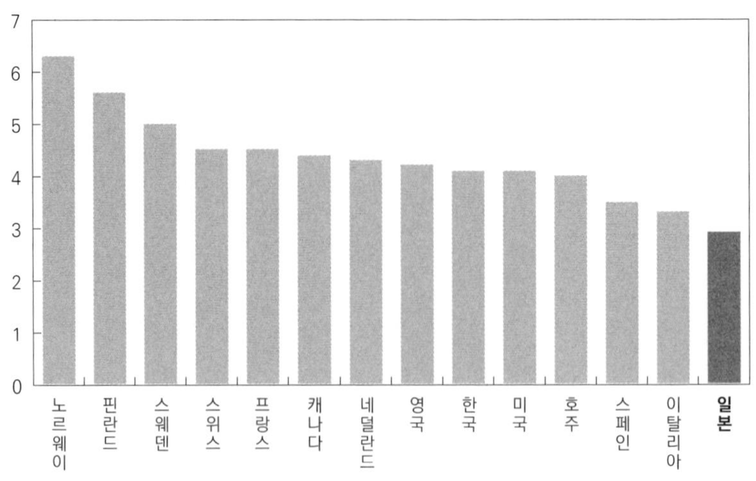

특히 취학 전과 고등교육 시기에 교육의 사비 부담 비율이 높다. 고등교육 시기에 OECD 평균 31%인 데 비해 일본은 68%다.
(출처) OECD, Education at a Glance 2018.

(속보)•에 따르면, 2인 이상 가구의 전체 소비 금액은 물가의 영향을 제외한 실질 소비에서 0.3퍼센트 감소를 기록해 4년 연속 감소세를 보인다. 이를 연령대별로 보면 특히 60세 이상의 소비는 증가하는 반면에 40대 미만 중 특히 30대 미만의 소비가 감소했으며, 이 청년·육아 가구의 소비 감소가 전체 소비를 떨어뜨리는 상황이 벌어진다.[57]

이처럼 경제 활성화라는 측면에서 보더라도, 젊은 세대에게 충분한

• 빠른 정보 제공을 위해 해당 시점의 통계와 기존 추세를 추정하여 발표한 속보치를 말한다. 나중에 연간을 통해 수정한 확정치로 발표된다.

배분이 이루어지지 않아 소비가 침체하는 것이 경제의 걸림돌로 작용한다. 현대의 케인스주의적 정책에서도 젊은 세대에 대한 지원이 중요한 의미를 지닌다. 따라서 모든 대책을 동원해 인생 전반기의 사회보장을 강화해 갈 필요가 있으며, 이때 당장 중요한 것은 아래와 같은 대응이다.

① 고등교육과 취학 전 교육의 사교육 부담 비율을 유럽 국가 수준으로 낮출 것
② 1인 가구와 청년에 대한 공공 주택 지원의 강화
③ 지역부흥협력대를 1만 명 이상의 규모로 확대(지역으로 이주하는 청년 지원)

이를 위한 재원은 상속세나 자산 과세의 강화 외에 연금의 소득 비례 부분에 대한 과세 강화 등도 검토되어야 한다. 참고로 현행 일본의 연금 일부는 역진적逆進的 제도•인데, 이는 소득 비례의 급부 구조로, 고소득층일수록 현역 세대로부터 많은 이전을 받는다. 이러한 점들도 고려한 세대 간의 재분배가 필요하다.

위에서 언급한 것 중에 ③의 지역부흥협력대••에 대해서 보충 설명을 하면, 지역부흥협력대에 대한 지급액은 1인당 300만~400만 엔 정도이기 때문에 만약 그 숫자를 1만 명 규모로 늘려도 소요 금액은 300억~400억 엔 정도에 그친다. 2016년도 기준 연금 지급액 54조 엔과

• 누진세와는 반대로 과세 물건의 수량이나 금액이 증가하면 세율이 낮아지는 조세. 고소득층의 혜택은 많은 반면에 저소득층의 혜택은 적어 부의 재분배에 역행한다.

•• 일본 각지에서 지역 활성화 등의 활동에 참여하는 청년을 대개 1~3년의 기간에 걸쳐 지원하는 제도. 해당 지자체의 임기제 공무원으로 위촉을 받아, 지역 브랜드 개발, 농산물 가공품의 개발·판로 개척·홍보, 주민 생활 지원 업무를 하면서, 그 지역에 정착하는 것을 목표로 한다.

는 비교가 안 되는 규모다. 반면에 지역부흥협력대의 숫자는 제도가 시작된 2009년도에는 89명에 지나지 않았지만 2018년도에는 5,530명까지 증가했다.

연금의 지급액을 언급했는데, 다른 분야와 좀 더 비교해보자. 2019년도 일본 문부과학성의 교육 관련 예산은 4.2조 엔, 국립대학 법인의 운영비 교부금 예산은 1.1조 엔으로, 연금 등의 지급액에 비하면 얼마나 적은지 알 수 있다. 큰 틀에서 말하자면, 연금 지급액 약 54조 엔 가운데 하다못해 1조 엔 정도라도 고소득 고령자에서 젊은 세대로 이전하거나 재분배하는 것이 세대 간·세대 내의 공평성을 위해서도, 일본 사회의 지속 가능성에서도 타당하지 않을까, 라고 나는 생각한다.

╲ 앞으로의 사회보장② — 자산에 관한 사회보장의 강화

미래 사회보장의 방향에서 또 하나의 중요한 기둥은 '자산에 관한 사회보장' 강화다. 돌이켜 보면 지금까지의 사회보장 논의는 연금, 의료, 생활보호 등을 막론하고 기본적으로 플로[flow]• 측면에 관한 것이었다. 그러나 조금만 생각해봐도 알 수 있듯이, 실제로는 플로(수입)의 격차보다 저축, 주택, 토지 등 자산의 격차가 훨씬 큰 것이 현실이다.

도표 4-10은 그러한 점에 관한 것으로, 이것은 일본의 소득과 자산

• 경제활동을 통해 일정 기간에 오가는 재화의 양을 플로(Flow)라고 하며, 자산과 같이 오랜 기간 축적된 재화를 스톡(Stock)이라 한다.

4-10 소득과 자산을 둘러싼 경제 격차(지니계수)의 동향

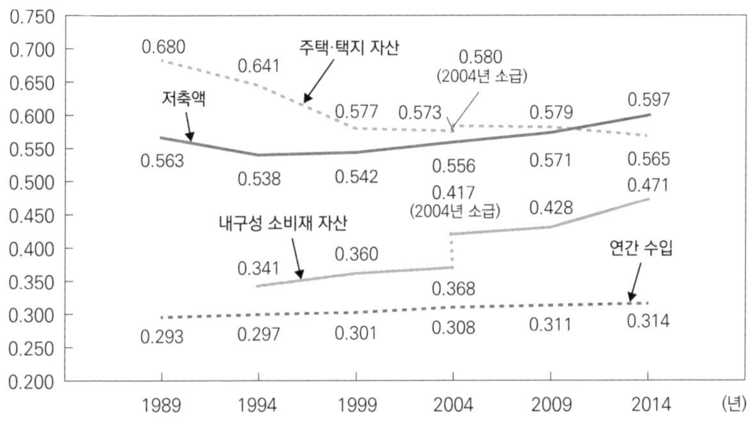

수입의 격차보다 주택·토지·저축의 격차가 크다.
(출처) 総務省統計局, 「2014年全国消費実態調査」.

을 둘러싼 경제 격차(지니계수)의 동향을 나타낸다. 맨 아래가 '연간 수입'이고 위쪽이 '주택·택지 자산'과 '저축의 현재 잔고'에 대한 지니계수다. 수입의 격차보다는 주택·택지나 저축의 격차가 훨씬 크다.

생각해보면 애초에 주택 등의 자산은 생활 기반인 동시에, 앞에서 언급한 인생의 공통된 출발선에 서는 '기회의 평등'의 기초 조건이다. 덧붙여 말하자면 '플로'가 계속 확대된 고도성장기·인구 증가 시대와 달리, 인구 감소 사회, 성숙·안정 경제 시대에는 자산 분배와 소유 방식이 큰 과제가 된다. 이것은 프랑스의 경제학자 토마 피케티Thomas Piketty의 『21세기 자본*Capital in the Twenty-First Century*』에서 논한 주제와 바로 연결될 것이다. 따라서 인구 감소 시대에는 사회보장과 자본주의

의 모습을 모색할 때, 자산에 관한 사회보장과 자산 재분배라는 문제를 직접 마주할 필요가 있다.

일본은 고이즈미 개혁 이후 공공 주택을 축소하는 방향으로 나아갔다. 오래전 시바 료타로司馬遼太郎도 『土地と日本人』이라는 저서에서 논했듯,[58] 아쉽게도 일본의 토지는 사적 소유의 대상이라는 의식이 뿌리 깊기 때문에 토지의 공공성 의식이 희박하다. 굳이 속된 표현을 쓴다면 "내 토지를 어떻게 사용할지는 내 마음이다"라는 의식이 강하다. 관련해서, 근래 들어 큰 사회 과제로 꼽히는 ①빈 상점가, ②빈터·빈집, ③경작 포기 농지라는 세 가지 문제는 서로 다른 영역의 이야기처럼 들리지만, 실은 모두 지금 언급한 토지의 사적 소유의 강고함과 가족을 초월한 계승이 무척 어려운 일본 정서가 바탕에 있다는 점에서 공통된다. 토지의 사적 소유성이 강해 공공 관점에서 제약이나 규제가 무척 어렵다는 점도 동일본대지진의 부흥 작업이 크게 지연된 하나의 큰 원인이다.•

따라서 아까도 언급했듯, 인구 감소 사회에서 자연스럽게 빈터·빈집이 빠르게 증가하는 등 토지나 자산의 공공성이라는 주제를 직접적 과제로 설정해 기존의 제도를 개혁해가지 않으면 다양한 문제가 방치되거나 악화 일로를 걷게 될 것이다. 비록 이는 일본에서 폭넓게 공유된 인식은 아니지만, 이전의 저서에 기술한 바 있다. 유럽에서는 토지의 공유가 광범위해지며 공공 주택 비율이 일본이나 미국에 비해 높

• 토지를 매수하려 해도 인구 유출과 사망으로 연락이 안 되는 소유자 불명의 토지가 적지 않고, 토지를 당장 이용하지 못해도 조상 대대로 내려온 토지를 쉽게 처분할 수 없다는 강한 애착심이 토지 매수를 어렵게 해 부흥 작업을 지체한 이유로 지목되었다. 그 결과 현재에도 많은 토지가 빈 땅으로 남아 있다.

다.[59] 앞으로는 일본에서도 인구 감소 사회라는 구조 변화에 따라, 토지의 소유나 규제의 공공성, 그리고 토지 외적 자산의 재분배와 과세 방식 등을 포괄적 시각에서 논의해나가는 일이 요구된다.

톺아보기

연금제도의 바람직한 모습과 기본 소득

여기에서는 금융청 연구회의 2019년 6월 보고서에서 노후 자금 2,000만 엔이라는 제언으로 크게 화제가 된 연금제도의 현황과 향후 방향을 요점만 간략하게 소개하려 한다.

내가 볼 때 일본 연금제도의 기본 문제는 '정말로 필요한 계층에 충분한 연금이 지급되지 않고, 반대로 공적 연금의 필요성이 상대적으로 적은 계층에 과다할 정도로 많이 지급된다'는 점이다. 일본의 연금제도가 이렇게 된 이유는 소득 비례 부분(후생 연금의 2층 부분)•, 즉 '소득이 높은 사람이 보험료를 많이 지불한 만큼 연금도 많이 받는다'는 구조이기 때문이다. 반대로 생활의 기초를 보장해줘야 할 기초 연금은 재원의 절반을 보험료로, 나머지 절반을 세금으로 충당하는 구조이기 때문에 충분히 기능하지 못한다.

이와 더불어 비정규직 확산과 연금제도에 대한 불신으로 국민연금의 납부율이 낮은 점은 문제다. 2018년도 납부율은 68.1퍼센트로(25~29세는 56.3퍼센트), 면제자·유예자를 포함한 실질 납부율은 40.7퍼센트에 불과하다. 특히 일본은 지불한 보험료와 급부 관계에 있어서 세대 간 격차 문제가 존재한다.

• 일본의 공적 연금은 기초(국민) 연금과 후생 연금의 2층 구조로 운영된다. 1층에는 20~60세 사이 전 국민이 매월 정액 보험료를 내고 나중에 정액 급여를 받는 기초 연금이 있다. 2층에는 직장인과 공무원이 가입해 매월 급여 소득에 따라 보험료를 회사와 절반씩 나눠 내는 후생 연금이 있다.

'애초에 연금이라는 제도를 어떻게 생각해야 할까'라는 점에 대해 나는 상술한 바와 같이 '소득이 높은 사람이 그만큼 높은 연금을 받게 되는 제도를 국가가 운영할 필요가 있을까'라는 근본적 의문을 제기한다. 그러한 체계는 민간에 맡겨도 되고, 공적 연금은 기초 소득을 평등하게 보장하는 것이 중심이 되어야 하지 않을까. 이러한 점에 따라 연금 개혁에 대한 나의 견해는 '기초 연금을 두텁게 하면서 세금으로 재원을 마련하는 제도로 개선하고, 소득 비례 부분은 차례로 축소해나간다'는 것이다.[60]

이는 연금을 '고령자판 기본 소득'과 같은 성격의 제도로 만들어가는 것인데, 덴마크 등이 이에 가까운 체계다. 이러한 방향의 개혁을 차례로 실현하면 위와 같은 문제는 개선될 수 있을 것이다. 덧붙여 앞서 인생 전반기의 사회보장에서 언급한 것처럼 고소득 고령자에 대한 연금 과세를 강화해, 그 세수를 교육이나 육아·청년 지원에 충당함으로써, 세대 간의 공평성 확보와 빈곤의 대물림을 완화하고, 각자가 공통의 출발점에 서는 사회를 실현할 수 있다고 생각한다.

＼예방적 사회보장이라는 방향성

지금까지 향후 사회보장의 중요한 과제로 인생 전반기의 사회보장과 자산에 관한 사회보장을 살펴봤다. 이들은 모두 앞에서 말한 사후적 구제에서 사전적 대응으로의 변화나 자본주의 시스템의 근간에 대한 개입이라는 방향의 연장선에 있는 것들이다. 이러한 방향을 조금 다른 각도에서 표현한다면, 인구 감소 시대의 예방적 사회보장이 중요하다는 것이다.

> ① 사후에서 사전으로: 인생 전반기의 사회보장
> ② 수입에서 자산으로: 자산에 관한 사회보장
> ③ 서비스와 돌봄 중시로: 심리 · 사회적 돌봄에 관한 사회보장
> ④ 도시 정책 · 마을 만들기 · 환경 정책과의 통합

①은 인생 전체를 볼 때 가능한 한 이른 단계부터 지원하는 것이며, ②의 자산에는 위에 쓴 주택이나 토지 외에 교육 등도 포함된다. ③은 의료·복지에 관한 것이며, ④는 제2부에서 설명한 바와 같이, 거리를 걸어서 즐길 수 있는 커뮤니티 공간으로 만들어 돌봄 예방이나 생활의 질 향상으로 이어가자는 것이다.

이것들을 전체적으로 묶어 '빈곤에 빠지기 전에, 실직하기 전에, 병에 걸리기 전에, 돌봄이 필요하기 전에' 등 빠른 단계부터 다양한 지원을 제공하자는 것으로, 물론 질병이나 빈곤 등에 빠진 후의 지원이나 보장이 중요하다는 것은 말할 필요도 없지만 그것에 그치지 않고 훨씬

포괄적 지원을 펼치는 방식이다. 그리고 앞으로 사회보장에 필요한 비용이 점점 증가할 것으로 예상되는 가운데 아마도 이러한 방향이 서비스나 지원의 질 향상과 동시에 예방 효과를 발휘해, 그 지출을 절감하거나 재정적 지속 가능성을 높여주는 효과를 가진다고 생각한다.

＼재원은 어떻게 조달해야 하나

마지막으로 사회보장에 드는 비용을 조달하기 위한 재원을 생각해보자. 증세 등은 누구라도 피하고 싶은 이야기이고 또 일본은 선거에서 표를 얻기 위해서는 더욱 그렇다. 그렇지만 사회보장을 중심으로 실제로 큰 비용을 지출하는 이상, 그것을 회피해 빚을 다음 세대에게 떠넘기는 일은 이제 끝내지 않으면 안 된다. 나는 이전부터 사회보장 및 그 밖의 지출을 위한 구체적 재원으로 특히 ①소비세, ②상속세, ③환경세를 포함한 자산 과세 세 가지가 중요하다고 이야기해왔다.[61]

일본의 고령화율이 이미 세계 최고라는 점과 이미 1,000조 엔에 달하는 빚을 미래 세대에게 떠넘긴다는 상황을 생각해서라도, ①소비세는 조속히 유럽 주요 국가와 비슷한 수준인 20퍼센트 이상으로 끌어올릴 필요가 있다. 참고로 스웨덴이나 덴마크는 25퍼센트, 프랑스 20퍼센트, 영국 20퍼센트, 독일 19퍼센트다.

일본에서는 소비세가 역진적이라는 비판이 뿌리 깊은데, 거기에는 근본적 오해가 있어서 다음과 같은 점을 강조해두고자 한다. 즉 1970년대까지는 선진국의 정부 지출 중에서 사회보장이 차지하는 비중이 작았고, 따라서 소득 재분배는 누진과세로 추진하는 것이 가장 중요했다. 그러나 그 이후 고령화의 진전으로 최근 정부 지출의 최대 항목이 사회보장이 되었는데, 이 사회보장은 주로 중간 소득 이하의 계층에 지원되는 부분이 크기 때문에 세금을 걷어들이는 단계보다 사용하는 단계의 재분배 효과가 더 컸다. 일본은 일반 세출 예산에서 차지하는 사회보장 관련비의 비율이 1980년도에는 27퍼센트에 그쳤지만, 제4부의 서두에서 살펴본 바와 같이 2019년도에는 55퍼센트나 되는 규모에 이르렀다.

즉, 사회보장의 규모가 매우 커진 초고령 사회나 성숙 사회에서는 세금의 누진성에 의한 재분배에서 사회보장 급부에 의한 재분배로 구조적 변화가 일어나기 때문에, 유럽이 그랬던 것처럼 소비세를 올리면서 사회보장의 수준을 높이고 빚을 갚는 것이 중요하다. 실제 충실한 복지국가인 북유럽 등 유럽 국가들은 소비세율은 높고 소득 격차는 작다는 사실을 재인식해야 할 것이다. 덧붙여 소득세의 누진세율은 강화되는 것이 마땅하지만, 만약 고소득층의 세율을 큰 폭으로 올렸다고 해도 그 대상자의 수가 한정되기 때문에 얻을 수 있는 세수입은 기껏해야 수천억 엔 정도이며, 1퍼센트포인트만 올려도 3조 엔에 가까운 세수 확대가 가능한 소비세와는 커다란 차이가 있다. 따라서 2019년도에 세금만으로 이미 34조 엔에 달하는 사회보장 비용을 조달하는데, 소득세의 누진 강화는 지극히 보조적 수단에 그친다는 점을 인식할 필요가 있다.

②의 상속세에 대해서는, 인생 전반기의 사회보장에서 언급했듯 태어난 시점에서 공평한 출발선에 서는 것을 보장한다는 관점에서, 세대

를 통한 부모에서 자녀로 격차의 누적이나 고정화를 막는 일정한 제동이 중요하다. 따라서 상속세의 세율과 대상자를 현재보다 강화하고, 그것을 특히 인생 전반기 세대의 사회보장에 충당하는 방향이 요구된다. 참고로 현재로서는 한 해 사망한 사람 중에서 상속세를 내야 하는 경우는 8퍼센트 정도에 불과하다.

③의 환경세와 토지·자산 과세에 대해 자세히 설명은 하지 않겠지만, 독일, 덴마크, 네덜란드 등 여러 유럽 국가가 환경세 수입을 사회보장비에 충당하는 정책을 펼쳤다. 이는 "환경세를 도입·강화해 환경 악화를 억제하면서 그 세수를 사회보장비에 활용해 환경과 복지 개선을 동시에 달성한다"는 사고이며, 이것은 제7부에서 논의할 환경과 복지를 통합한 '지속 가능한 복지사회'의 이념과 일맥상통한다.[62]

어떤 의미에서는 훨씬 근본적 주제가 되겠지만, 지금까지 구체적인 세 가지 항목에 따라 재원 조달을 논의한 것보다 "애초에 세금이란 무엇이고, 어떻게 받아들여야 하는가" 하는 논의와 의식의 전환이 인구 감소 시대에 직면한 일본에 큰 과제가 될 것이다. 이는 졸저 『福祉の哲学とは何か』에서도 어느 정도 논의했지만,[63] 그 근본에 존재하는 주제는 '가족이나 집단을 초월한 상호부조(혹은 연대)'다. 이에 대해서는 제7부에서 다시 논의하고자 한다.

제5부

의료에 대한 새로운 관점

인구 감소 사회란, 총인구의 감소와 함께 고령화가 꾸준히 진행되는 사회기도 하다. 따라서 다양한 측면에서 의료 영역이 사회 전체에 커다란 의미를 가진다. 여기에서는 인구 감소 사회의 의료와 의료 제도의 모습을 지속 가능한 의료를 중심으로 생각해보자.

1

지속 가능한 의료 — 의료 생태계 모델

＼지속 가능한 의료라는 주제

우선 기본 사실을 확인하자면, 2016년도에 일본의 의료비는 42.1조 엔에 이르고 고령화의 진행과 함께 해마다 꾸준히 증가했다. 그리고 전체 의료비 중에서 65세 이상 고령자의 의료비가 이미 약 10분의 6(59.7퍼센트)을 차지한다. 제1부에서 살펴본 바와 같이 향후 일본의 고령화율은 계속 상승해 2060년이 지날 무렵에는 약 40퍼센트로 정점에 도달하는데, 그 무렵에는 전체 의료비의 70퍼센트 이상이 노인 의료비가 된다.

의료비 증가 자체가 문제라는 것은 아니지만, 일본의 의료는 공적 의료보험 제도 아래 제공되며, 의료비는 세금이 약 10분의 4(38.6퍼센트),

사회 보험료가 약 10분의 5(49.1퍼센트), 환자 본인 부담이 남은 약 10분의 1(11.5퍼센트)로 조달된다.[64] 세금으로 조달되는 금액은 현재 약 16조 엔에 이르는데, 그간 언급해온 것처럼 현 세대는 이러한 의료나 사회보장에 사용되는 조세 부담을 회피하고 그 대부분을 미래 세대에 떠넘겼다.

지속 가능한 의료라는 주제의 주안점 중 하나는 바로 이 점이다. '앞으로도 계속 증가할 이 의료비를 도대체 누가 어떻게 지불할 것인가' 하는 주제를 본격적으로 논의해나갈 필요가 있다. 현재와 같이 그것을 미래 세대에 떠넘기는 방향만은 반드시 피해야 할 것이다.

＼무엇이 건강 수준을 결정하는가—미국 의료 정책의 시사점

지금까지 의료비를 살펴봤는데, 지속 가능한 의료는 이러한 의료의 비용 측면에 한정된 것이 아니다. 의료의 바람직한 모습을 좀 더 큰 관점에서 파악해가는 단서로 도표 5-1을 보자. 이것은 미국 연방 정부의 연구 개발 예산 추이를 분야별로 살펴본 것이다. 기본 사실을 확인하자면, 미국의 연구 개발 예산과 과학 예산은 국방·군사 관련한 것이 절반 넘게 차지하는데, 도표는 그것을 제외한 수치다.

이 그래프를 보면 우선 의료 분야가 눈에 띈다. 국방을 제외한 미국 정부 연구 개발 예산의 약 절반을 의료가 차지할 정도로, 다른 분야에 비해 비중이 압도적으로 크다. 나아가 시대에 따른 변화를 살펴보면 1960년대에는 미 항공우주국NASA으로 상징되는 우주 관련 연구 개발

5-1 미국 연방 정부의 국방 관련 제외 연구 개발 예산 분야별 추이
1953~2017년

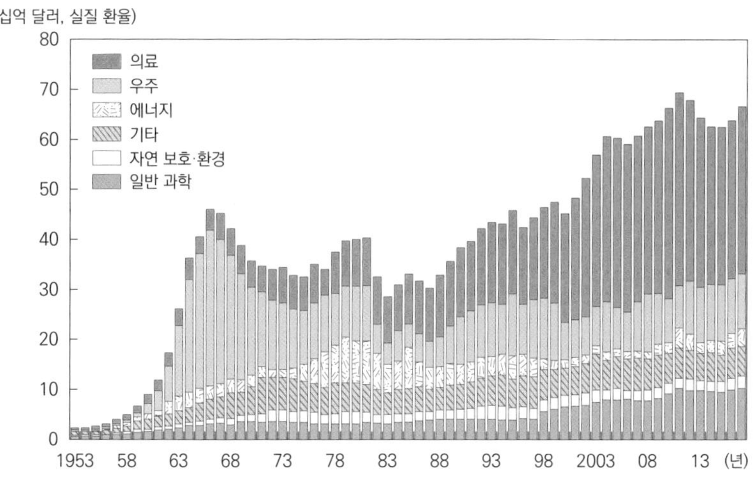

(출처) 미국과학진흥협회(American Association for the Advancement of Science, AAAS).

예산이 컸다가, 1980년대부터는 의료가 지속적으로 증가해 지금에 이르렀다.

나는 미국의 과학 연구비에는 '두 개의 M'이라고 부를 수 있는 양대 기둥이 있다는 표현을 쓰는데, 그것은 'Military(군사)'와 'Medical(의료)'이다. 미국은 이 두 가지 분야에 압도적으로 역량을 결집해 연구 개발을 추진하는 것이다.[65] 한편 이런 사항을 고려하면서 이번에는 도표 5-2를 보자. 이는 일본을 포함한 주요 선진국의 국제 비교인데, 가로축은 의료비가 GDP에서 차지하는 비중, 즉 전체 경제에서 의료에 돈을 얼마나 지출하는지를, 세로축은 평균수명을 나타낸다.

이를 보면 미국은 선진국 가운데 의료비 규모는 압도적으로 크지만

5-2 의료비가 GDP에서 차지하는 비중과 평균수명 국제 비교(2015년)

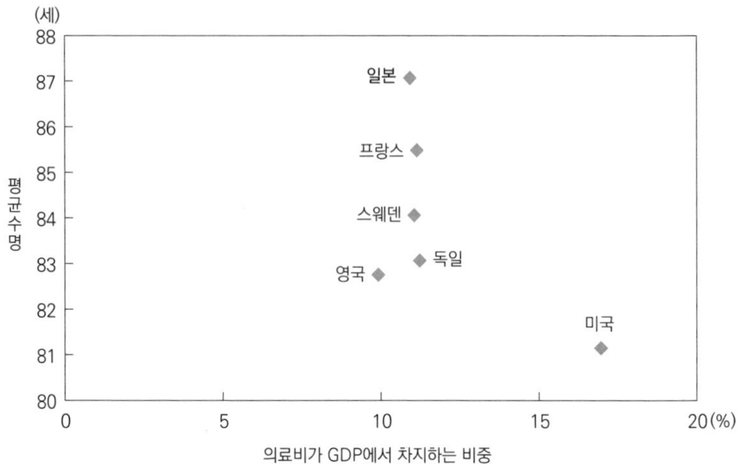

(출처) OECD Health Statistics 2017.

평균수명은 가장 짧다는 사실을 알 수 있다. 요컨대 앞서 살펴보았듯 의료 분야의 연구 개발 등에 미국은 엄청난 돈을 쓰는 데 비해, 평균수명과 건강 수준은 양호하지 않은 셈이다. 또 이 도표에서 일본의 위치를 살펴보면, 일본은 비교적 적은 의료비를 사용해 가장 높은 평균수명을 실현해, 의료와 건강에 관한 실적은 비교적 좋다는 사실을 알 수 있다.

그렇다면 어떤 이유에서 이러한 일이 일어나는 것일까. 이 물음에 답할 근거로서 도표 5-3과 도표 5-4를 보자. 도표 5-3은 허혈성 심장 질환, 즉 심장병 관련 사망률의 국제 비교다. 미국의 사망률은 매우 높고, 일본은 선진국 중에서 가장 낮다는 사실을 알 수 있다.

5-3 허혈성 심장 질환 사망률 국제 비교

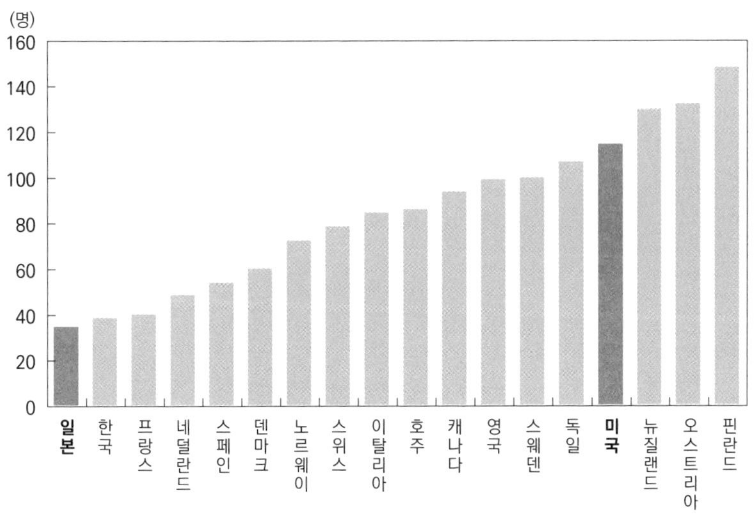

인구 10만 명당 사망자 수(연령 조정). 주로 2014년 자료.
(출처) OECD Health Statistics.

이 배경의 하나로 식생활이 관련되었다는 것을 쉽게 상상할 수 있다. 이와 관련해 도표 5-4의 비만율 국제 비교를 살펴보면, 역시 미국의 비만율이 가장 높고 일본과 한국이 가장 낮다는 사실을 알 수 있다. 이처럼 평균수명은 식생활 등 생활 방식의 전반적 모습에 크게 영향을 받는다. 말하자면 의료 기술이나 의료 시스템의 바깥에 존재하는 생활·사회 모습과 관련된 요인일 것이다.

이러한 관점을 더욱 발전시키는 의미에서, 도표 5-5를 봐주시기 바란다. 이는 경제 발전과 평균수명 또는 건강 수준의 관계를 도표화한 것으로, 가로축이 1인당 GDP, 즉 경제 발전의 정도를, 세로축이 평균

5-4 비만율 국제 비교

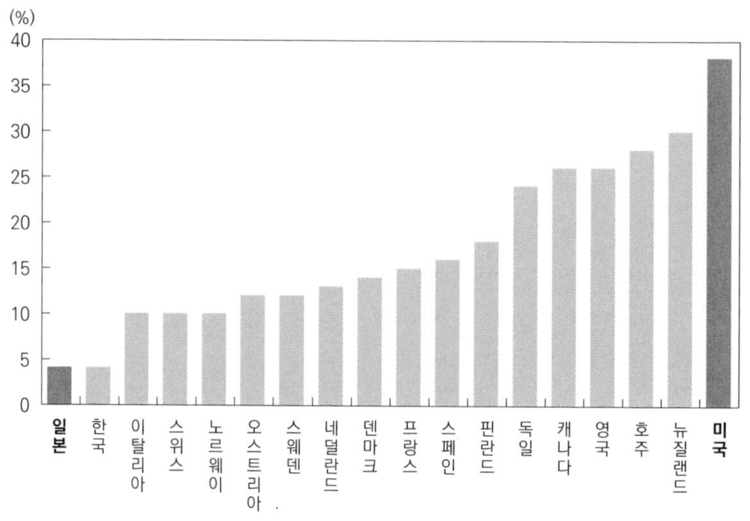

15세 이상 인구 중 비만자의 비율. 2014년 자료.
(출처) OECD, 『Caring for Quality in Health』, 2017.

수명을 나타낸다.

이 도표를 통해 어느 단계까지는 경제 발전에 거의 비례해 수명이 연장됐지만, 일정한 단계를 지나면 양자의 관계가 상당히 애매해진다는 사실을 알 수 있다. 앞서 살펴본 것처럼 미국은 경제적으로는 풍요롭지만 평균수명은 그다지 길지 않다. 이처럼 경제 발전이 일정 수준을 지나면 오히려 경제 발전 이외의 요인이 건강과 수명에 매우 중요해진다. 경제 발전 이외의 요인이란 앞에서 언급한 식생활 등의 생활 방식, 빈곤이나 경제 격차, 공적 의료보험 상황, 스트레스나 노동의 형태, 범죄율 등을 가리킨다. 영국 경제학자 앵거스 디턴Angus Deaton은 경제

5-5 경제 발전과 평균수명(2000년)

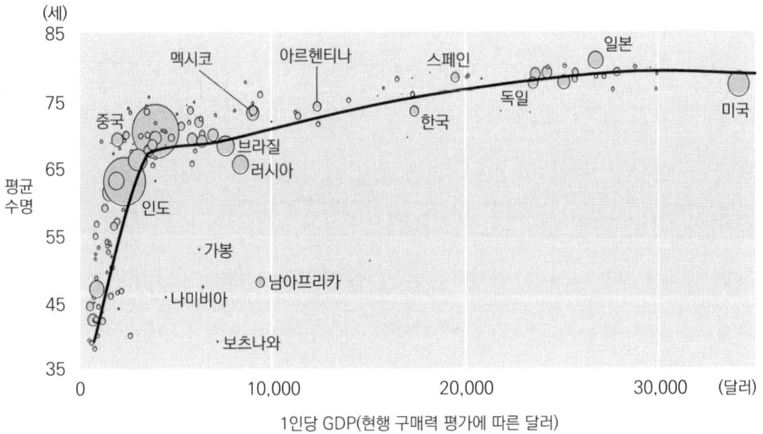

동그라미의 크기는 각국의 인구 규모를 나타낸다.
(출처) 世界銀行 編, 『世界開発報告 2006 経済開発と成長における公平性の役割』, 一灯舎, 2006.

발전과 평균수명, 건강에 관한 연구로 2015년에 노벨 경제학상을 수상했으며, 이는 매우 현대적 주제라 할 수 있다.[66]

이미 알아챈 독자도 있겠지만, 이러한 경제 발전과 평균수명의 관계는 제1부에서 언급한 행복·행복도 논의와도 약간 닮아서 흥미롭다. 즉, 경제 발전의 초기 단계에서는 경제가 풍요로워지는 정도에 거의 비례해 행복도가 올라가지만, 어느 단계를 지나면 양자의 관계가 불규칙해지고 경제 외적 요인의 비중이 커진다는 내용이다. 그러한 점에서 경제 발전과 건강, 경제 발전과 행복이라는 주제는 양자의 공통점과 차이점 등을 서로 연결해 생각해보면 한층 흥미로워질 것이다.[67]

＼지속 가능한 의료와 지속 가능한 사회

이런 점을 감안하고 지속 가능한 의료라는 관점과의 연관성도 포함해 지적하고 싶은 것은 "다자원多資源 투입형 의료가 반드시 비용 대비 효과가 높다고 말할 수 없다"라는 점이다. 다시 말해 미국의 전형적 사례처럼, 연구 개발 등 의료에 막대한 자원이나 돈을 쏟아 붓는 국가나 사회가 반드시 뛰어난 건강 수준을 실현하는 것은 아니다. 그래서 이것은 의료나 의료 시스템이라는 틀을 넘어 사람들의 소비와 생산 방식 등 경제·사회 전체의 모습과 깊게 관계한 주제가 되는 것이다.

다시 말해 이것은 '대량 생산·대량 소비·대량 폐기'라는 경제·사회 그리고 사람들의 소비·생활 방식과 불가분의 관계 속에서, '영양 과다→비만 등→높은 유병률•→높은 치료비'와 같은 사이클이 발생한다. 그 결과 앞에서 살펴본 것처럼 심장병 등의 유병률도 높아지고 의료비도 상승하는 것이다.

미국에 사는 동안 미국의 식생활 문제를 여러 모습에서 여실히 느꼈다. 건강을 위해 야채가 좋다며 샐러드를 먹는다면서 막상 진한 드레싱의 바다에 떠 있는 샐러드를 먹거나, 슈퍼에 진열된 우유나 요구르트는 탈지 제품 일색이었다. 지방 성분이 없는 제품은 그 자체로 좋을지 모르지만 어딘가 인공적이어서 다른 방법도 있지 않을까 하는 위화감을 강하게 느꼈다. 반대로 프랑스나 독일 같은 유럽 국가에서는 우유와 요

• 일정 기간의 조사대상자 중에서 새 환자를 비롯해 계속해서 질환을 앓은 사람을 포함한 아팠던 사람의 비율.

구르트 등은 가능한 한 자연산을 먹는 등 식생활 전체가 좀 더 건강한 패턴을 보인다고 할 수 있을 것이다. 내가 미국에서 머물던 곳은 보스턴이었는데, 저녁이 되면 찰스강변 등에서 오늘은 마라톤 대회라도 있나 싶을 정도로 많은 사람들이 조깅하는 모습을 볼 수 있었다. 그것도 결코 나쁜 일은 아니지만, 식생활 등 기초 생활 자체가 과잉되지 않는 방향으로 조정해가는 것이 중요하지 않을까 생각하기도 했다.

지금 과잉이라는 표현을 했는데, 이에 관해 영국의 의사이자 의학사가醫學史家인 토마스 매키운Thomas McKeown은 『*The Origins of Human Disease*』에서 예전에는 영양실조 등 결핍으로 인한 병이 문제였으나 현대에서는 오히려 과잉으로 인한 병이 문제가 된다고 이야기한다.[68]

어쨌든 이런 논의가 시사하듯 지속 가능한 의료는 지속 가능한 사회와 불가분의 관계라 의료와 건강 문제는 그것만을 분리해 생각할 수 없다. 소비나 생산, 노동의 상태나 생활양식, 커뮤니티의 방향성 등 한층 큰 관점에서 파악하는 것이 중요하다.

╲복잡계로서의 병

질병이나 의학, 과학의 입장에서 볼 때 복잡계로서의 병이라는 관점이 중요하다. 어떤 의미에서는 당연하다고도 할 수 있지만, 질병의 원인은 신체 내부의 물리·화학적 요인뿐만 아니라, 스트레스 등의 심리적 요인, 환경과의 관계, 또 노동시간이나 일하는 방식, 경제 격차라는 사회적 요인 등이 깊게 연관된다. 이것들이 복합적으로 작용한 결과 발생하는 질병이기 때문에, 제반 요인을 고려한 접근이 요구된다.

또 이러한 문제를 더욱 파고들어 생각해보면, 애초에 '질병이란 무엇인가', '과학이란 무엇인가' 하는 근본적 질문으로 이어질 것이다. 근래에 들어 이런 주제를 다루는 영역으로 제3부에서도 언급한 사회 역학이라는 학문 분야가 발전했다. 사회 역학의 핵심 개념은 '건강의 사회적 결정 요인'으로, 사회적 요인을 포함해 질병의 원인을 폭넓게 파고드는 분야다.

이 분야의 대표 연구자 중 한 명인 리처드 윌킨슨Richard Wilkinson은 경제사 연구에서 의료와 역학으로 영역을 옮긴 인물이다. 그의 저서 『평등해야 건강하다*The Impact of Inequality: How to Make Sick Societies Healthier*』에서는 수렵·채집에서 농경·공업 사회로 진행된 인류사 속에서의 격차와 평등 그리고 건강 사이의 관계를 분석한다. 그리고 일찍이 사치병으로 여긴 비만 등 질병들의 사회적 분포가 현대에는 역전되어 빈곤층의 병이 된 점, 뉴욕시 할렘의 사망률이 방글라데시보다 높은 점 등의 여러 사실을 언급하면서, 질병을 둘러싼 사회적 요인에 대한 논의를 심화한다.[69] 나아가 최근 저서에서 윌킨슨은 평등도가 높은 사회가 스트레스가 적고 행복 수준이 높은 사회로 이어지기 쉽다는 사실을 말한다.[70]

이를 질병 구조의 변화라는 관점에서 파악해보자. 도표 5-6은 인생 중에서 어느 시기에 의료비를 사용하는지 나타낸 것으로, 당연하게도 생애 의료비의 약 절반을 70세 이후에 사용한다는 사실을 알 수 있다. 이와 함께 고령화가 진행되면서 의료 전체가 고령자 관련으로 이동하는 걸 엿볼 수 있다.

5-6 생애 주기와 의료비

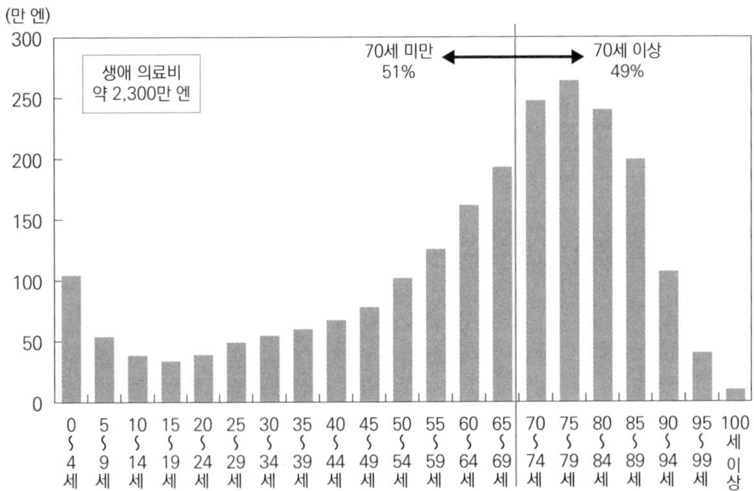

2005년도 연령·계급별 1인당 의료비를 바탕으로「平成17年簡易生命表」에 따라 안정 인구를 적용하여 추계한 것이다.

(출처) 厚生労働省,「平成17年度国民医療費」,「平成17年簡易生命表」에 따라 保険局에서 작성.

또 도표5-7은 세계보건기구WHO에서 DALYs•라는 지표를 활용해 선진국의 15세부터 44세까지를 대상으로 무엇이 수명을 단축하고 장애의 원인이 되었는지 병의 원인을 살펴본 것이다. 남성, 여성 모두 정신 질환(우울증, 알코올 섭취, 조현병 등) 혹은 사회적 요인(교통사고)이 상위를 차지했다. 다시 말해 이 도표는 인생 전반기의 의료는 정신적이고 사회적인 원인이 중심이라는 사실과 앞에서 서술한 복잡계로서의 병

• 장애보정생존연수(Disability-Adjusted Life-Years). 질병으로 조기 사망해 잃어버린 손실수명연수와 질병을 가지고 살아가는 장애생활연수를 합하여 산출한다.

5-7 15~44세의 질병 부담(Burden of Disease, DALYs)의 주요인 (선진국, 1990년)

남성		여성	
1) 알코올	12.7	1) 우울증	19.8
2) 교통사고	11.3	2) 조현증	5.9
3) 우울증	7.2	3) 교통사고	4.6
4) 자해 행위	5.6	4) 양극성 장애	4.5
5) 조현증	4.3	5) 강박 장애	3.8

'인생 전반기의 의료'는 정신적·사회적인 요인이 중심이다.
(출처) 世界銀行, 2002. 그리고 Murray and Lopez, 『The Global Burden of Disease』, Harvard University Press, 1996.

이라는 관점이 중요하다는 점을 알려준다.

그리고 이를 다소 개념적 모델로 작성한 것이 도표 5-8로, 이것은 질병이나 건강에 관한 다양한 접근법을 돌봄의 모델이라는 관점에서 정리한 것이다.

이 중 왼쪽 상단의 생의학 모델은 역사적으로 보면 19세기 무렵에 성립된 특정 병인론 개념을 바탕으로 한 것으로, 원래 이것은 "하나의 병에는 하나의 원인(물질)이 있어 그것을 제거하면 병은 낫는다"는, 어떤 의미에서 단선적인 모델이다. 이는 감염병 등에는 무척 적절했지만, 질병 구조가 크게 변화해 과거의 감염병 중심 시대에서 만성질환, 그리고 고령자·정신 관련 질환이 전면에 대두되는 시대가 되면서 맞지 않았다. 따라서 왼쪽 상단의 의료 모델에만 머무르지 않고, 예방·환경 모델, 심리 모델, 나아가 생활 전체나 사회와의 관계까지 넓혀서 '생활 모델·커뮤니티·사회 전체의 모습'으로 의료와 건강 문제를 모색하는 것

5-8 다양한 돌봄 모델: 의료에 관한 포괄적 접근의 필요성

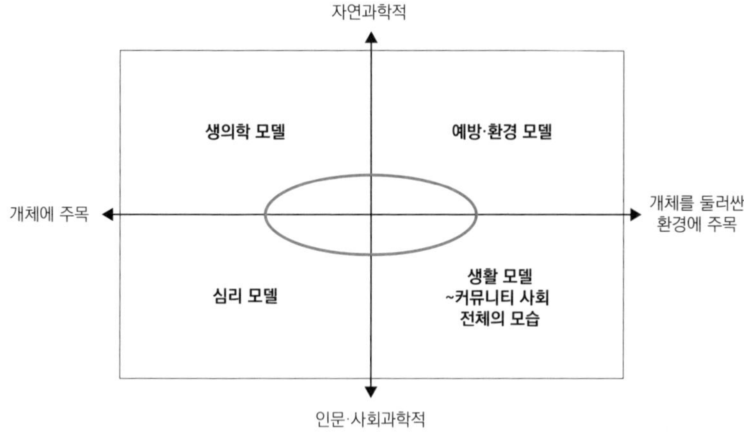

이 중요하다. 이들 전체를 포괄한 접근법을 의료 생태계 모델이라고 부를 수 있을 것이다.

＼커뮤니티와 진화 의학

이것은 특별히 어려운 이야기는 아니다. 예를 들어 나가노 모델로 불리는 사례를 생각해보면 알기 쉽다. 나가노현은 일반적으로 장수 지역으로 알려졌다. 2010년 국세조사에서 남녀 모두 평균수명에서 일본 1위를 기록했다. (2015년 국세조사에서 남성 1위는 시가현). 그 반면에 주민 1인당 75세 이상의 후기 고령자가 차지하는 의료비는 전국에서 네 번째로 적다. 이는 다시 말해 "상대적으로 적은 의료비로 높은 건

강 수준을 실현한다"는 점에서 지속 가능한 의료 모델을 제시한 셈이다. 이러한 상황을 낳은 요인으로 나가노현이 설명하는 것은 ①고령자의 취업률이 높아(전국 1위) 보람찬 생활을 할 수 있다, ②야채 섭취량이 많다(전국 1위), ③건강 자원봉사자에 의한 건강 만들기 활동 및 전문가에 의한 보건 예방 활동을 한다는 점이다.

이러한 요인은 첨단 의료를 제공하는 의료 기관이 집적된 것보다는 지극히 소박하고 일상적 생활 차원에 뿌리내린 개인의 생활양식이나 삶의 보람, 혹은 커뮤니티나 사회와의 연대 등과 관련된 것이다. 이러한 사항들이 건강 수준을 크게 규정짓는 요인이라는 점은, 앞서 언급한 사회 역학 이론과도 연관성이 있다. 또 여기서 설명한 복잡계로서의 병, 돌봄 모델의 포괄적 접근 방식에 대한 논의와도 이어진다.

참고로 2013년 후생노동성의 국민 생활 기초 조사를 토대로 한 분석에서는 야마나시현이 건강 상태를 반영한 평균수명인 '건강 수명'● 에서 1위를 차지했다. 이와 관련해서도 다양한 논의가 있는데, 예를 들어 '무진고無盡講'라 불리는 지역 커뮤니티에서의 상호부조 활동이 활발하다는 점, 하루 평균 식사 시간이 전국 1위이고 풍부한 음식 문화가 존재한다는 점, 인구당 도서관 수와 공민관公民館●● 수가 전국 1위인 점 등 다양한 요인과의 연관성이 언급된다. 생각해보면 이들 대부분은 커뮤니티와 관련된 것으로, 지속 가능한 의료라는 주제는 좁은 의미에

● 단순히 '얼마나 오래 사는가'보다 '실제로 건강하게 사는 기간이 얼마인가'를 나타내는 지표다. 평균수명이 75.9세이고 건강 수명이 66.0세라면, 남은 10여 년을 질병으로 고통받을 확률이 높은 셈이다.

●● 2018년 기준 일본의 공민관은 1만 4,281곳에 이른다. 원래 마을 주민의 평생 학습과 교류의 장으로 출발해, 현재는 마을에 필요한 서비스를 종합적으로 제공하는 거점을 지향한다.

서의 의료와 의료 정책의 테두리를 넘어, 제2부에서 살펴본 커뮤니티와 마을 만들기 등의 논의와 깊이 연결되는 것이다.

이 같은 점을 포괄적 시각에서 파악하는 접근 방법으로 최근 발전하는 진화 의학에 대해 살펴보자. 이는 앞에서도 잠깐 언급했던 '애초에 질병이란 무엇인가' 하는 주제와 연관된다. 진화 의학에서는 기본적으로 질병이 인간과 환경과의 괴리에서 발생한다고 파악한다. 다시 말해 약 20만 년 전 아프리카에서 호모사피엔스로 태어날 무렵부터 지금까지, 우리 인간들의 DNA와 생물학적 특성은 거의 변하지 않았다. 그런데 인간을 둘러싼 환경과 사회는 수렵·채집 시기와는 비교할 수 없을 정도로 변화했고, 그 괴리가 질병의 원인이 된다는 주장이다.

단순한 예를 들자면, 수렵·채집을 할 무렵에는 사냥감이 잡히지 않아 며칠 동안 아무것도 먹지 못하는 날이 있었지만, 그럼에도 신체가 유지될 수 있도록 인간에게는 기아에 강한 혈당 유지 기관이 갖춰져 있다. 그것은 당시의 인류에게는 매우 적합한 것이었지만, 현재와 같은 포식의 시대에서는 오히려 역기능으로 작용해 당뇨병 등을 초래하는 원인이 되어버린다.

또 수렵·채집을 할 무렵에는 들판을 뛰어다니는 등 부상을 입기 쉬웠기 때문에 인간의 신체에는 피를 멈추는 체계가 고도로 발달되었는데, 이 또한 요즘 같은 시대에는 오히려 혈전이나 동맥경화 등의 원인이 되었다. 그 밖의 면역 기관의 지나친 활동으로 인한 각종 알레르기와 새로운 사회적 환경 속 스트레스 등, 현대의 병 대부분은 이와 같은 인간의 생물학적 특성과 환경과의 틈에서 발생한다고 파악할 수 있다. 이것이 진화 의학의 기본 이해이며, 상술한 의료 생태계 모델의 이론적 근거가 될 수 있을 것이다.

우리는 현대인을 비유해 '고속도로를 자전거로 전력 질주하는 것과 같은 생활을 한다'고 표현할 때가 있다. 바로 그런 상황 파악과 진화 의학의 관점은 맥을 같이한다.[71]

이렇게 끝까지 파고들어 생각하면, 결국 "질병의 근본 원인은 신체 내부가 아니라 사회나 환경 속에 있다"는 새로운 생각이 생겨난다. 따라서 여기서 논의한 것처럼 생활 방식 전체나 커뮤니티와의 연결, 노동 시간 등의 근로 방식, 경제 격차나 소비·생산 등 사회 전체의 모습, 자연 환경과의 관계 등을 종합적으로 살펴보는 관점이 의료와 건강을 둘러싼 논의에서 본질적으로 무척 중요해진다. 그것은 앞서 지속 가능한 의료를 모색하는 일은 지속 가능한 사회를 모색하는 일과 불가분의 관계에 있다는 생각과 일맥상통하는 것이다.

2

의료비 배분과 공공성

╲의료비 배분① — 어떤 의료 분야에 자원을 우선적으로 배분할 것인가

앞에서는 지속 가능한 의료라는 개념을 중심으로, 앞으로의 의료나 의료 시스템을 모색할 때의 기본 관점과 방향에 대해 살펴봤다. 이런 논의를 바탕으로 인구 감소 시대의 의료 정책을 세울 때 특히 중요한 것이 의료비의 배분이다. 쉽게 말해 유한한 의료 자원과 의료비를 어디에 우선적으로 배분할 것인가 하는 문제인데, 고도성장기와 같이 인구와 경제가 계속 확대하는 시대에는 이런 주제를 직접적으로 고민할 필요성이 적었다. 그러나 서두에서도 언급한 바와 같이 고령화에 따라 의료비는 꾸준히 증가하는 반면, 전체 의료비의 10분의 6, 향후 10분의

5-9 의료비를 둘러싼 배분 구조

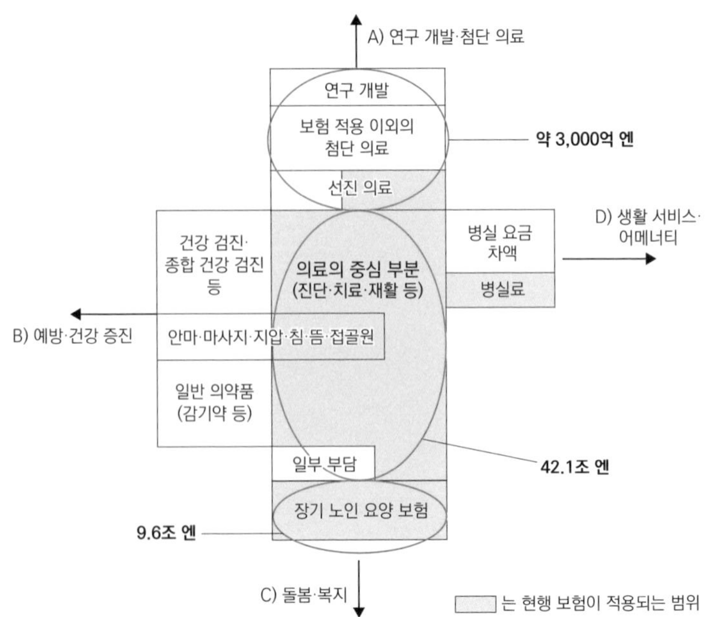

의료 중심 부분의 42.1조 엔은 厚生労働省, 「平成28年度国民医療費」, 장기 노인 요양 보험의 9.6조 엔은 国立社会保障·人口問題研究所, 「平成28年度社会保障費用統計」에 근거.

7 이상을 차지할 고령자의 의료비를 지탱하는 현역 세대는 크게 감소한다. 더구나 이미 우리는 현재의 의료비를 충당할 정도의 세금을 부담하지 않고, 정부의 빚으로 누적해 미래 세대에 떠넘기고 있다.

이 가운데 의료비의 배분이라는 문제가 중요한 의미를 가지는데, 여기에는 두 가지 국면이 있다. 즉 첫째는 '어느 의료 분야에 자원을 우선 배분할 것인가', 둘째는 병원과 진료소를 둘러싼 배분, 즉 '어떤 의료기관에 의료비를 우선 배분할 것인가' 하는 점이다. 그중에서 첫 번째 문제인 분야별 배분에 관해서는 도표 5-9를 봐주기 바란다. 이는 의료 관련 영역 전체를 의료의 중심 부분(진단·치료·재활 등)과 A)연구 개발·첨단 의료, B)예방·건강증진, C)돌봄·복지, D)생활 서비스·어메니티의 네 가지 주변 부분으로 구분해 정리한 다음에, 현재 분야별로 얼마만큼 돈이 배분되는지를 나타낸 것이다. 이런 현재 상황을 고려할 때 미래의 의료 방향은 이제까지 주변 부분으로 여긴 네 가지 영역에 대한 자원 배분을 중점적으로 늘리고, 이를 통해 진단·치료의 중심 부분에 대한 부하를 줄여, 의료 전체의 비용 대비 효과를 높이는 것을 지향해야 한다. 그렇게 생각하는 이유는 다음과 같다.

- A의 '연구 개발 · 첨단 의료'는 의료 혁신에 의한 의료비 절감 효과가 있고[72]
- B의 '예방 · 건강 증진'은 문자 그대로 질병의 예방 효과와 더불어 앞에서 사회 역학과 관련해 언급한 건강의 사회적 결정 요인 등 한층 넓은 관점에 따른 것이며
- C의 '돌봄 · 복지'는 고령자 돌봄 등에서 약품에 대한 의존보다는 사람에 의한 돌봄을 두텁게 하는, 상술한 생활 모델이 가진 비용 대비 효과가 높기 때문이며
- D의 '생활 서비스 · 어메니티'는 환자의 주관적 만족도가 높아지기 때문이다

물론 이에 대해 개별 기술 및 서비스에 따른 실증적 조사 연구가 이루어져야 하지만, 의료비의 배분에 관한 기본 인식과 방향 설정은 위와 같은 패러다임과 사고방식을 고려하는 게 중요하다. 또 이상은 의료에 직접 관련된 영역의 자원 배분이지만, 앞서 복잡계로서의 병과 나가노 모델 등을 예로 든 것처럼, 실제로는 고령자와 커뮤니티의 관계, 그리고 제2부에서 설명한 걸어서 즐길 수 있는 공간과 다양한 안식처 등이 돌봄 예방과 질병 예방으로서 큰 의미를 지닌다. 따라서 의료 영역

과 마을 만들기, 도시 정책, 환경 정책 등과의 연계와 통합을 추진하는 일이 커다란 과제가 된다.

＼의료비를 둘러싼 공공과 민간의 역할 분담

또 이와 같은 의료비 배분과 관련해, 필요한 비용을 공적 의료보험 등 공적인 틀에서 조달할지, 아니면 개인이 부담할지에 따른 공사公私의 역할 분담을 둘러싼 논점이 있다. 나는 특히 진단·치료 분야와의 관련이 큰 영역일수록 가능한 한 공적인 보장을 해야 한다고 생각한다. 그렇게 생각하는 근거는 첫째, 무엇보다도 '공평성'이다. 의료는 생명·건강과 직결된 영역으로 여기에서는 평등이라는 가치가 가장 강하게 요구되기 때문이다. 바꾸어 말하면 미국처럼 의료에서 계층별 소비가 발생하는 일, 즉 소득에 따라서 받는 의료가 달라지는 건 절대 피해야 할 것이다.

또 하나의 이유는 '효율성'이다. 이는 다소 전문적 논의로 들릴지 모르지만, 의료에 관한 경제학적 분석에서는 이전부터 화제였다. 의료 분야는 정보의 비대칭성이 매우 크다. 즉, 자동차 등 통상적 상품을 구매하는 경우와 달리 의료를 제공하는 쪽이 압도적으로 많은 정보를 가지고 있어 의료를 받는 쪽이 그 가격의 타당성을 평가하기가 어렵다는 것이다. 시장경제에 맡기면 오히려 가격이 본래 수준보다 상승해버린다는 주장이 제기되는 이유다. 정보의 비대칭성에 의한 시장 실패라고도 말할 수 있다.

흥미로운 것은 실제로 의료비를 국제적으로 비교한 도표 5-2에도 나타나듯이, 의료를 시장경제에 맡기는 정도가 큰 나라일수록 의료비가 높고, 반대로 의료를 공적 틀 안에서 자리매김하는 나라일수록 낮다는 사실이다. 전자는 전형적으로 미국의 사례이고, 후자는 의료를 주로 세금으로 충당하는 영국을 예로 들 수 있다. 역설적이지만 의료는 다른 영역과 달리 시장 실패가 일어나기 쉽기 때문에, 공적인 제도 속에서 운영하는 편이 효율성에서도 바람직한 형태라는 것이다.

＼의료비 배분② — 어떤 의료 기관에 지원을 우선적으로 배분할 것인가

이상은 의료비 배분 문제에서 '의료의 어느 분야에 자원을 우선적으로 배분할 것인가'에 관한 것이었는데, 또 한 가지 병원과 진료소를 둘러싼 배분, 즉 '어떤 의료 기관에 의료비를 우선적으로 배분할 것인가' 하는 문제가 있다.

도표 5-10을 살펴보자. 이는 의료 기관의 유형별 수익률을 나타낸 것으로, 위에서부터 대학 병원 등 고도의 의료를 제공하는 능력과 여건을 갖춘 특정 기능 병원에 이어서 공립 병원, 국립 병원, 의료법인 병원, 개인 설립 병원, 일반 진료소(개업의)가 있다. 전체 숫자를 살펴보면 알 수 있듯이, 고도의 기능을 지닌 병원일수록 수익률이 낮아진다. 다시 말해 중소 규모의 병원과 진료소에 풍부한 돈이 흘러들어가는 것이다.

5-10 의료 기관의 수익률(의업 수지• 차액)

시나리오 그룹	2001	2003	2005	2007	2009	2013	2015	2017
특정 기능 병원	−11.3%	−10.1%			−6.0%		−8.5%	−5.8%
공립 병원	−13.9%	−11.2%	−9.1%	−17.4%	−16.5%	−5.9%	−11.4%	−13.7%
국립 병원	1.5%				2.1%	0.4%	0.2%	−1.9%
의료법인 병원	4.6%	1.8%	1.3%	2.5%	2.8%	4.3%	2.4%	1.8%
개인 설립 병원	7.1%	7.2%	8.7%	5.7%	6.5%	10.8%	4.6%	3.1%
일반 진료소 (개인)	33.8%	33.5%	34.8%	34.8%	29.6%	29.4%	29.3%	32.3%

2009년도에 노인 요양 관련을 포함해 집계 방법이 변경되었다.
(출처) 厚生労働省, 「医療経済実態調査」 연도별 자료.

왜 이러한 구조가 만들어졌을까. 그것은 일종의 보험 점수인 의료 수가••라는, 일본 의료보험 제도의 구조적 문제에서 기인한다. 나름대로 정리하면 현재의 의료 수가는 다음 박스와 같은 특징을 가졌다.

여기에는 현행 의료 수가 원형이 생긴 1958년에, 당시 압도적으로 다수를 차지한 진료소(개업의)를 모델로 의료 수가를 책정했다는 배경이 있다. 그렇다면 왜 이처럼 병원, 특히 고도의 기능을 지닌 병원에는 돈이 충분히 흘러 들어가지 않고, 진료소가 우대를 받고 있는 것일까. 오래전 『医療の経済学』이라는 졸저에서도 논했지만,[73] '1의료기관 1표

• 의업 수지 비율은 의료 비용 대비 의료 수익을 나타내, 의료 시설의 수익성을 판단하는 대표적인 지표다. 이 비율이 100% 미만일 경우에는 경영이 건전하지 못하다는 뜻이다.

•• 환자가 의료 서비스를 받을 때 의료 기관에 내는 본인 부담금과 의료보험에서 지급하는 급여비의 합계를 말한다. 한국과 일본은 사회보험 방식으로 공적 의료 서비스를 제공하고 수가 체계도 유사하지만, 환자의 본인 부담금은 일본이 더 낮아 의료비의 공공 보장성이 상대적으로 강하다.

- 병원, 특히 입원 부분에 대한 평가 비중이 약하다
- 첨단 의료에 대한 평가 비중이 약하다
- 재활 등 팀 의료[•]에 대한 평가 비중이 약하다
- 의료의 질에 대한 평가 비중이 약하다

설'로 부를 수 있는 정치 역학이 작용했다는 생각이다.

의사의 숫자로 보면 전체 의사의 30퍼센트 이상이 개업의고, 나머지 60퍼센트 이상이 개업하지 않고 고용되어 일한다. 2016년 기준 개업의 32.1퍼센트, 봉직의 63.3퍼센트로 나타났다. 그러나 의료 기관의 숫자에서는 진료소가 약 10만 개인 데 비해 병원은 약 8,000개다. 경영 주체나 경영에 직접 관련된 의사의 수에서는 진료소가 압도적으로 많은 셈이다. 이러한 상황에서 정치 역학적으로는 많은 쪽의 의견이 통과하기 쉽기 때문에, 진료소에 많은 의료비가 배분되는 결과를 낳은 것이다.

그러나 이것을 올바른 의료비 배분이라고는 할 수 없을 것이다. 얼마 전부터 의료 붕괴 문제가 상당히 화제가 됐는데, 의료 붕괴는 실질적으로 병원 붕괴를 의미한다. 반면 진료소에는 오히려 돈이 윤택하게 흘러들어 갔다. 최근까지 논의된 의사 등 의료 종사자의 과로와 초과근무 문제도 병원, 특히 고도 기능 병원[••]에 충분한 의료비가 지급되지

• 한 사람의 환자를 효과적으로 치료·관리하기 위해 의사, 약사, 간호사, 영양사, 물리치료사, 사회복지사 등 각 분야의 전문가가 협동하는 팀을 이뤄 의료 서비스를 제공하는 일을 말한다. 일본에서는 2009년 '팀 의료 추진협의회'가 발족되어 활동하고 있다.

•• 일반적으로 CT나 MRI 등 고도의 의료 기능을 갖춰 전문적인 치료가 가능한 의료 기관을 가리킨다.

않은 게 주요 원인이다. 그러나 이런 문제가 제대로 논의되지 않는 것이 현 상황이다.

따라서 특히 고도 기능과 팀 의료 기능을 담당하는 병원에 대한 충분한 평가와 의료비 배분을 확대하는 게 중요하며, 이는 의사 등의 근무 조건 개선이나 병원 붕괴의 방지로도 이어질 것이다. 또 일본은 병원과 진료소의 평가 체계가 불명확하게 구분됐다. 여러 외국을 살펴보면, 영국의 인두제人頭制와 독일의 총액 계약제• 등 진료소에 대해서는 어떠한 총량 규제를 설정하는 것이 일반적이다. 일본에서도 어떠한 형태든 그러한 규제가 이루어져야 할 것이다.[74]

지금까지 의료비 배분을 살펴봤는데, 이를 통해 의료 공공성의 중요성을 마지막으로 지적해두고 싶다. 일본의 다양한 역사적 경위로 인해 일반적으로 의료를 사적인 영역으로 여기는 경향이 강해, 이에 대한 사회적이고 공공적인 논의는 희박한 수준에 머물러왔다. 그러나 의료의 경제 규모는 이미 40조 엔이 넘고, 또 의료는 공적 의료보험 제도의 테두리 안에서 거의 모든 게 운영된다. 즉 의료는 우리가 공적 제도를 통해 지불할 돈으로 충당되는 것이다.

그렇다면 애초에 우리는 의료에 얼마만큼의 돈을 사용할까, 그 배분은 어떻게 할까, 의료의 어떤 영역을 우선할까 등의 문제를 일부 관계자에게만 맡기지 말고, 많은 사람들 사이에서 좀 더 논의하며 선택하거나 제언하는 일도 좋을 것이다. 이는 그동안 다양한 주제에서 논의

• 인두제는 일정한 수의 가입자가 특정 의료 기관에 등록하고, 의료 기관이 정부로부터 담당한 환자의 수에 일정 금액을 곱하여 진료비를 지급받는 방식이다. 총액 계약제는 한해 사용할 의료비의 총액을 의료 기관과 보험 기관 간의 협의를 통해 책정하여 의료 기관에 지급하는 방식이다.

한 것처럼, 이전의 고도성장기와 달리 인구 감소·포스트성장 시대가 되면서 '한정된 자원을 어떻게 배분할 것인가' 하는 주제가 앞으로 특히 중요하다고 생각한다.

여기서는 지속 가능한 의료를 중심으로 인구 감소와 고령화가 진행되는 시대에서 의료·의료 시스템의 바람직한 모습을 다양한 각도에서 모색했다. 요약하자면 의료비의 배분과 공공성에서 논의한 의료비 배분이라는 과제에 대처하면서, 지속 가능한 의료에서 살펴본 것처럼 의료와 건강을 커뮤니티나 마을 만들기, 환경 영역 등 넓은 관점에서 다시 파악해 포괄적으로 정책을 추진·실천하고 미래 세대에게 의료비의 부담을 떠넘기는 현 상황을 탈피하는 일이 무엇보다 시급히 요구된다.

제6부

사생관의 재구축

앞으로는 인구 감소 사회인 동시에 초고령화 시대로, 자연히 사망 급증 시대, 즉 연간 사망자 수가 고도성장기에 비해 훨씬 많은 시대를 의미한다. (중략) 고령화와 함께 연간 사망자 수도 증가하는 것은, 간병이 일상적 사회현상이 되고 사생관의 재구축이라는 문제가 일본인 모두에게 큰 과제가 된다는 의미다.

1

초고령화 시대의 사생관•과 심층의 시간

사망 급증 시대와 사망 장소의 다양화

앞으로는 인구 감소 사회인 동시에 초고령화 시대로, 자연히 사망 급증 시대, 즉 연간 사망자 수가 고도성장기에 비해 훨씬 많은 시대가 된다.

도표 6-1은 연간 사망자 수의 추이를 미래 추계를 포함해 나타낸 것이다. 고도성장기인 1950년대부터 1970년대 무렵까지만 해도 연간 사망자 수는 70만 명 정도였으나, 1980년대 무렵부터 증가 추세로 바뀌

• 흔히 '생사관'으로도 쓰지만 여기서는 고령화와 사망 급증 시대를 맞아 죽음에 대한 인식과 죽음 문화의 재생이 중요하다는 관점에서 '사생관'으로 번역한다.

6-1 연간 사망자 수의 추이와 미래 추계

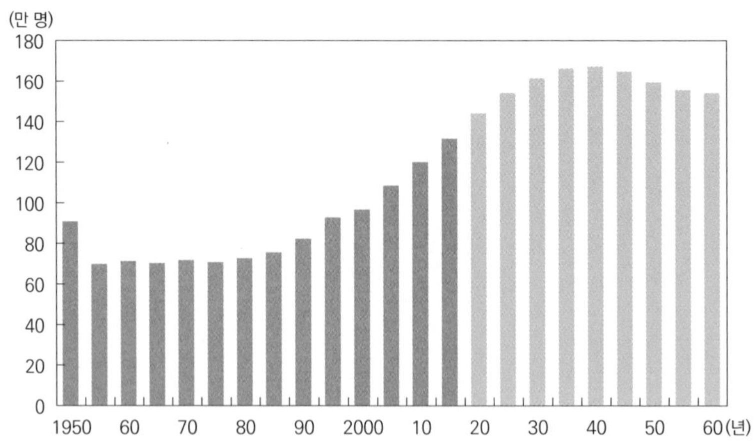

(출처) 2010년까지는 厚生労働省, 「人口動態統計」. 2015년 이후는 国立社会保障·人口問題研究所, 「日本の将来推計人口(平成24年1月推計)」의 중위 추계.

면서 2000년을 지날 무렵에는 100만 명을 넘었다. 현재는 한층 더 빠르게 증가하고 있는데, 고령화율이 피크를 맞는 2040년경에는 170만 명 가깝게 증가할 것으로 예상된다. 말 그대로 우리는 사망 급증 시대를 사는 것이다.

이를 시대 상황과 관련해 살펴보면 전후 일본 사회는 인구 증가와 함께 경제성장과 물질적 부의 확대를 최고 목표로 내걸고 달려왔다. 개인의 인생에 비유하면, 사회 전체가 문자 그대로 젊고, 상승하고, 진보하며 성장하는 방향의 비탈길을 쉬지 않고 올라왔다. 그것은 삶을 끊임없이 확대하는 것이기도 해서, 그 앞에 존재하는 늙음, 죽음 등에는 별로 관심을 기울이지 않았다.

6-2 연차별 사망 장소 추이

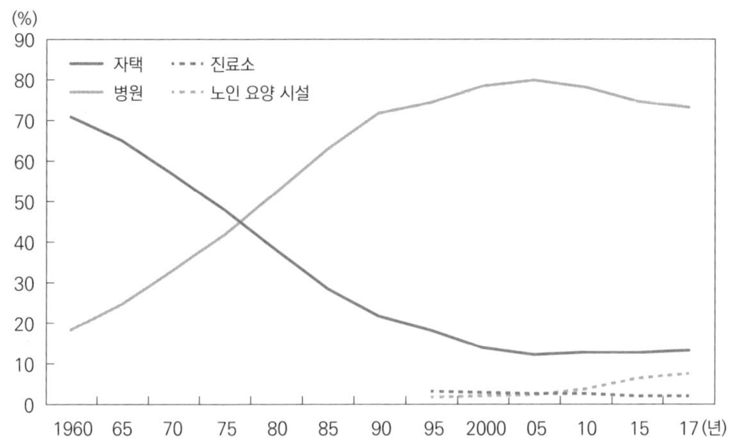

병원의 비율은 2006년에 전년도 대비 처음으로 감소했다(2005년의 79.8%에서 2017년에는 73%). 한편, 노인 요양 시설이 서서히 증가했다(2005년 2.1%에서 2017년 7.5%). 앞으로는 고도성장기와 반대 방향으로 전개될 것이다.

(출처) 厚生労働省, 「人口動態統計」.

그런데 인구 감소 사회로 바뀌고 경제도 성숙하는 시대를 맞이하면서, 일본 사회 전체가 과거의 이륙과는 달리 착륙하는 방향을 모색하고 있다. 위의 언급처럼 고령화와 함께 연간 사망자 수도 증가하는 것은, 간병이 일상적 사회현상이 되고 사생관의 재구축이라는 문제가 일본인 모두에게 큰 과제가 된다는 의미다.

도표 6-2는 전후 일본의 사망 장소 추이를 보여준다. 고도성장의 시작인 1960년경에는 병원에서 사망하는 비율이 20퍼센트 미만으로 사람 대부분이 자택에서 사망했다. 그러나 고도성장기·인구 증가 시대에 상황은 급격히 변해, 자택 사망과 병원 사망의 비율이 역전하고 병원

6-3 사망 장소의 국제 비교

시나리오 그룹	일본(2017년)	영국(1990년)	덴마크(1999년)
병원	73%	54%	49.9%
호스피스	-	4%	-
자택	13.2%	23%	21.5%
복지 시설·주택 등●	노인 홈7.5% 노인 요양 보건 시설 2.5%	너싱 홈, 레지덴셜 홈 13%	프라이엠·보호 주택 24.7%
기타	진료소 1.8%		진료소 3.8%

(출처) 일본은 厚生労働省, 「人口動態統計」, 영국은 David Clark, 『The Future for Palliative Care』, Open University Press, 1993. 덴마크는 松岡洋子, 『デンマークの高齢者福祉と地域居住』, 新評論, 2005.

사망이 80퍼센트를 차지했다.

이는 간병이나 말기 간호와 관련해 종종 언급되어온 사실이다. 나는 1990년대 후반에 관련 연구 조사를 하면서 병원 사망 비율이 증가하는 추세가 얼마 있지 않아 정체되고, 앞으로는 반대의 움직임, 즉 자택이나 노인 요양 시설 등 병원 이외의 장소에서의 사망이 늘어나지 않을까 생각했다. 실제로 1997년에 출판한 『ケアを問いなおす』라는 책에서는 '사망 장소 선택의 확대와 다양화'를 다뤘다.[75]

어떻게 보면 예상했던 대로라고 해야 할까. 도표 6-2에도 나타나는

● 병약한 노인이 지역에서 계속 생활하게끔 거주·생활·의료 서비스를 지원하는 시설. 지역 포괄 돌봄 시스템을 도입한 일본의 '노인 홈'은 일상생활이 가능한 노인의 공동 주거 시설을, '노인 요양 보건 시설'은 돌봄이 필요한 노인의 재활 치료와 요양 서비스를 말한다. 커뮤니티 돌봄이 중심인 영국의 '레지덴셜 홈'은 일상생활이 가능한 노인의 지원 시설을, '너싱 홈'은 중증 노인의 생활과 의료 서비스를 제공하는 시설을 가리킨다. 덴마크의 '보호 주택'은 돌봄이 필요한 노인에게 돌봄 서비스를 제공하는 단독 또는 공동 주택을, '프라이엠'은 중증 질환을 앓는 노인에게 생활과 의료 서비스를 제공하는 장기 요양 시설을 말한다.

것처럼 병원 사망 비율은 기존 79.8퍼센트에서 2006년 79.7퍼센트로 처음으로 감소세가 되었고, 2017년 73퍼센트로 그 후에도 서서히 감소하는 반면에, 노인 요양 시설의 비율은 2005년 2.1퍼센트에서 2017년에는 7.5퍼센트로 서서히 증가하는 상황이 되었다.

돌이켜 보면 일본의 총인구가 처음으로 감소로 전환한 것도 같은 2005년이며, 따라서 인구 증가 또는 경제의 고도성장이라는 흐름과 병원 죽음이 증가하는 것에는 일정한 연관성이 존재했다고 말할 수 있을지도 모른다. 반대로 사망 장소가 병원에 한정되지 않고 다양화한 것은 선진국이나 성숙 사회에서 보이는 일반적 현상이다. 도표 6-3에서 보이는 것처럼 영국이나 덴마크에서는 병원 사망 비율이 50퍼센트 전후이며, 자택이나 노인 요양 시설에서 사망하는 비율이 일본보다 상당히 높은 편이다.

＼간병을 둘러싼 인식 변화

죽는 장소라는 외형 측면뿐만 아니라, 간병이라는 돌봄의 방식에 대해서도 내가 저서나 관련 조사 연구서를 낸 무렵에는 "가능한 한 자연스러운 죽음을 희망하는 사람에게는 그에 맞는 돌봄을 제공해야 한다"는 주장에 대해, '자연스러운 죽음' 같은 것은 있을 수 없다는 반론이 제기되어 대논쟁이 되곤 했다.

그러나 최근에는 특수 노인 요양 시설에서 간병·돌봄을 담당해온 의사 이시토비 고조石飛幸三의 저서 『우리는 어떻게 죽음을 맞이해야 하

나平穏死のすすめ』가 큰 반향을 불러일으켜 베스트셀러가 되고 NHK가 '노쇠사老衰死'를 주제로 특집 방송을 제작하는 등, 내 입장에서 보면 지난 20년 사이 격세지감을 느낄 정도로 간병 방식이나 죽음에 관한 의식을 논의하는 데 큰 변화가 일어났다.

더불어 『문예춘추』 2013년 7월호에는 「2013년의 부러운 죽음」이라는 특집 기사를 실었는데, 죽음의 방식이나 간병에 관해 독자의 투고를 모집하고 작가 이츠키 히로유키五木寛之가 투고 내용에 대해 언급하는 방식이었다. 이는 1999년 제1회로 개최된 이후 두 번째 특집이었다. 그중에서 이츠키 히로유키 씨는, 지금 우리들은 '단카이시団塊死의 시대'•를 맞이했다고 지적하면서, '지금, 죽음은 삶보다도 존재감이 강해졌다'고 말했다. 나아가 이번 투고 내용을 1999년 당시와 비교하면서, 20여 년 사이에 분위기가 상당히 변해 '이제는 삶의 방식과 마찬가지로 죽음의 방식을 현실 문제로 터놓고 서로 이야기를 나눌 수 있는 것 같은 기분이 든다'고 요약하기도 했다.

분명히 '종활終活'••이라는 말이 보편적으로 쓰이거나 편의점에 놓인 주간지의 대부분이 관련 기사로 찬 현상을 보면, 시대 상황이 크게 변화했다고도 할 수 있다. 그러나 여전히 대부분은 종활의 외면적 부분에 관한 것이다. 물론 그것은 그것대로 중요한 일이지만 여전히 간병이나 사생관의 깊은 부분에 대해서는 채워지지 않는 갈증이 존재하는 것 같다.

• 약 800만 명에 이르는 전후 베이비 붐 세대인 단카이 세대가 평균수명을 다하고 대거 사망하는 시대.

•• 인생을 마무리하고 죽음을 준비하는 활동.

6-4 생애 주기의 두 이미지

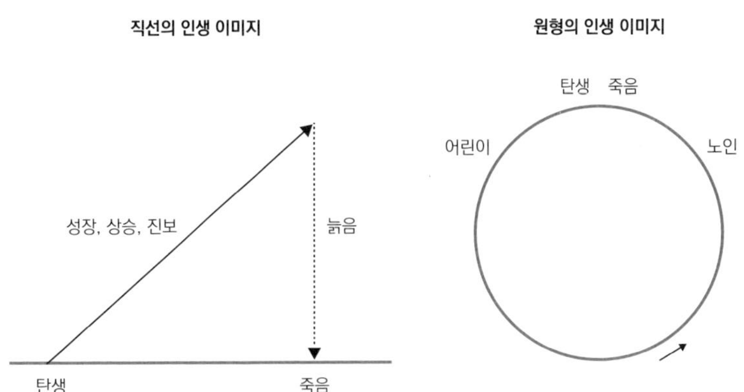

＼인생의 이미지와 시간

이때 어떤 사생관을 가질지는 물론 개개인에게 달렸지만, 나는 사생관이 시간과 깊게 관련된다고 생각한다. 이 이야기의 단서로 인생·생애 주기의 이미지를 생각해보자. 사람들이 태어나고 성장하고, 늙고, 죽어가는 전체 과정에 갖는 이미지에는 크게 두 가지 유형이 있는 것 같다. 하나는 직선 이미지이며, 또 다른 하나는 원형 이미지다. 도표 6-4를 보자.

전자에서 인생이란 기본적으로 상승·진보하는 선 같은 것으로 그 자체는 긍정적 의미를 갖지만, 늙음에는 아무래도 부정적이며 나아가 죽음에 이르러 무無로 떨어진다는 의미가 강하다. 아마도 고도성장 시대를 달려온 전후 일본인에게 인생 이미지는 대체로 이쪽과 가깝다고 할 수 있지 않을까. 한편 후자는 태어난 장소부터 크게 원을 그리며 다시 원래의 장소로 되돌아가는 과정을 인생이라고 생각할 수 있다. 이 관점에서는 탄생과 죽음이 같은 장소에 놓인다.

나는 이런 원형의 인생 이미지를 구체적으로 느꼈다. 1985년작 미국 영화 〈바운티풀 가는 길The Trip To Bountiful〉을 보면, 바운티풀은 미국 남부의 지명으로, 주연을 맡은 제럴딘 페이지Geraldine Page는 이 작품으로 그 해 아카데미 여우주연상을 수상했다.

내용을 간단하게 소개하면, 제럴딘 페이지가 연기한 늙은 할머니는 남편을 일찍 여의고 지금은 아들 부부와 한 마을에 산다. 죽음이 그리 멀지 않았다는 것을 의식한 그녀는, 죽기 전에 다시 한 번만 태어나고 자란 바운티풀에 가고 싶다는 생각을 한다. 바운티풀은 멀고 외진 시골이고 지금은 거의 대부분 초원으로 변해버렸다. 그녀는 계획을 세우고 어느 날 조용히 집을 빠져나와 장거리 버스를 타고 바운티풀 여행을 결행한다.

이후의 내용은 영화로 확인하면 좋겠다. 이처럼 자신이 태어나 자란 장소를 죽기 전에 다시 한 번 보고 싶다고 생각하는 것은 인간의 마음 깊은 곳에 뿌리를 둔 보편적 소망같다. 그리고 이를 앞서 말한 인생의 원형 이미지와 결부하면, 그녀에게 바운티풀은 태어난 장소인 동시에, 영혼이 되돌아가는 장소라고도 말할 수 있지 않을까.

나는 사생관에서 누구든 영혼이 되돌아가는 장소를 찾아내는 것이 무엇보다 중요하지 않을까 생각한다.

특별히 어려운 것을 말하려는 건 아니다. 개인적인 일이라 송구스럽지만 10여 년 전에 돌아가신 아버지는 시골의 농가를 고향으로 두어

서인지 노후에는 교외의 작은 농원에서 채소 키우는 일을 삶의 최고 보람으로 여겼다. 그곳을 환자원還自園, 즉 자연으로 되돌아가는 곳이라고 이름 붙였는데, 아버지에게는 농원에서 보내는 시간이 자연으로 돌아가는 시간이라는 의미를 넘어 인생을 마치고 난 뒤에 되돌아가는 곳의 의미를 지녔다고 생각한다.

한 가지 더 예를 들자면, 대학에서 사회보장론을 강의할 때 말기 간호를 주제로 수업을 한 후에 이에 관해 학생들에게 리포트를 제출하게 했다. 그 중에서 당시 2학년이던 이와테현 출신의 한 여학생은 「말기 간호에서 고향의 중요성」이라는 제목으로 다음과 같은 내용을 적었다.

> 말기 간호와 사생관에 관해, 나는 '젊었을 때부터 어떻게 죽을 것인가를 생각해둘 필요가 있다'고 생각한다. 그리고 고향이라 부를 수 있는 곳을 생산연령대(15~65세)에도 상실하지 않거나, 만들어두는 것이 중요하다고 생각한다.
>
> (중략) 만약에, 생산연령대에 지금까지 살아 익숙하던 지역을 떠나 전혀 연고가 없는 곳에서 인생의 대부분을 보냈다 하더라도, 고향이라 부를 수 있는 장소를 상실하지 않는 한 그곳이 각자에게 돌아갈 곳이며 마음이 쉬는 곳이자 되돌아갈 수 있는 커뮤니티가 될 수 있지 않을까.
>
> (중략) 사람에 따라 다를 수 있지만 일본인이 바라는 편안한 죽음에는, 이처럼 되돌아갈 장소(자기가 그곳에 있어도 좋다고 주위로부터 인정받은 장소)에 자신이 와 있다는 안도감이 필요한 것이 아닌가 생각한다.

말기 간호를 둘러싼 주제를 고향과 연계해 서술하는 것이 인상적이었고, 그것은 단순한 공간적 의미를 넘어 영혼이 되돌아가는 장소라는 성격을 가진다고 생각한다.

＼심층의 시간 — 삶과 죽음이 만나는 장소

인생의 직선 이미지, 원형 이미지라는 주제에서 출발해, 특히 후자와 관련해 영혼이 되돌아가는 장소를 이야기했다. 그 연장선에서 나아가 시간이라는 주제를 생각해보자.

우리는 매일 일상의 시간을 살아간다. 그런데 그것은 통상 달력 형태의 시간으로, 과거에서 미래로 이어지는 직선의 시간이다. 하지만 그러한 직선적 시간만이 절대적이고 유일하게 존재하는 것이 아니라, 그러한 시간의 밑바탕에는 그와는 다른 시간의 층이 있다고 생각할 수 없는 것일까. 예를 들면 다음과 같은 것이다. 바닷물의 흐름을 생각해보면, 물은 표면에서 빠른 속도로 계속 흘러가버린다. 그러나 그 밑부분에서 흐르는 물은 속도가 느려지거나 경우에 따라서는 거의 움직이지 않는 상태가 되기도 한다. 이와 같은 것을 시간에 대해서도 말할 수 있지 않을까. 시시각각, 순간순간 흘러가고 변화하는 직선적 시간의 밑바닥에는 좀 더 깊은 시간의 층이 존재하고, 우리의 삶은 그러한 시간의 층에 의해 떠받쳐진 것은 아닐까.

나는 그러한 시간의 층을 심층의 시간이라고 부르고 싶다.[76] 이렇게 말하면 약간 관념적인 주장처럼 들릴지도 모르지만, 반드시 그렇지는 않다. 예를 들어 뉴턴역학에서는 직선의 절대 시간이 자명한 것으로 생각됐지만, 아인슈타인의 상대성이론에 이르면 시간과 절대 공간은 객관적 실재實在가 아니라 인간이 세계를 이해하는 편의적 좌표에 지나지 않는다고 여긴다. 또 생물학계의 논의에서는 인간이 인식하는 것은 어디까지나 인간의 시간으로, 그것은 여러 시간 중 하나에 지나지 않고 다양한 생물들은 각각 다른 고유의 시간 속을 산다. 이처럼 직선적 시간은 결코 유일하거나 절대적이지 않은 것이다.

그리고 이를 앞서 말한 직선과 원형의 이미지와 대비해보면, 이것들은 상호 병렬 관계에 있기보다는 시간의 서로 다른 층을 나타낸다. 가장 표층에 존재하는 것이 직선적 시간이며, 그 밑에는 회귀하는 원형의 시간이 존재하고, 나아가 가장 밑바닥에는 무엇보다 기초가 되는 심층의 시간이 존재한다고 생각하면 어떨까. 이러한 심층의 시간은 앞선 바닷물의 흐름에 비유하면, 가장 바닥에 존재하는 부동의 부분으로, 시시각각 변화하는 현상 가운데 불변이라고도 할 수 있다. 이렇게 파고들면 그러한 심층의 시간은 최종적으로는 죽음과 연결되는 것으로, 바꾸어 말하면 삶과 죽음이 맞닿은 장소라고 부를 수 있는 성격을 가지는 것은 아닐까.

우리는 삶과 죽음을 전혀 접점이 없는 대립물로 생각하기 쉽지만, 삶과 죽음은 오히려 연속적인 것이며, 우리의 삶은 심층의 시간에서 죽음과 이어진 것이 아닐까. 이상은 시간을 실마리로 한 사생관 중 하나의 사고방식에 지나지 않지만, 어쨌든 각각의 방법으로 사생관을 재구축하는 일이 현재 일본에서 가장 근본 과제라고 생각한다.

\ 일본인의 사생관—3층 구조

앞에서 사생관의 재구축이라는 표현을 썼지만, 나는 전후 일본은 경제성장과 물질적 부의 확대에 모든 관심이 쏠리고, 거기에 전쟁 전에 대한 반성과 트라우마까지 있어서 사생관이 거의 공동화됐다는 논의를 해왔다.[77]

그러나 앞서 언급한 바와 같이 경제가 성숙하면서, 물질적 부의 확대로는 충족되지 않는 마음을 의지할 가치로 사람들의 의식이 모였다. 이에 따라 사생관에 관심이 높아진 것으로 보인다. 실제로 나는 대학의 강의와 세미나에서 사생관을 매년 다루는데, 이에 대한 학생들의 관심은 꽤 강하다. 물론 개인차는 있지만 사생관과, 넓은 의미에서의 종교에 대해 젊은 세대의 관심이 높다는 것을 느낀다.

나아가 졸업논문의 주제로 종교와 자살 예방의 관계, 애니메이션의 성지 문제를 연구하는 학생도 있다. 또 나는 제2부에서 밝힌 바와 같이 진수의 숲, 자연에너지 커뮤니티 프로젝트 활동을 소소하게 추진하는데, 이와 관련해 각지의 신사를 방문해보면 의외로 고령층 이상으로 젊은이의 모습을 많이 볼 수 있다는 것을 인상 깊게 생각해왔다.

다른 한편으로는 앞서 언급한 종활과의 관련성을 포함해, 지금까지 죽음에 대한 생각을 기피해온 베이비 붐 세대 전후의 연령층도 자신의 늙음과 죽음에 직면하면서 사생관에 대한 관심이 자연스럽게 높아지는 것으로 보인다. 따라서 인구 감소 사회를 맞이하는 일본에 이와 같은 주제가 세대의 차이를 초월한 공통의 관심사가 되었다고도 말할 수 있는 것이다. 그렇다면 일본인·일본 사회라는 맥락에 따라 사생관을

6-5 일본인의 사생관: 3층 구조

	특징	죽음에 대한 이해 /이미지	삶과 죽음의 관계
(A) 원(原)·신토적인 층	자연의 영성	영원불변, 저승 — 구상성(具象性)	삶과 죽음의 연속성·일체성
(B) 불교·기독교적인 층	현세 부정과 해탈·구제 지향	정토, 극락, 열반 등(불교), 영원한 생명(기독교) 추상화·이념화	삶과 죽음의 이극화(二極化)
(C) 유물론적인 층	과학적 또는 근대적인 이해	죽음=무(無)라는 이해	삶=유 죽음=무

생각하면 어떠한 특징을 찾을 수 있을까? 약간 대략적으로 정리하면 나는 일본인의 사생관은 다음과 같은 3층 구조로 구성됐다고 생각한다. 그것을 정리한 도표 6-5를 보자.

가장 밑바탕에 있다는 것은 '(A)원原·신토神道적인 층'이다. 간단히 말하자면 '팔백만신八百万の神様'•이나 지브리 스튜디오 영화가 떠오를 법한, 자연 안에서 단순히 물질적인 것을 넘어선 무언가, 또는 유와 무를 초월한 무언가를 찾아내려는 세계관이자 사생관이다. 나는 이것을 자연의 영성이라고 부른다.[78]

두 번째에 존재하는 것이 '(B)불교·기독교적인 층'으로 이는 열반이나 공空이라는 관념과 함께 추상화·이념화된 형태로 죽음과 삶을 이해하는 틀이다. 근세 이후 일본에 전해진 기독교도 이러한 차원에 해

• 자연 곳곳에 팔백만에 이르는 신이 있다는 믿음으로 모든 신을 뜻한다. 일본은 특히 자연재해가 많아 만물신 사상이 발달했고, 이 때문에 신사와 절이 많다는 설이 있다.

당한다. 그리고 가장 표층에 존재하는 것이 '(C)유물론적인 층'으로, 여기에서는 간단히 '죽음=무'로 받아들인다.

앞서 언급한 바와 같이 전후 일본은 죽음을 찬미했던 트라우마가 있어 고도성장기를 거치면서 압도적으로 세 번째인 유물론적인 층이 강해졌다. 나는 그 전형이 베이비 붐 세대라고 생각한다. 그렇지만 지금 다시 한 번 밑바닥에 존재하는 전통적 사생관, 즉 A나 B의 층을 재발견하고 재평가하는 시대가 된 것이 아닐까.

나는 가장 밑바닥에 존재한다고 생각하는, 자연의 영성이라고 일컬은 자연관·생명관이 큰 의미를 가진다고 생각한다. 영성이라는 용어는 일본에서 오해받기 쉬운 단어지만, 이는 물질적 차원이나 유와 무, 또는 생과 사를 초월한 차원에 관련된 개념이다. 또 개별 종교의 다름을 초월한 곳에 존재하는 정신성·가치라는 의미도 있다.

이때 기독교나 불교 등, 3부에서 기술한 기원전 5세기의 추축 시대에 처음으로 성립한 보편 종교에서는 영성을 영원한 생명이나 공空 같이 이념화·추상화된 개념으로 생각하는 경향이 강하다.

이에 비해 일본 등 지구상 각 지역·문화권의 가장 밑바닥 층에서 영성이란 자연과 일체하는 것으로 본다. 그것은 마찬가지로 제3부에서 언급한 수렵·채집 후반기에 생성된 마음의 빅뱅으로 이어질 수 있다고 생각하며, 팔백만신이라는 이미지가 보여주는 것처럼 비생명을 포함한 자연 안에서 단순히 기계론적인 생명관과는 다른 내재된 힘을 찾아내려는 자연관·생명관이다.

그리고 이러한 관점은 앞서 말한 심층의 시간이나 생과 사의 연계성이라는 이해 방식과도 이어진다고 생각한다.

진수의 숲 호스피스의 가능성

더 구체적으로 이야기를 하자면, 일본의 전통적 사생관과 자연관을 바탕으로 한 호스피스나 간병 돌봄을 들 수 있다.

일본의 호스피스는 1970년대부터 기독교 계열의 시설이 도입되었는데, 요도가와 기독교 병원, 세이레이미카타하라聖隷三方原 병원이 선구적이다. 1990년에는 의료보험에 완화 치료 병동 입원료라는 의료 수가 시스템이 시설 기준과 함께 제정되면서 순차적으로 보급되었다.

또 불교 호스피스라는 것도 존재하는데, 동시에 일본의 전통적 사생관·자연관에 뿌리를 둔 진수의 숲 호스피스나 간병 돌봄 방식을 모색해봐도 좋지 않을까. 이러한 관심 때문에 여러 번 언급한 진수의 숲·자연에너지 커뮤니티 프로젝트의 핵심으로 교토시 남쪽의 야와타시에 있는 이와시미즈하치만궁의 관계자들과 연계해 진수의 숲 호스피스에 관한 조사와 검토를 진행하는 중이다.

2

사생관을 둘러싼 현대적 전개

현대판 불로불사의 꿈

지금까지 사생관의 재구축이라는 주제에 따라 서술해왔는데, 현대로 눈을 돌리면 이와는 정반대 방향으로 향하는 듯한 움직임도 여러 형태로 진행됐다. 정반대 방향이란, 사생관을 통해 죽음을 수용하는 것과 달리 오히려 기술에 의해 죽음을 철저히 멀리하고 삶의 영역을 무한히 확대하는 방향이다.

특히 그것은 현대판 불로불사의 꿈이라고도 불리는 다음과 같은 흐름이다. 인간에게 불로불사는 고대로부터 영원한 꿈이었다. 그런데 최근 들어 이러한 불로불사를 둘러싼 이슈가 과학 분야에서 본격적으로 다루어졌다. 내가 보기에 크게 두 가지 다른 흐름이 존재하는 것 같다.

첫째는 생명과학과 의료의 영역으로, 그 상징은 역시 재생 의료의 급속한 전개다. 둘째는 정보과학과 관련된 영역으로, 그 전형이 인간의 의식을 기계나 인터넷에 이식해 영원히 살 수 있다는 주장이다. 단순하게 말하면 전자는 주로 인간 신체의 불사와 관련되는 것이며, 후자는 주로 의식의 불사를 지향하는 것이다.

이것들 중에서도 미디어 등을 통해 요즘 우리에게 가깝게 다가온 것은 인간 의식의 불사에 관한 주제일지도 모른다. 예를 들어 제3부에서도 언급된 조니 뎁 주연의 2014년 개봉작 〈트랜센던스〉에서는, 살해된 천재 과학자의 뇌 속에 있는 모든 정보를 과학자인 아내가 인터넷에 업로드해 죽은 남편이 컴퓨터 속에서 계속 살아간다는 내용을 담았다. 이러한 발상을 낳은 배경에는 역시 제3부에서 언급한 미국의 미래학자 커즈와일이 'AI 등이 머지않아 인간의 지성을 능가할 것'이라는 기술적 특이점 이론이 있다.

더구나 이것은 단순히 과학소설과 같은 황당무계한 이야기에 그치지 않는다. 제3부에서도 언급했지만 2017년에 출간된 『脳の意識,機械の意識—脳神経科学の挑戦』이라는 책에서 도쿄대학교의 공학 연구자 와타나베 마사미네渡辺正峰는 '미래의 어느 시점에서 의식의 이식이 확립되어, 기계 속에서 제2의 인생을 보내는 일이 가능해지는 것은 거의 틀림없다고 나는 생각한다'라고 말했다.[79]

한편, 앞서 불로불사에 관한 첫 번째 흐름으로 지적한 재생의료 등 생명과학에서는, 미국의 대통령 직속 생명윤리위원회The President's Council on Bioethics가 2003년에 보고서 『*Beyond Therapy*』를 발간하고 생명 관련 기술의 발달에 의해 가능해지는 불로의 신체 이슈를 직접적으로 논의한 바 있다.

우리들은 이러한 문제를 어떻게 받아들이고 고민하는 게 좋을까. 여기서 단순하게 결론을 말하기는 어렵겠지만, 위와 같은 방향은 인간과 자연, 개인과 커뮤니티를 각각 단절한 다음에 "독립된 개인을 중심으로 인간이 자연을 완전하게 통제한다"라는 근대적 원리를 극한까지 추구하는 성격일 것이다. 그것은 제3부에서 살펴본 제4의 확대·성장을 지향하는 논의와 일맥상통하며, 또한 사생관이라는 주제와 저절로 이어지는 것이다.

나는 오히려 끝없는 단절이나 이륙의 방향이 아니라, 개인의 근저에 있는 커뮤니티나 자연, 나아가서는 자연의 영성을 재발견하면서 새로운 사생관이 열릴 수 있다고 생각한다. 다시 말해 무無의 적극적 가치를 내포하는 새로운 사생관, 그리고 지구나 인간의 유한성을 바라보는 지구 윤리라고 불러야 할 사상과 지속 가능한 복지사회라는 사회 모델의 구상이 요구된다고 생각한다.

＼삶과 죽음의 그러데이션

한편 사생관에 관련해 진행되는 현대적 상황을 조금 다른 각도에서 살펴보고 싶다.

나의 고향 오카야마에 계신 어머님은 이미 80대 후반이 되셨는데, 몇십 년을 이어온 상점을 수년 전에 닫은 탓인지 얼마 전부터 나타난 치매 증상이 더욱 심해졌다. 이전에는 없던 일인데, 오래전에 돌아가신

당신의 부모님이나 10년 전에 죽은 남편(나의 아버지)이 "지금 어디에 있는가, 왜 돌아오지 않는가"라고 말하는 것이다.

그런 어머니의 말을 듣고 있자면 어떤 의미에서 반은 "꿈속 세계에 있구나" 하는 인상을 받을 때가 있다. 나아가 삶과 죽음은 통상적으로 생각하는 것만큼 명확하게 나뉜 것이 아니고 그러데이션 같이 연속적이며, 어머니는 중간 상태에 있는 것이라는 생각까지 든다.

이전부터 '핑핑고로리ピンピンコロリ'• 라는 말이 있었다. "어제까지 논에서 농사일을 했는데 오늘 아침에 보니 죽어 있었다"는 말처럼 삶에서 죽음으로 쿵! 하고 낙하하듯 비연속적으로 삶과 죽음을 받아들이는 방식이 일반적이고, 그렇게 돌아가시는 쪽이 비교적 편한 죽음으로 그려지는 경우가 많았다.

나도 그런 방식도 '좋은 죽음'의 한 방식이라고 생각해왔지만, 앞서 말한 어머니의 경험에서 삶과 죽음의 그러데이션이나 삶에서 죽음으로의 완만한 이행이라는 관점도 중요하지 않을까 하고 생각하게 됐다. 조금 이론적으로 말하자면 '삶은 유, 죽음은 무'로 명확하게 나눈 다음에 죽음을 애써 외면한 근대적 관점과 반대로, 삶과 죽음을 하나의 연속으로 파악함으로써 죽음을 다시 한 번 일상 세계 속에서 재생해 양자를 연결하도록 할 수 있지 않을까.

그리고 이런 방향은 실은 의외로 현대 과학의 새로운 흐름과 맞아 떨어진다. 그것은 현실과 가상의 연속성이라고 일컫는 방향이다.

• '병으로 고생하지 않고 건강하게 오래 살다가 덜컥 죽자'의 함축어. 반대말로는 질병으로 오랜 기간 침대에서 일어나지 못하거나 병원에 입원하여 죽는 넨넨코로리(ネンネンコロリ)가 있다.

AI와 정보 기술 등이 고도화한 가운데 〈매트릭스The Matrix〉나 〈인셉션Inception〉과 같은 영화가 인상적으로 그려온 것처럼, "현실이란 뇌가 보는 공동의 꿈에 지나지 않는다"는 세계관이 침투하는 중이다. 다시 말해 무엇이 가상이고 무엇이 현실인지 경계가 모호하고 서로 이어지는 것이다.

이처럼 초고령화의 진전과 정보과학의 발전이라는 전혀 다른 배경에서, 꿈과 현실의 경계, 그리고 '삶과 죽음, 유와 무'의 경계에 흔들림이 생기고 '현실과 가상의 연속화'가 진행된다. 고도성장기에는 확고하게 보이던 '유일한 현실'이라는 것이 다층화하고 꿈과 현실이 교차한다. 이러한 근본적이면서 새롭고, 동시에 '오래된 미래'라고 부를 법한 시대의 구조 변화 속에, 인구 감소 시대 일본인의 사생관이 자리 잡는 것처럼 보인다.

＼무의 과학

마지막으로 앞서 언급한 무의 의미나 그 적극적 가치를 논의해보자.

사생관을 말할 때 내가 떠올리는 문학 작품은 잘 알려진 마쓰오 바쇼松尾芭蕉의 '한적함이여, 바위에 스며드는 매미의 울음閑さや岩にしみ入る蟬の声'이라는 하이쿠다. 짧은 일생이지만 생명이 다할 때까지 소리를 내어 우는 매미와 그 목소리는 바로 삶의 상징이다. 한편 바위의 이미지는 깊은 산속에 이끼가 끼어 눅눅하고 검게 변한 바위로 죽음을 상징한다. 그리고 매미 울음이 바위에 '스며든다'는 것은 정적을 무대로 삶

과 죽음이 융합된다는, 우주적이라고 할 법한 세계관을 표현했다고 생각한다. 이는 여기서 서술한 삶과 죽음의 연속성이라는 주제와도 이어지는 내용이다.

그런데 몇 년 전인가 자주 가는 야쓰가타케산의 남쪽 기슭에서 편하게 시간을 보낼 때 이런 경험을 했다. 그것은 예전에 분화가 일어났을 때 생긴 것인지 그 근방에 꽤 많이 보이는 거대한 바위군 중에 몇몇이 마치 거대한 에너지를 품은 것처럼 느낀 것이다. 생각의 폭을 넓혀, 그러한 경험을 바탕으로 바쇼의 구절을 떠올려보니 조금 다른 의미로 이해할 수도 있겠다는 생각이 들었다. 즉 바쇼의 구절에 나오는 바위는 상술한 것 같은 죽음의 상징이라기보다는 오히려 근원적 생명이나 궁극의 존재 그 자체를 나타내는 것이며, 고요함 속에서 매미 소리가 스며드는 것도 바위가 생명이나 존재의 근원에 융합하는 이미지가 아닐까 하는 것이다.

이는 바쇼의 하이쿠를 바탕으로 한 나의 해석에 불과하지만, 한편으로 현대물리학에서는 아인슈타인이 제시한 것처럼 질량과 에너지의 등가성이 밝혀졌는데, 이를 다소 비유적으로 표현하자면 바위와 같은 물질·물체는 에너지 덩어리인 셈이다. 따라서 바위에서 어떤 종류의 에너지를 느꼈다는 발상이 모두 비합리적이라고는 말할 수 없는 측면도 있을 것이다.

나아가 최근의 물리학과 우주론에서는 진공의 에너지나 무의 에너지가 화제다. 예를 들어 일반인을 위한 과학 잡지 『뉴턴NEWTON』 2010년 2월호는 「'무'의 물리학」이라는 특집 기사를 게재했는데, 거기에는 다음과 같은 내용을 담았다.

'무'란 무엇인가? 많은 사람들은 '아무것도 없는 것'이라고 대답할 것이다. '그런 지루한 것을 지금 와서 뭘 더 새삼스럽게 논할 것이 있느냐'고 생각할지도 모른다. (중략) 그런데 물리학에서 무는 결코 지루한 것이 아니다. (중략) 물리학의 발전에 따라 무는 점점 중요해진다. 무가 소립자를 만들어낸다. 무가 에너지를 지닌다. 무가 우주를 탄생시킨다. (중략) 지금은 무와 물리학이 떼려야 뗄 수 없는 관계에 있다. 무의 불가사의함, 그 심오함을 탐구해보자.

17세기에 탄생한 근대과학도 변천의 궁극적 흐름에서 무 그 자체를 직접적으로 논의하기에 이른 것이다.

여기서는 인구 감소 사회인 일본에서 사망 급증 시대를 맞이한다는 화제에서 출발해 간병을 둘러싼 과제를 언급하면서, 심층의 시간, 자연의 영성이라는 나의 사생관을 제시했다. 또 최근 새로운 흐름을 보이는 '삶과 죽음의 그러데이션', '현실과 가상의 연속화'라는 화제를 따라 사생관에 대한 현대적 과제를 살펴보았다.

최종적으로 그것은 애초에 죽음이나 무를 어떻게 파악할 것인가 하는 주제에 마주하는데, 이것은 나에게도 아직 탐구 중인 과제다. 어쨌든 초고령화 시대의 도래라는 상황과도 맞물려, 지금이야말로 문·이과를 넘어 과학, 인간, 사회 등의 다양한 영역에 걸친 무와 죽음에 대한 횡단적 탐구가 절실히 요구된다고 생각한다.

제7부

지속 가능한 복지사회 — 지구 윤리의 가능성

이 책에서는 '인구 감소 사회의 디자인'이라는 주제를 중심으로 커뮤니티나 마을 만들기 · 지역재생, 사회보장과 같은 개별 요소에 따라 고찰하면서, 다른 한편으로는 자본주의, 인류사와 같은 긴 시간 속에서 그 의미와 전망을 논했다. 마지막으로 지금까지의 논의를 바탕으로, 향후 우리가 실현해나가야 할 사회의 바람직한 모습과 그 토대가 되는 이념 · 사상을 지속 가능한 복지사회 개념을 중심으로 탐구해보려 한다.

1

세계화 이후의 세계

단순한 세계화 종언의 시작

이 논의의 단서로 먼저 생각해보고 싶은 것은 '세계화 이후의 세계' 또는 '세계화 종언의 시작'이다. 최근 주목할 만한 국제 동향은, 역시 영국의 EU 탈퇴를 둘러싼 움직임과 트럼프 현상일 것이다. 이에 대해 다양하게 논의되고 있지만, 나의 관심에서 볼 때 충분히 논의되지 않는다고 생각한다.

새삼스럽게 지적할 필요도 없이, 우리가 현재 말하는 의미의 세계화를 최초로 본격화한 나라는 영국이다. 영국에서는 16세기 무렵부터 자본주의가 발흥했고, 1600년에 창설되어 주식회사의 기원으로 여기는 동인도회사가 상징하듯이 국제무역의 확대를 견인했다. 나아가 산업혁명 이후인 19세기에는 세계의 공장으로 불린 공업 생산력을 바탕으로 식민지 지배에 나섰다.

그 뒤의 역사적 경위는 생략하겠지만, 그렇게 다른 곳도 아닌 세계화를 시작한 국가 영국이 경제 부진과 이민 문제 등을 이유로 세계화에 'No'라는 메시지를 보냈다는 것이 이번 EU 탈퇴의 기본 성격이라고 말해야 할 것이다. 다시 말해 세계화의 시작을 선도한 바로 그 영국에서, 세계화 종언으로의 움직임도 시작된 것이다.

미국의 트럼프 현상도 유사한 측면을 지닌다. 20세기는 영국을 대신해 미국이 세계 경제·정치의 중심이 되어 강력한 군사력과 함께 세계 시장에서 막대한 부를 획득해왔다. 일명 팍스 아메리카나pax americana라 불리는 시기다. 그러다 신흥국이 출현하고 국내 경제에 많은 문제가 나타나자, TPP 탈퇴와 이민 규제 등 바로 세계화에 등을 돌리는 정책을 본격화했다.

이런 정책 전환은 바로 자기 형편만 생각하는 자국 중심주의이다. 세계화로 이익을 보는 동안에는 자유무역을 목소리 높게 부르짖으며 다른 나라의 동참을 요구하다, 얼마 안 있어 다른 나라의 경제가 발전해 자기가 손해를 볼 처지가 되자 보호주의적으로 태도를 바꾸는, 염치없고 제멋대로인 행동이라고 말할 수밖에 없다.

＼세계화 이후의 두 세계

하지만 다른 한편으로 위와 다른 의미에서 세계화의 한계가 다양하게 보이는 것이 현재 세계정세이며, 제2부에서 말한 것처럼 앞으로는 오히려 지역화로 나가는 시대를 맞이할 것이라고 생각한다.

다시 말해 환경 문제나 지속 가능성 등에 관심이 높아지는 가운데, 자기 지역 내에서 식량이나 에너지(특히 자연에너지)를 조달하면서 사람·물건·돈이 지역 안에서 순환하는 경제를 만들어가는 것이, 지구 자원의 유한성이라는 관점에서도 바람직하다는 생각이 서서히 퍼지는 중이다.

내가 보기에 이러한 기조가 상당히 잘 실현되는 곳은 독일이나 북유럽의 나라들이다. 그곳에서는 세계경제에서 출발해 전국, 지역이라는 방향으로 일을 생각하는 것이 아니라, 반대로 지역 경제에서 출발해 전국적이고 세계적인 방향으로 확대해간다고 생각한다. 참고로 독일은 2022년까지 원자력발전 폐기를 추진해, 2018년 기준으로 전체 전력 중 재생에너지의 비중이 이미 약 40퍼센트에 이르렀다. 독일은 이를 2050년까지 80퍼센트로 올리는 것을 목표로 삼았다.

따라서 약간 단순화해서 비교해보면, 세계화의 종언 이후의 세계에는 크게 서로 다른 두 가지 모습이 있다고 본다.

하나는 강한 확대·성장 지향과 이윤 극대화, 그리고 배외주의排外主義가 한 묶음이 된 국가주의적 방향이며, 트럼프 현상은 어떤 의미에서 그 전형이다. 다른 하나는, 지역 내 경제순환과 커뮤니티에서 시작해 전국적·세계적으로 확대해가면서 지속 가능한 복지사회를 지향하는 방향이며 독일 이북의 유럽에 특징적으로 나타난다.

현재는 두 가지 방향이 경합하는 시대가 아닐까. 제3부에서 살펴봤듯 인류사의 확대·성장과 안정화 관점에서 전망하면, 우리는 인류사의 제3의 안정화로 이행할 수 있을지 아니면 여전히 무한한 확대·성장을 지향해갈 것인지의 갈림길에 서 있다고 말할 수 있을 것이다.

＼지속 가능한 복지사회라는 사회상

먼저 도표 7-1을 보자. 이것은 세로축이 경제 격차를 나타내는 지표인 지니계수, 가로축이 예일대학교 환경법·정책 센터가 작성한 환경에 관한 종합지표인 환경 성과 지수Environmental Performance Index, EPI인데, 이를 묶어 국제 비교한 것이다. 세로축의 경제 격차는 복지와 관련된 것이기 때문에, 이 도표를 통해 복지와 환경을 포괄적으로 한눈에 파악할 수 있을 것이다.

세로축과 가로축은 어느 정도의 상관관계를 보이며, 좌측 상단의 그룹은 '경제 격차가 크고 환경 성과도 좋지 않은' 나라들로 선진국에서는 미국과 일본 등이 포함된 점이 흥미롭다. 반대로 우측 하단의 그룹은 '경제 격차가 작고 환경 성과도 좋은' 나라들로 독일과 스위스, 북유럽 국가가 여기에 포함된다.

그런데 이러한 점들은 앞서 언급한 지속 가능한 복지사회와 직접적으로 연관된다. 다시 말해 지속 가능성은 환경과의 관계이고, 복지는 부의 공정한 분배나 개인의 생활 보장에 관한 것으로, 지속 가능한 복지사회란 '개인의 생활 보장과 분배의 공정이 실현되는 동시에 그것이 한정된 환경·자원과 조화를 이루어 장기에 걸쳐 존속 가능한 사회'를 의미하기 때문이다. 바꿔 말하자면, 지속 가능한 복지사회라는 개념의

7-1 지속 가능한 복지사회의 지표

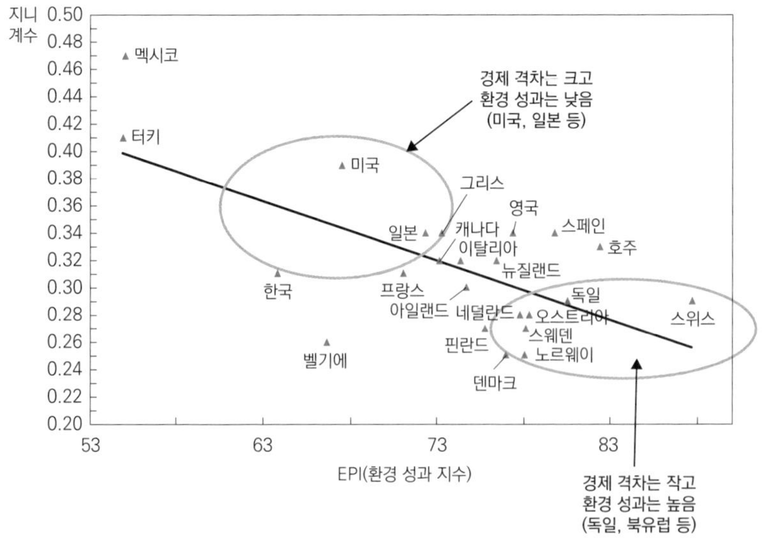

지니계수는 주로 OECD 2011년, EPI는 예일대학교 환경법·정책 센터가 작성한 환경종합지수다.

주안점은 환경과 복지의 문제를 총체적으로 파악하는 데 있으며, 도표 7-1은 바로 그런 관점의 국제 비교인 것이다.

환경과 복지에서 한걸음 더 나아가 경제라는 점을 추가해 정리하면 도표 7-2와 같다. 다시 말해 인구 등 확대·성장의 시대에는 경제에 우선적 가치를 두는 경향이 강했지만, 성숙·안정화 시기이자 인구 감소 시대에는 환경에서의 지속 가능성과 복지에서의 부의 공정한 분배를 종합적으로 볼 필요가 있는 것이다.

그리고 이를 다시 도표 7-1과 연결해 살펴보면, 우측 하단에 있는 독일이나 북유럽의 국가들이 세로축의 복지 성과와 가로축의 환경 성

7-2 환경-복지-경제의 종합화

	기능	과제와 목적
환경	부의 총량(규모)	지속 가능성
복지	부의 분배	공평성(공정, 평등)
경제	부의 생산	효율성

과가 모두 양호하다. 바로 지속 가능한 복지사회라는 사회상에 가까운 모습을 실현해나가고 있다고 말할 수 있다.

독일이나 덴마크 등에서 특히 뚜렷하지만, 나아가 이러한 나라들은 지역적 경제순환과 커뮤니티에서 출발해 그것을 전국적이고 세계적으로 확대하는 방식을 지향한다. 독일 지역 도시의 활기와 풍요에 대해서는 제2부 등에서 구체적 이미지로 말했지만, 동시에 여기서 이야기하는 지속 가능한 복지사회 모델은 서문에서 밝힌 'AI를 활용한 정책 제언'에서 제시하는 지역 분산형 시스템이라는 방향과도 맥을 같이하는 것이다.

오해가 없도록 부연하자면, 위와 같이 지역적 경제순환에서 출발하는 게 반드시 지역 내에서만 해결하거나 폐쇄적으로 변하는 것을 의미하지는 않는다. 독일의 경영 이론가 헤르만 시몬Hermann Simon이 '히든 챔피언hidden champions 기업'이라는 개념을 사용해 논의하듯이, 독일에는 현지에 확실한 기반을 가지면서도 제품의 세계시장 점유율이 상위인 중소기업이 적지 않다.[80] 따라서 지역의 사람·물건·돈의 순환에서 '출발한다'는 점이 중요하며, 그다음에 어떤 형태로 발전할 것인지는 다양한 가능성이 존재한다고 말해야 할 것이다.

＼일본의 가능성 — 경제와 윤리의 분리와 재융합

그런데 앞서 도표 7-1에서 확인한 것처럼 일본은 미국 등과 같이 좌측 상단에 있어, 현재의 상황에서는 지속 가능한 복지사회의 모습과는 거리가 멀어 보인다.

그 배경에는 서문과 제2부에서 살펴본 것처럼 사람 사이의 사회적 고립도가 높아 사회보장 등 가족 이외의 상호부조에는 소극적이며, 고도성장기의 성공 체험으로 '모든 문제는 경제성장이 해결해준다'는 의식이 여전히 강하기 때문에 경제 격차(복지)와 환경 양쪽 모두에서 성과가 낮다는 사정이 있을 것이다.

그러나 역사를 거슬러 올라가면, 실은 일본의 경제와 경영의 영역에서도 지속 가능성이라는 가치가 중시된 흐름과 전통을 찾아낼 수 있지 않을까. 이를 '경제와 윤리'라는 관점에서 생각해보자.

현재는 경제와 윤리가 대척점에 나란히 있는 듯한 인상을 주지만, 자본주의가 발흥한 근대 이전의 사회에서는 양자가 상당히 겹쳤다. 일본을 살펴보면 오미 상인近江商人의 산포요시三方よし•라는 가훈이 금방 떠오르고, 에도 후기에 활약한 니노미야 손토쿠二宮尊徳는 '경제와 도덕

• 오미 상인은 일본 3대 상인 중 하나로, 교토 인근의 오미 지역 출신 상인을 가리킨다. 이들은 "장사란 판매자·구매자의 만족은 물론이고 사회 전체[三方]에 이익이 되어야 한다[よし]"는, 오늘날 기업의 사회적 책임과 유사한 경영 철학, 상도를 강조했다.

의 일치'를 강조했다. 니노미야는 어찌 보면 오해 받는 사상가로 후대 메이지 국가에 의해 상당히 왜곡된 이미지가 만들어졌지만, 현대의 관점에서 보면 재정난과 인구 감소 시대의 '지역 재생 컨설턴트'나 '사회적 경제의 실천가'로 부를 만한 존재였다.

흑선 쇼크를 거쳐 일본이 급속히 근대화의 비탈길을 오르기 시작한 이후에도 이러한 세계관은 일정 정도 유지되었다. 일본 자본주의의 아버지로 일컫는 시부사와 에이이치澁澤榮一는 『논어와 주판論語と算盤』을 저술해 경제와 윤리의 일치를 논했으며, 이 시대의 사업가 중에는 시부사와뿐만 아니라 구라시키방적의 오하라 마고사부로大原孫三郎처럼 다양한 사회사업·복지 활동을 하는 사람도 상당수 있었다.

덧붙여 시부사와는 『논어와 주판』에서 '올바른 도리로 얻은 부가 아니면 그 부는 완전하게 영속될 수 없다. 여기에서 논어와 주판이라는 동떨어진 것을 일치시키는 것이, 오늘날의 긴요한 의무라고 나는 생각한다'고 말했다. 이를 현대식으로 풀이한다면, '기업 경영에서는 지속가능성이 중요하며, 거기에는 경제와 윤리가 일치해야 한다'는 메시지로 이해할 수 있을 것이다.

그러다가 전후의 고도성장기에 이르러 상황은 미묘하게 변한다. 경영의 신이라고 불리는 마쓰시타 고노스케松下幸之助는 '곤겐노야시로根源の社'•라는 신사를 설립하는 등 우주적일 정도로 독자적 신앙을 가졌던 것은 비교적 잘 알려져 있으며, 비슷한 사례가 이 시기의 일본 경영

• 신토·불교·기독교 등 여러 종교에 해박했던 마쓰시타 고노스케가 "물심양면의 번영을 통해 평화와 행복을 실현해간다(Peace and Happiness through Prosperity, PHP)"는 모토 아래 1962년 창건한 '우주의 근원'을 모시는 종교 시설을 말한다.

자에게 많이 보인다. 경영과 신앙은 언뜻 보면 대척점에 있는 것처럼 보이지만, 생각해보면 경영은 매우 불확실성이 높은 상황 속에서 고독한 의사 결정을 내려야 하는 작업으로, 마음이 의지할 어떤 곳이 없으면 안 될 매우 힘든 행위라고도 말할 수 있다.

한편 1961년의 국민개보험國民皆保険● 정비 등 고도성장기에 들어와 복지·사회보장을 정부가 공적 제도로 실시하면서, 그만큼 경영자는 사회사업 등에서 멀어졌다. 제4부의 사회보장과 자본주의의 진화를 둘러싼 주제와도 연결되지만, 좋든 싫든 '기업은 이윤 극대화, 정부는 재분배'라는 역할 분담, 즉 기업은 그냥 오로지 이익을 추구하면 되고, 그에 따라 발생하는 격차와 빈곤 등의 문제는 정부가 사회보장제도를 통해 대처한다는 이원론적 틀이 사회체제로 자리 잡았던 것이다.

다만 당시에는 물자가 아직 부족한 시대였기 때문에, 마쓰시타 코노스케가 생각했던 것처럼 기업이 물건을 만들어 사람들에게 널리 보급하는 것 자체가 복지이기도 했다. 실제로 생활보호를 받는 가구도 당시에는 꾸준하게 감소했다. 고도성장기는 수익성과 윤리성이 거의 절반은 예정대로 조화롭게 연계된 목가적 시대였다고 할 수 있을 것이다.

그러나 1980년대 전후부터 이러한 상황이 크게 변화해, 한편으로는 물품이 넘쳐 소비가 포화 상태에 이르면서 경제와 윤리는 크게 분리됐다. 다른 한편에서는 일본이 그러하듯이 경제 격차를 나타내는 지니계수는 계속 높아지고, 자원과 환경의 유한성을 깨닫기에 이르렀다.

● 한국의 국민건강보험과 마찬가지로, 국민 모두가 공적 의료보험에 가입하여 전국의 의료 기관에서 공적 보험에 의해 의료 서비스를 받게 하는 제도.

＼새로운 움직임

그러나 최근 경제와 윤리의 재융합이라고 부를 수 있는 움직임이 맹아적이기는 하지만 나타나는 것으로 보인다. 예컨대 사회적 경제나 사회적 기업에서 활동하는 청년 세대의 말이나 글을 보면, 시부사와 에이이치나 오미 상인의 가훈과 같은 한 시대 이전의 경영자 이념과 의외로 유사하다. 내가 가깝게 경험한 예를 들면, 사회적 과제 해결을 지향하는 회사를 설립한 졸업생이 자신이 하는 일을 '세계 실현'이라고 말한 것에 깊은 인상을 받았다. '자아실현'이라고 하면 어딘가 자기애 같은 뉘앙스가 남아 있는데, 그의 경우에는 오히려 세계(사회) 그 자체를 바람직한 방향으로 이끌어가는 것이 자기의 기본 관심사라는 것이다. 또 소규모지만 환경 관련 벤처기업을 설립해 재생에너지와 농업을 결합한 '솔라 셰어Sola Share'라는 사업을 보급하기 위해 동분서주하는 다른 졸업생의 예를 보아도 마찬가지의 인상을 받을 수 있었다.

왜 이러한 일이 일어나는가? 크게 보면 여기서 여러 형태로 얘기했듯이 경제와 인구가 확대·성장을 계속하는 시대에서, 인구 감소 또는 성숙·안정화로 이행하는 구조 변화가 그 본질에 있을 것이다. 이런 시기에 확대·성장 시대 또는 인구 증가 시대와 같은 행동 패턴과 생각을 이어가는 것은 기업과 개인이 스스로 목을 조르는 결과를 가져오기 때문이다.

실제 기업의 불상사 등으로 기자회견장에서 회사 간부들이 나란히 서서 깊이 머리를 숙이는 장면을 보는 것이 최근에는 일상이 되었지만, 거기에는 뭔가 시대의 구조적 요인이라고 부를 것이 잠재된 것처럼 느껴진다.

이 책에서 몇 번이나 언급한 것처럼, 일본은 유감스럽게도 고도성장기의 성공 체험이 여전히 뿌리 깊게 배어 있어, 단순한 확대·성장형의 사고에서 벗어나지 못하는 측면이 크다. 그러나 이처럼 경제·경영을 둘러싼 일본의 이념과 실천의 역사를 긴 시간에서 되짚어보면, 지속 가능성이라는 가치, 경제와 윤리의 융합이라는 이념은 명확한 저류로서 존재하는 것이다.

그것은 반드시 추상적 차원에만 머무르지 않는다. 예를 들어 "사업 규모를 확대하는 길과 사업을 길게 지속하는 길 중에 어느 한 가지를 선택할 수밖에 없다면 어떤 것을 선택하겠습니까"라고 물었을 때, '길게 지속하는 길'을 선택하는 경영자는 일본에도 결코 적지 않을 것이다. 다시 말해 지금까지 일본 사회의 경영 이념 흐름을 거시적으로 되돌아볼 때, 확대·성장보다도 지속 가능성, 순환, 상호부조에 중점을 둔 경제와 경영이 충분히 현실성을 가지고 부상할 수 있는 것이다.

2

복지 사상의 재구축과 지구 윤리

＼상호부조의 경제 — 일본 복지 사상의 모색

지금까지 지속 가능한 복지사회라는 비전, 그리고 경제·경영과의 관련성을 살펴봤는데, 마지막으로 그런 방향의 토대가 되는 사상과 철학을 말하려 한다.

그동안 다양한 형태로 논의해왔듯 현재 일본 정부의 누적 채무는 1,000조 엔에 달하는 규모로 커져 그 막대한 빚을 미래 세대에게 떠넘기는, 국제적으로 볼 때도 이례적인 상황에 놓였다. 이를 사회보장 면에서 보면 급부는 원하지만 그를 위한 부담은 기피해 증세 등을 반복해 미루는, 세대 간 윤리 측면에서도 허용할 수 없는 사태가 벌어졌다.

이러한 상황을 개선하고 타파하기 위해서는, 한편으로는 사회보장과 조세 등의 제도에 따른 분석과 논의가 중요하다. 동시에 밑바닥에 존재하는 복지 철학·복지 사상이라는 원리까지 거슬러 올라간 고찰과 대응이 필요한 것 아닐까.

그런데 이러한 문제를 풀어갈 때 풍부한 시사점과 실마리를 제공하는 저서로서 데쓰오 나지타テツオ·ナジタ의 『相互扶助の経済』가 있다.[81] 데쓰오 나지타는 시카고대학교 교수를 오랫동안 역임한 일본계 미국인으로 일본의 정치사상사가 전공인데, 『懐徳堂—18世紀日本の「徳」の諸相』 등의 저서가 번역됐다. 이 책에는 특히 근세와 에도시대에 초점을 맞춰 일본 사회의 상호부조 방식과 그 토대가 되는 사상을 밝혔다.

- 근세까지 일본에는 '고(講)'●로 대표되는 것처럼, 상호부조 경제의 전통이 면면히 존재했다
- 나아가 그것은 니노미야 손토쿠(二宮尊徳)의 보덕 운동(報徳運動)●●으로 상징되는 것처럼, 마을과 개별 공동체의 경계를 넘어 고(講)를 연결하는 확장성을 가졌다
- 메이지 이후 국가 주도의 근대화 속에서 그러한 전통은 상실되거나 변질되었지만, 그 DNA는 일본 사회 속에 면면히 존재하며, 그것은 지진 재해 등에서 보이는 자발적 시민 활동 등에 나타난다
- 그리고 위와 같은 상호부조의 경제를 뒷받침한 에도시대의 사상에는, '자연은 모든 지식의 제1원리가 되지 않으면 안 된다'는 인식이 확고하게 존재했다

● 타노모시고(頼母子講), 무진고(無尽講) '모야이(もやい)' 등으로 불리는, 예기치 못한 사태에 대비해 동료들끼리 서로 돕기 위해 돈을 적립하는 조직으로, 한국의 계와 유사하다.

●● 천지인의 덕에 보답하기 위해 사람이 덕행을 실천해야 한다는 운동. 생활 경제의 재건과 근검절약을 실천하여, 여유분을 사회 공공을 위해 제공해 빈곤 구제를 목적으로 했다.

그런데 이런 데쓰오 나지타의 논의 중에 특히 주목하고 싶은 것은 마지막 부분, 즉 자연이 그러한 개개의 공동체를 초월한 상호부조의 원리가 되었다는 지적이다. 이에 대해 나지타는 다음과 같이 말한다.

> 이들 도쿠가와시대의 사상가 모두에게 자연이라는 전제는 제1의 원리였다[自然第一義]. 이 견해는 (중략) 모든 것은 보편적 하늘, 즉 자연에서 차별도 받지 않고, 타인과의 사이에 우열도 가리지 않고 은혜를 받는다는 것이었다.[82]

앞에 설명한 것처럼 현재 일본은 사회보장을 포함한 많은 면에서 혼란이 깊고, 무연 사회無縁社会● 같은 상황이 한층 심해졌다. 이 가운데 일본 사회에서 복지 사상의 긍정적 가능성을 말한 나지타의 논의는 하나의 희망을 부여한다. 동시에 이것이 앞으로의 복지 사상을 모색할 때 중요한 단서가 된다고 생각한다.

＼공동체를 초월한 원리인 자연

다시 한 번 나지타의 논의를 살펴보면, 앞의 인용문이나 니노미야 손토쿠의 보덕 운동에서 보이는 것처럼, 『相互扶助の経済』는 "마을과 개

● 혼자 살다 혼자 죽는 사회. 가족과 공동체에서 고립되어 인간관계가 엷고, 병이 들거나 위급한 일이 생겨도 도움을 청할 사람이 없어 고독사하는 사람이 증가하는 사회현상을 일컫는다.

7-3 개인·커뮤니티·자연의 관계

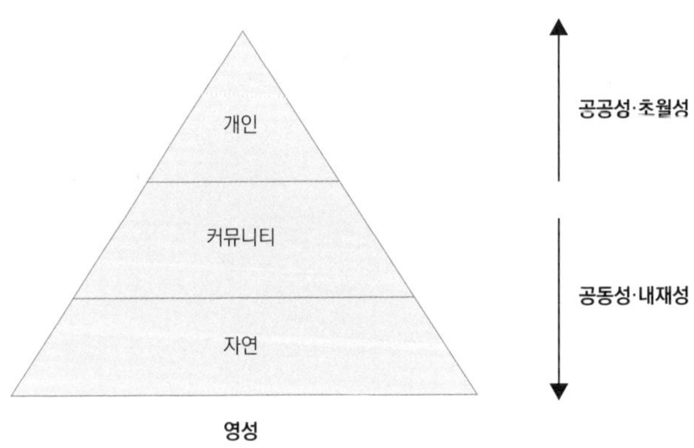

별 공동체의 경계를 넘어 고講를 연결하는 확장성을 지녔다"고 설명한다. 그리고 여기에서 중요하게 등장하는 것이 앞서 말한 자연이다.

도표 7-3을 보자. 제2부의 톺아보기(126쪽)에서도 유사한 도표를 제시한 바 있다. 이것은 인간을 둘러싼 기본 구조를 나타내는 것으로, 피라미드의 제일 상층에 개인이 있지만, 이는 처음부터 독립해 존재하지 않고 커뮤니티를 기반으로 존재한다. 나아가 이 커뮤니티는 진공 속에 있는 것이 아니고, 인간 이외의 것을 포함한 자연을 토대로 존재한다. 그리고 가장 밑에 있는 영성이란, 앞에서 사생관과의 연관성을 설명한 것처럼 유와 무를 초월한 가장 근원적 차원을 가리킨다.

앞서 2부에서 농촌형 커뮤니티와 도시형 커뮤니티를 비교하면서, 현재 일본의 커뮤니티는 전자에 기울기 쉬워 "집단이 내부로 향해 폐쇄적이다"라는 경향이 강해지기 쉽다고 지적했다. 이와 관련해 말하자면, 일본 사회는 도표의 피라미드 중간층에 있는 커뮤니티 차원이 내부 완결형으로 폐쇄적인 모습이 되기 쉽다는 의미다.

이러한 커뮤니티를 열어가는 방법은, 우선은 도표에서 위로 향하는 화살표로 표시하는 것처럼 공공성을 강화하는 것이다. 이는 위의 도시형 커뮤니티와 호응한다. 독립된 개인이 특정한 커뮤니티와 공동체의 경계를 뛰어넘어 연계해 나아가는 것이다.

그런데 이 커뮤니티를 개방하는 길이 한 가지 더 있다고 말할 수 있을지도 모른다. 그것은 도표에서 아래쪽으로 향하는 화살표로, 자연과 연결되는 방향이다. 방금 "말할 수 있을지도 모른다"는 유보적 표현을 쓴 데에는 이유가 있다. 분명히 자연을 추상적 개념으로 파악하면, 개별 커뮤니티나 공동체를 초월한 성격을 지닌다. 그러나 실제로는 애초에 자연은 인간에게 그런 추상적 개념이 아니다. 예를 들어 어느 농촌 공동체는 구체적인 동네 야산이나 생물로 파악된다. 그 한계 안에서 자연은 공동체와 하나로서 그 내부에서 완결되어 공동체의 경계를 넘지 않는다. 따라서 자연이라는 것은 보편적 이념으로 파악될 때 비로소 개별 공동체와 커뮤니티를 초월한 '연대의 원리'로서 성립하는 것이다.

그리고 데쓰오 나지타가 말하는 에도시대의 사상가에게 자연은 바로 그러한 가치 원리였던 것이다. 덧붙여 그것은 니노미야 손토쿠가 다른 곳에서 '신이 한 숟가락, 유·불이 반 숟가락 씩'이라며 자신의 세계관을 표현한 것처럼 옛날부터 존재한 신토적 애니미즘 자연 신앙과 좀 더 고차원의 보편 종교·보편 사상인 불교와 유교가 융합된 성격의 것이었다.

그런데 이다음에 다시 간단히 정리하겠지만 현대의 일본인은 에도시대의 일본인이 어느 정도 생활에 밀착된 형태로 지니던 전통적 세계관이나 가치 원리를 거의 상실했다. 그것이 현재의 일본 사회에 집단의 공기밖에 의지할 곳이 없어, 각 집단과 개인의 폐쇄성을 낳는 하나의 근본 원인이 된 것은 아닐까. 바꾸어 말하면 이러한 집단을 초월한 가치 원리를 되찾아 가는 것이, 개별 커뮤니티와 집단을 개방하고 연결하는 통로가 되지 않을까.

하지만 전통 가치의 재평가만으로는 불충분할 것이다. 특히 일본 사회처럼 개인이 집단 속에서 억압되기 쉬운 사회에서는, 먼저 개인을 똑바로 자립시키는 것이 과제다. 따라서 현재 일본의 상황에서 먼저 생각하면, 한편으로는 신토, 불교·유교라는 전통 세계관과 윤리를 재평가해 자연으로 향하는 통로를 회복함과 동시에, 어느 정도 독립된 개인이 개별 집단과 커뮤니티를 넘어 연대하는 공공성을 지향하기 위한 양쪽의 노력 모두 중요할 것이다. 이것은 도표 7-3에서 아래로 향하는 화살표(자연)와 위로 향하는 화살표(공공성)에 각각 호응한다.

어쨌든 이렇게 개인이 똑바로 자립하면서 자연과 생명을 보편 원리로 끌어올릴 수 있다면, 그것이 바로 현대의 새로운 복지 사상이 될 수 있지 않을까. 그리고 그것은 후술하는 지구 윤리와도 이어진다.

＼일본 복지 사상의 과거·현재·미래

지금까지 데쓰오 나지타의 『相互扶助の経済』를 실마리로 논의를 이어왔는데, 이를 에도시대 일본인의 복지 사상을 둘러싼 역사 흐름 관점에서 개관해보자.

앞서 지적한 것처럼 에도시대까지 일본인은 '신·불·유', 즉 신토와 불교, 유교를 나름대로 잘 조합해 일정한 균형을 유지해왔다고 말할 수 있다. 참고로 '신·불·유'라는 세 종교는 프랑스 철학자 펠릭스 가타리Pierre-Félix Guattari가 말한 '세 개의 생태학', 즉 환경 생태학, 정신 생태학, 사회 생태학과도 각각 대응한다고 생각한다.[83]

그러나 메이지 이후의 일본은 유감스럽게도 다음과 같은 세 단계를 거치는 과정에서 이러한 복지 사상의 기반을 잃었다.

1단계는 메이지유신 전후부터 제2차 세계대전까지다. 이 시기 일본의 막부는 흑선 쇼크로 상징되는 구미 열강의 군사력에 충격을 받고 서구의 과학기술과 정치체제 등을 도입했다. 이때 그 바탕이 되는 기독교까지는 받아들일 수 없다고 생각해, 스스로의 사상 기반이자 가치 원리로서 국가 신토國家神道●라는 것을 벼락 공사하듯이 만들어내고, 그것을 바탕으로 부국강병의 길로 매진해갔다. 이 시기는 말하자면 복지 사상의 형해화形骸化 또는 정치화로 총괄할 수 있다고 생각한다.

2단계는, 전쟁 이후 고도성장기를 거쳐 최근까지를 말한다. 제2차 세계대전의 패배와 함께 태도를 180도 바꾸는 형태로 국가 신토는 완전히 부정되고, 그 대신 전후 일본 사회는 경제성장, 즉 물질적 풍요를 추구하는 일에 모든 것을 집중했다. 이른바 경제성장이 일본인이 정신적으로 의지하는 곳이자 종교가 되었다고 해도 과언이 아니다. 나는 이 시기를 복지 사상의 공동화라고 부르려 한다.

● 일본 제국 정부의 황국사관 정책에 의해 만들어진 일종의 국교다. 종교로서의 신토를 국가의 입장에서 이용하여 국민들의 정신적 근거지로 삼게 하고 천황 숭배와 신사 신앙을 의무화했다.

3단계는 말할 것도 없이 최근부터 현재에 이르는 시기다. 1990년대 전후부터 위와 같이 모두가 의지하던 믿음인 경제성장조차도 어려워져 '잃어버린 ○○년' 등의 자조 섞인 말과 함께 혼란과 폐색화가 심화했다. 또 한편으로 고도성장기의 성장 체험과, 거품경제 시기 'Japan Is No.1'이라고 불린 기억에 강하게 젖은 일부는 아베노믹스로 상징되는 과거의 경제성장 신앙을 고집하면서 막대한 빚을 미래 세대에 계속 미뤘다.

우리가 지금 서 있는 곳은, 바로 이런 지점이다. 그렇다면 앞으로 일본 사회와 세계가 지향해야 할 복지 사상과 가치 원리는 무엇이어야 할까.

＼지구 윤리를 향해

우선 일본의 맥락에서, 그러한 가치의 핵심을 조금 단순화해본다면, '신·불·유(전통 가치)+개인(근대 원리)+α'와 같이 정리할 수 있지 않을까 하는 것이 내 생각이다.

먼저 이 '신·유·불' 중에서 중 '신'은 가장 근본적 자연 신앙(자연의 영성)에 관한 것이며, '불·유'는 제3부에서 살펴본 것처럼 독일의 철학자 야스퍼스가 추축 시대라고 부른 기원전 5세기 전후에 생성된 보편 종교이자 보편 사상이다. 이러한 근대 이전의 전통 가치에 따라 앞서 언급한 근대 원리로서의 개인과 개인의 자유도 중시할 필요가 있다. 그러나 이는 확대·성장을 기조로 하는 근대 전기의 가치 원리라 할 수 있으며, 그것만으로는 유한한 지구 자원의 한계나 격차의 확대라는 근대 원리 그 자체가 초래한 현재의 제반 문제를 해결하기는 어렵다. 그래서 근대 후기, 제3의 안정화 시대에는 '+α'가 중요한데, 그것이 바로 지구 윤리와 맥을 같이 하는 것이다.

덧붙여서, 이런 사항 중에서 신·불·유(전통 가치)는 당연하게도 지구상 각 지역의 내용이 서로 달라 다양한 모습을 보이며, 그 지역마다 전통 가치나 세계관이 실질적 내용이 되었다. 그렇다면 지구 윤리에 어떤 내용을 담아야 할까. 여기에서는 간결하게 설명하지만, 그 핵심을 나타내는 것이 도표 7-4다.

핵심은 크게 두 가지인데 첫째는 추축 시대에 태어난 불교와 유교, 그리스 사상, 구약 사상과 거기서 파생된 기독교와 이슬람교 등 다양한 보편 종교와 보편 사상을 고차원 수준에서 인식해, 지구상의 서로 다른 지역에서 그런 이질적인 종교와 세계관이 발생한 배경과 구조(풍토의 다양성)까지 함께 이해하고 다양성을 포함한 전체를 조감해 파악하는 것이다.

이것은 오늘날의 이슬람교와 기독교 또는 서구 세계의 대립 등 현실에서 발생하는 과제와도 연계되지만, 다양한 문화나 종교, 커뮤니티의 차이를 지구 전체의 풍토적 다양성 속에서 이해한다는 의미로, 지구적 공공성이라고 부를 수 있는 방향이다.

지구 윤리의 또 하나의 핵심은, 제6부의 사생관에서도 언급한 자연 신앙의 재평가다. 이것은 앞서 일본의 복지 사상에서 언급한 '팔백만 신'과 같은 생명관과도 상통하는 것으로, 자연과 생명의 내재된 힘을 재발견하는 자연관이자 세계관이다.

7-4 지구 윤리의 가능성: 제3의 안정화 시대의 가치 원리로서 지구 윤리

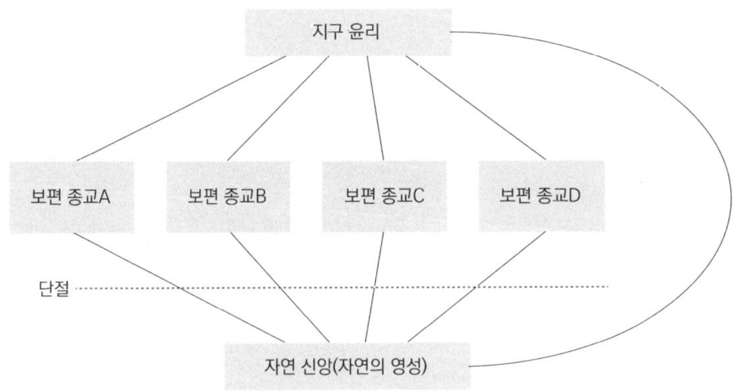

동시에 그것은 지구상 다양한 종교의 밑바탕에 존재한다는 의미에서 보편적이며 앞서 데쓰오 나지타의 저서에서 주목한 '원리로서의 자연'과도 이어진다. 또 도표에서의 '단절'이란 표현은 추축 시대에 태어난 보편 종교·보편 사상이 원초적으로 지구 각지에 존재하던 자연 신앙을 비합리적이고 주술적이라고 부정적으로 받아들이는 경우가 많았던 점을 나타낸다.

일본의 맥락에서 말하자면, 언뜻 쓸모없이 보일지라도 집단의 내부로 폐쇄되지 않는 상호부조나 자연에 관한 전통 가치·윤리를 현대의 시점에서 재평가하고, 지구 윤리와도 연결시켜 가면서 새로운 복지 사상을 구축해나가는 일이 지속 가능한 복지사회의 실현을 위해 지금 강하게 요구된다고 생각한다.

＼로컬·글로벌·유니버설

되돌아보면 제7부의 서두에서 세계화 이후의 세계로 이야기를 시작했지만, 위와 같이 생각해보면 세계라는 단어의 의미를 다시 검토하거나 정의 내리는 작업이 필요하다는 생각이 든다.

보통 세계화를 말할 때 맥도날드처럼 세계가 똑같은 모양으로 균일화한다는 의미로 사용되는 경우가 많다. 그러나 상술한 지구 윤리 관점에서 볼 때, 본래 의미의 '글로벌'이란 균일화·동일화라는 의미가 결코 아니다. 오히려 지구 각지의 '로컬' 풍토나 문화의 다양성을 적극적으로 평가하면서, 인간 종으로서의 '유니버설'한 보편성 속에서 문화의 다양성이 생성되는 전체 구조를 조감해 파악한다는 의미 아닐까.

다시 말해 지역적·개별적인 것과 보편적·우주적인 것의 대립을 넘어 서로를 이어주는 가교이자 종합화하는 이념으로서 세계적인 것을 생각할 수 있다. 동시에 이 책의 전체를 통해서 이야기해온 것처럼 지역에서 시작해 유한한 지구에서 문화와 자원을 서로 공유해나갈 수 있는 사회시스템의 구상이 요구된다.

그것은 앞으로 일본이 세계의 선두 주자로 달려나갈 '인구 감소 사회의 디자인'이라는 주제와도 일맥상통하는 것이다.

저자 후기

나는 연호를 그리 의식하는 편은 아니지만, 인구 감소 사회의 디자인이라는 주제는 말 그대로 레이와 시대의 중심 주제가 될 거라고 생각한다.

되돌아보면 쇼와시대는 인구와 경제가 확대·성장을 계속하고, 그와 맞물려 모든 것이 수도 도쿄로 흘러갔다. 또 본문에서 언급한 바와 같이 사람들이 집단으로 한길을 올라가는 시대였다고 말할 수 있다.

헤이세이시대에는 공교롭게도 그 사이 일본의 총인구가 증가에서 감소로 바뀌고, '잃어버린 ○○년'이라고 일컬을 정도로 다양한 사회 변화가 일어난 시대였지만, 경제·사회의 기조는 분명하게 쇼와시대의 연장선에서 확대·성장을 지향하는 것이었다. 바꾸어 말하자면 쇼와시대 후기, 즉 고도성장기의 'Japan is No.1'이라고까지 불린 성공 체험의 남은 향기가 그만큼 진하고 강고했던 것이다.

그러나 결과적으로 볼 때, 헤이세이는 기존의 확대·성장 노선과 사회 현실 사이에 큰 괴리가 발생한 시대가 되었다. 정부 채무 누계가 1,000조 엔을 넘었고, 더구나 그 부담을 미래 세대에 떠넘기는, 국제적으로도 이상한 상황이 만들어진 것이 전형적인 결과다. "성장이 모든 문제를 해결해준다"라는 쇼와시대적 발상 아래, 분배나 부담이라는 문제를 모두 미래의 일로 미루어왔기 때문이다.

이러한 현재 상황을 생각하면, 앞서 말한 바와 같이 레이와 시대의 중심 테마는 '인구 감소 사회의 디자인'라는 게 자명한 사실이라고 말할 수 있을 것이다. 거기에서 가장 기본은 쇼와에서 헤이세이에 이르는 시대적 확대·성장 지향, 그리고 "집단으로 하나의 길을 올라가는" 발상에서 빠져나오거나 그것에서 자유로워지면서 지속 가능성이나 개인의 창발성에 주축을 둔 사회의 모습으로 전환해가는 것이다.

그것은 이 책에서도 다양한 형태로 논의해온 지속 가능한 복지사회라는 사회상과 일맥상통하며, 그러한 사회 모습을 실현해가는 것이 결과적으로 합계출산율의 개선, 그리고 나아가 인구의 안정화로도 이어질 것이다.

그러한 방향을 추진하는 데 필요한 구체 방안이나 대응, 이념, 시대 인식과 관련해, 이 책에서 제기한 주요한 논점 몇 가지를 다시 정리해 보면 전반부의 ①~⑤는 비교적 구체성이 높은 사항이며, 후반부의 ⑥~⑩은 좀 더 중장기적 시대 인식이나 이념에 관한 내용이다.

① 미래 세대에게 빚 떠넘기기를 조속히 해소해야 하며, 이를 위해 소비세를 포함한 조세부담률을 유럽과 비슷한 수준으로 인상한다.

② 인구 감소 사회에서는 인생 전반기의 사회보장, 다시 말해 청년 세대에 대한 지원을 강화하는 일이 무엇보다 중요하다. 또 이미 발생

한 세대 간의 불공정을 개선하기 위해서도, 연금 총지급액 약 55조 엔 가운데 고소득 고령자에게 지급되는 금액 중에서 적어도 1조 엔 정도를 과세 등을 통해 거둬 교육·고용 등 청년 지원 쪽으로 재분배한다.

③ 지역이나 국토 구조를 지역 거점 집중(도시나 지역의 거점이 많이 존재하면서, 각 거점은 집약적 마을로 이루어진 모습)으로 전환하는 동시에, 커뮤니티 공간이라는 관점을 중시하여 독일 등 유럽에 전형적으로 나타나는 걸어서 즐길 수 있는 마을 만들기를 적극적으로 추진한다.

④ 도시와 농촌은 비대칭 관계로 부등가 교환 등을 그냥 내버려두면 도시가 유리한 구조가 되어 사람이 도시로 흘러가버린다. 따라서 도시와 농촌의 지속 가능한 상호 의존을 실현하도록 농업형 기본 소득, 지역형·청년형 기본 소득 등 도시·농촌 간의 다양한 재분배 시스템을 도입한다.

⑤ 기업 활동과 경영 이념의 중심을 확대·성장에서 지속 가능성으로 전환한다. 이것은 일본이 본래 가진 전통적 경영 철학을 현대적 관점에서 재평가하는 일로 이어진다.

⑥ 과학의 기본 개념은 17세기 이후 '물질→에너지→정보→생명'으로 진화해왔지만, 정보는 이미 성숙기에 진입했음을 인식해야 한다. 우리는 생명을 중심으로 거시적 생태계와 지속 가능성에 가치를 둔 포스트정보화의 분산형 시스템을 구상해야 할 시기다.

⑦ 인구 증가가 가장 뚜렷했던 20세기와 달리, 21세기는 고령화와 인구 안정화가 지구적 규모로 진행되는 시대가 될 것이다. 일본은 그 선

두 주자로서 세계적 안정형 사회라고 부를 새로운 사회상을 솔선해서 만들어나갈 필요가 있다.

⑧ 환경·복지·경제가 조화된 지속 가능한 복지사회라고 부를 사회 모델을 지향하는 동시에, 지역 중심의 경제순환에서 시작해 전국적이고 세계적으로 재분배와 규제 등을 넓혀나가는 상향식 사회 모델을 실현해간다.

⑨ 위의 사회 모델의 실현에는 근본 철학으로서 복지 사상의 재구축이 중요한데, 일본은 '신·불·유'라는 전통 기반에 자립한 근대적 개인, 그리고 근대 후기의 상황에 따라 지구 윤리라고 불리는 세 가지 이념을 융합해나가야 한다.

⑩ 우리는 인류사에서 세 번째 안정화 시대를 맞이했으며 이러한 확대·성장에서 성숙·안정화로의 이행기에는 커다란 정신적·문화적 혁신이 일어난다. 5만 년 전의 마음의 빅뱅과 기원전 5세기 전후의 추축 시대·정신 혁명과 같이, 지구 윤리를 획기적이고 새로운 전환기에 걸맞은 이념으로 심화해나갈 필요가 있다.

이 같은 개별 논점에는 당연히 다른 의견이 있을 수 있겠지만 인구 감소 사회의 디자인을 해나갈 때 어느 것도 피해갈 수 없는 중요한 포인트가 되는 것이다. 바꾸어 말하자면 이것들은 이 책의 서문인 AI 분석 부분에서도 지적한 '2050년, 일본은 지속 가능한가'라는 물음에서도 불가피한 논점이 되는 것이다.

마지막으로 이 책을 출간한 경위를 간단하게 말해두려 한다.

이 책을 집필한 동기는 인구 감소 사회의 디자인이라는, 매우 어려운 주제지만 그만큼 지극히 도전적이고 본래 재미있는 주제를 공유하고, 그것에 각자의 지혜나 아이디어, 실천을 서로 모아, 기존의 확대·성장 모델에 구애받지 않고 앞으로의 일본 사회나 세계의 바람직한 본연의 모습을 밝히는 일이 현재 일본에 최대의 과제라는, 일종의 확신에 찬 의식이 있기 때문이었다. 그리고 이는 내가 지금까지 집필해온 『定常型社会』, 『創造的福祉社会』, 『人口減少社会という希望』, 『포스트 자본주의ポスト資本主義』라는 일련의 책들의 연장선에 있는 것이다.

그리고 이 책이 태어난 배경에는 또 다른 한 가지, 다음과 같은 현실적 흐름도 영향을 미쳤다. 나는 교토대학교로 옮기기 전 20년간 지바대학교에서 사회보장론이라는 강의를 했는데, 사회보장론이라고 부르면서도 그 내용은 점차 커뮤니티와 마을 만들기, 자본주의, 행복, 사생관 등 다양한 주제를 포함한, 일종의 현대 사회론과 같은 성격의 강의로 진화해갔다. 강의를 하면서 학생과의 질의응답 등을 통해 나도 사고와 관점이 발전하는 느낌을 가졌고, 어떤 형태로든 이와 유사한 성격의 강의를 계속하고 싶다는 욕구가 있었다. 그렇게 해서 실현된 것이 2018년 3월과 2019년 3월에 각각 네 시간씩 이틀에 걸쳐 NPO법인 도쿄자유대학과 교토대학교 도쿄 사무실에서 진행한 집중 강의였다.•

한편, 이 일을 전후해서 이전부터 잘 알던 동양경제신보사의 와타나베 도모아키渡邊智顯 씨와 편집자 이마이 아키히로今井章博 씨에게 책 집

• 교토대학교 '마음의 미래 연구 센터'와 '우에히로 윤리 재단 기부 연구 부문 사회환원 사업'의 일환인 시민 강좌. -저자 주

필을 권유받고, 위의 집중 강의 내용을 바탕으로 인구 감소 사회의 디자인이라는 주제의 원고 작업에 착수했다. 2018년 3월에 진행한 집중 강의 녹취 테이프를 원고로 작성해주셨기에 처음에는 그것을 활용할 생각이었다. 그러나 실제로 작업을 시작해보니 구어체인 데다가 강의에서 이야기한 내용을 책의 문장으로 다시 고쳐 쓰는 일이 매우 어려운 작업이라는 것을 금방 깨달아 거의 전면적으로 처음부터 다시 쓴 것이 이 책이다. 공교롭게도 2018년의 연말 연휴와 헤이세이에서 레이와로 연호가 바뀌면서 생긴 열흘의 황금연휴를 십분 활용해 집필했는데 이 책의 저자 후기 첫머리에 쓴 '헤이세이에서 레이와로'라는 주제와 우연하게도 겹쳐, 조금 감개무량했다.

마음속으로는 2015년에 『포스트 자본주의』라는 책을 출판하고 그 다음은 이전부터 주요한 관심사였던 무와 죽음을 주제로 한 책을 구상했는데, 2018년에 출간한 『持続可能な医療—超高齢化時代の科学·公共性·死生観』, 그리고 이 책 등 다소 현실적 주제를 다룬 책을 먼저 출판했다. 현재 일본 상황을 고려하면 이는 필연적 흐름이었다고 판단하지만 원리 차원에 관한 고찰도 더욱 심화해나가지 않으면 안 된다고 생각한다.

2019년 8월

히로이 요시노리

역자 후기

인구는 사회 변화의 모수母數다. 인구 증감에 따라 교육·노동·납세·복지 등 모든 사회 분야에 근본적인 변화가 강제되기 때문이다. 우리는 인구 증가에서 감소로 역회전하는 시대에 살고 있다. 이런 시대에 어떻게 하면 한 사람 한 사람이 지금보다 더 행복하게 살 수 있는 사회를 만들 수 있을까. 이 책의 저자 히로이 요시노리는 인구 감소 시대에 필요한 새로운 사회 디자인을 제언한다.

이를 단순히 이웃 나라 이야기로 여기지 않고 머지않아 우리가 맞닥뜨릴, 아니 이미 우리 눈앞에 닥친 문제로 인식해 한국과의 유사점과 차이점을 간단하게 살핀 뒤 이 책에서 눈여겨볼 지점을 짚어 이해를 돕는 것이 번역자의 역할일 듯하다.

인구가 현격하게 감소하기 시작한 시점을 보면 한국(2020년)과 일본(2005년) 사이에는 약 15년이라는 시차가 있다. 한국과 일본은 모두 총인구가 단기간에 급증했다 다시 급감하는 양상을 보인다. 롤러코스터에 비유하자면 일본은 꼭대기를 찍고 이미 떨어져 내려오는 중이고, 한국은 이제 막 내리막길로 떨어지고 있는 셈이다. 2020년 기준 합계출산율은 한국 0.84명, 일본 1.34명으로 한국이 더 낮고, 고령화율은 한국 15.7퍼센트, 일본 28.9퍼센트로 일본이 더 높다. 같은 해 인구의 수도권 집중도는 한국 50.1퍼센트, 일본 28.0퍼센트로 한국이 훨씬 높다.

총인구가 줄면서 저출산·고령화로 연령별 인구 불균형이 심해지고, 지역별 인구 분포도 불균형해 지방 소멸이 가속화하는 상황은 두 나라가 매우 비슷하다. 하지만 한국은 세계 최저 합계출산율과 수도권 집중으로 인구 감소가 일본보다 늦게 시작되었음에도 진행 속도는 일본을 웃돌 판국이다.

한편, 한국과 일본 정부 모두 인구 대책을 국가의 중점 정책으로 꼽고 있다. 정책 결과를 보면 일본의 출산율은 약간 높아진 반면 수도권 인구 집중은 더 심해졌고, 한국의 출산율은 떨어지면서 수도권 인구 집중도 한층 가팔라졌다. 한국과 일본 모두 인구 정책의 실효성을 높여야 하는 가운데, 특히 한국은 최근 감사원이 지적한 것처럼 인구 정책을 근본적으로 점검해 대책을 마련하는 것이 시급하다.

이 책은 저출산·고령화 현상 중심으로 설정된 기존의 좁은 인구 감소 대책을 넘어서 인구 감소 사회의 흐름, 이념, 현실적 제도 개혁 등 폭넓은 주제를 다룬다.

그 가운데서도 앞으로 인구가 일정 정도 감소하는 현실을 인정하고 적정 인구의 균형을 찾겠다는 인식이 인상적이다. 출산율이 갑자기 회복되는 것은 기대하기 어렵고, 인구 감소의 긍정적 측면과 부정적 측면을 두루 고려할 때 적정 인구로의 재균형화가 지구환경 재생, 인구 과밀 해소, 생활 여유 증진 등 살기 좋은 사회 만들기의 계기가 된다는 것이다. 우리도 이러한 현실을 직시해 적정 인구에 대한 사회적 논의와 목표치 설정 등을 시작해야 한다.

인구 감소 시대의 새로운 사회상으로 지속 가능한 복지사회 모델을 제시하는 점도 눈여겨볼 지점이다. 이는 환경·복지·경제 등 사회 전반을 정비한다는 의미이며, 일상생활의 터전인 지역에서 시작해 문제의 특성에 맞게 국가로, 나아가 세계로 범위를 넓혀가는 보충적인 해결 방식도 제안한다.

이 책의 큰 특징은 새로운 사회상을 뒷받침하는 정신적인 가치와 원리, 삶과 죽음에 대한 이념으로서의 사생관, 그리고 전통과 현대의 가치를 발전적으로 융합한 지구 윤리를 제시한다는 점이다. 인구 감소 문제를 한층 깊이 들여다보고, 길고 넓은 관점에서 문제에 접근해 새로운 사회를 모색하는 데 관심이 많은 분들께 권하고 싶다.

2021년 9월

옮긴이 정선철

주

1 상세한 연구 성과는 웹사이트「AIの活用により持続可能な日本の未来に向けた政策を提言」 http://www.hitachi.co.jp/New/cnews/month/2017/09/0905.pdf의 자료를 참조.

2 国立社会保障·人口問題研究所,「日本の将来推計人口(平成29年推計)」.

3 Stiglitz and Sen and Fitoussi, 2010.

4 「幸せリーグ」, 事務局編, 2014.

5 フライ他, 2005.

6 5년간 4.1배 증가. 마이니치신문 2015년 1월 3일.

7 国立社会保障·人口問題研究所,「日本の将来推計人口(平成29年推計)」.

8 2016년 기준. 스페인·그리스는 2015년, 일본은 2018년 수치.

9 国立社会保障·人口問題研究所의「出生動向基本調査」.

10 연간 수입 300만 엔 이하 계층의 경우 기혼자는 20대가 8.7퍼센트, 30대는 9.3퍼센트, 연간 수입 300만 엔 이상에서 400만 엔 이하 계층의 경우 각각 25.7퍼센트, 26.5퍼센트.

11 「2012年労働力調査」, 総務省에 의거 厚生労働省 政策評価官室에서 작성.

12 国立社会保障·人口問題研究所의「出生動向基本調査」에 의하면 결혼 의사가 있는 비혼자가 희망하는 아이의 수는 18~34세 남성은 1.91명, 여성은 2.02명(2015년 조사).

13 広井·沈編, 2007 참조.

14 세계사 전체를 볼 때 세계의 중심은 거의 일관되게 중국을 중심으로 한 아시아에 있었으며 현재 발생되는 것은 그곳으로의 회귀 현상이라는 주장. フランク, 2000.

15 ダイアモンド, 2000(下).

16 Lutz et al, 2004.

17 広井, 1999, 2009a.

18 Christian, 2004.

19 Sagan, 1978.

20 広井, 2009b, 2011 참조.

21 広井, 2009b.

22 広井, 2009b.

23 国立社会保障·人口問題研究所, 「日本の地域別将来推計人口(平成29年推計)」.

24 総務省·住民基本台帳移動報告.

25 日本経済新聞社·産業地域研究所, 2014.

26 독일 정책 전개의 경위는 阪井, 2012를 참조.

27 総務省統計局, 「世界の統計 2014」.

28 마을 만들기와 교통정책과의 관련은 宇都宮, 2015를 참조.

29 内平他, 2017.

30 広井, 2011.

31 広井, 2015.

32 웹사이트 '자연에너지 자급률 95퍼센트 달성으로 지역사회의 경제순환율을 7.7배 향상하는 실증 사업—미야자키현 다카하루 마을의 실험에 근거한 지역 지속성의 효과 검증'을 참조.

33 広井, 2011 등.

34 New Economics Foundation, 2002.

35 Florida, 2008.

36 広井, 2001, 2015 등.

37 見田, 1996.

38 広井, 2001.

39 広井, 2003/2015 참조.

40 広井, 2003/2015, 2005를 참조.

41 Louv, 2005.

42 최근 저서로 上原巌監修·日本森林保健学会編, 2012 참조.

43 広井, 2003/2015 참조.

44 자세한 사항은 진수의 숲 커뮤니티 연구소의 홈페이지 참조. http://c-chinju.org/

45 자세한 내용은 広井, 2011을 참조.

46 상세는 広井, 2015를 참조.

47 이에 대해서는 藤井, 2009와 ウィルキンソン, 2009와 ガザニガ, 2010 그리고 パットナム, 2006와 友野, 2006와 Bowles and Gintis, 2011을 참조.

48 カーツワイル, 2007.

49 広井, 2015.

50 渡辺, 2017.

51 広井, 2001a.

52 広井, 1999.

53 자세한 내용은 広井, 2003/2015를 참조.

54 자본주의의 다양성을 둘러싼 논의에 대해서는 Amable, 2003와 Hall and Soskice, 2001

등을 참조.

55 広井, 2006.

56 広井, 2006을 참조.

57 일본경제신문 2018년 2월 27일.

58 司馬, 1980.

59 広井, 2009b.

60 広井, 1999, 2006.

61 広井, 2001b

62 자세한 내용은 広井, 2001b, 2015를 참조

63 広井編, 2017

64 厚生労働省, 「平成28年度国民医療費の現状」.

65 이러한 미국의 의학·생명과학 연구 정책의 역사적 전개에 대해서는, 広井, 1992를 참조.

66 ディートン, 2014.

67 広井, 2018을 참조.

68 Mckeown, 1988.

69 ウィルキンソン, 2009.

70 Wilkinson and Pickett, 2018. 또한 일본에 관해서는 近藤, 2005를 참조

71 진화 의학에 관해서는 Nesse and Williams, 1995와 Stearns (ed), 1999와 井村, 2000 등을 참조.

72 広井, 2018을 참조.

73 広井, 1994.

74 자세한 사항은 広井, 2018을 참조.

75 広井, 1997.

76 広井, 1997.

77 広井, 2001a 참조.

78 広井, 2003/2015.

79 渡辺, 2017.

80 Simon, 2012.

81 ナジタ, 2015.

82 ナジタ, 앞 책.

83 ガタリ, 2008.

참고 문헌

新雅史(2012),『商店街はなぜ滅びるのか―社会·政治·経済史から探る再生の道』, 光文社新書.

石飛幸三(2010),『「平穏死」のすすめ―口から食べられなくなったらどうしますか』, 講談社.

伊東俊太郎(2013),『変容の時代―科学·自然·倫理·公共』, 麗澤大学出版会.

井村裕夫(2000),『人はなぜ病気になるのか―進化医学の視点)』, 岩波書店.

リチャード·G·ウィルキンソン(池本幸生翻訳, 片岡洋子翻訳, 末原睦美翻訳, 2009),『格差社会の衝撃―不健康な格差社会を健康にする法』, 書籍工房早山.

上原巖監修·日本森林保健学会編(2012),『回復の森―人·地域·森を回復させる森林保健活動』, 川辺書林.

内平隆之, 小川陽介, 小林正美, 米谷啓和, 泉山塁威 (2017),「多様な立場を包摂する公共空間」,『建築雑誌』Vol. 132, No. 1699.

宇都宮浄人(2015),『地域再生の戦略―「交通まちづくり」というアプローチ』, ちくま新書.

レイ·カーツワイル(井上健監訳, 2007),『ポスト·ヒューマン誕生―コンピュータが人類の知性を超えるとき』, NHK出版.

マイケル·S·ガザニガ(柴田裕之訳, 2010),『人間らしさとはなにか?』, インターシフト.

フェリックス·ガタリ(杉村昌昭訳, 2008),『三つのエコロジー』, 平凡社.

亀田達也(2017),『モラルの起源―実験社会科学からの問い』, 岩波新書.

近藤克則(2005),『康格差社会―何が心と健康を蝕むのか』, 医学書院.

ハーマン·サイモン(上田隆穂監訳, 渡部典子訳, 2012),『グローバルビジネスの隠れたチャンピオン企業―あの中堅企業はなぜ成功しているのか』, 中央経済社.

佐伯啓思(2017),『経済成長主義への訣別』, 新潮社.

阪井清志(2012),「海外主要国の都市交通制度 第4回:ドイツの都市交通制度―連邦政府の政策を中心に」,『新都市』第66巻第3号.

司馬遼太郎(1980),『土地と日本人―対談集』, 中公文庫.

「幸せリーグ」事務局編(2014),『「幸せリーグ」の挑戦』, 三省堂.

カール・セーガン(長野敬訳, 1978),『エデンの恐竜—知能の源流をたずねて』, 秀潤社.
ジャレド・ダイアモンド(倉骨彰訳, 2000),『銃・病原菌・鉄(上)(下)』, 草思社.
高松平藏(2008),『ドイツの地方都市はなぜ元気なのか—小さな街の輝くクオリティ』, 学芸出版社.
A・ディートン(松本裕訳, 2014),『大脱出—健康, お金, 格差の起源』, みすず書房.
友野典男(2006),『行動経済学—経済は感情で動いている』, 光文社新書.
冨山和彦(2014),『なぜローカル経済から日本は甦るのか—GとLの経済成長戦略』, PHP新書.
中村良平(2014),『まちづくり構造改革—地域経済構造をデザインする』, 日本加除出版.
テツオ・ナジタ(五十嵐暁郎監訳, 福井昌子翻訳, 2015),『相互扶助の経済』, みすず書房.
日本経済新聞社・産業地域研究所(2014),『超高齢社会の実像—シニアたちはセカンドライフをどう考え,何を求めているのか』調査報告書, 日本経済新聞出版社.
ロバート・D・パットナム(2006),『孤独なボウリング—米国コミュニティの崩壊と再生』, 柏書房.
原田曜平(2014),『ヤンキー経済—消費の主役・新保守層の正体』, 幻冬舎新書.
久繁哲之介(2016),『競わない地方創生—人口急減の真実』, 時事通信社.
広井良典(1992),『アメリカの医療政策と日本—科学・文化・経済のインターフェイス』, 勁草書房.
広井良典(1994),『医療の経済学』, 日本経済新聞社.
広井良典(1997),『ケアを問いなおす—〈深層の時間〉と高齢化社会』, ちくま新書.
広井良典(1999),『日本の社会保障』, 岩波新書.
広井良典(2000),『ケア学— 越境するケアへ』, 医学書院.
広井良典(2001a),『死生観を問いなおす』, ちくま新書.
広井良典(2001b),『定常型社会— 新しい「豊かさ」の構想』, 岩波新書.
広井良典(2003/2015),『生命の政治学—福祉国家・エコロジー・生命倫理』, 岩波書店(2015年に岩波現代文庫として再刊行).
広井良典(2004),『脱「ア」入欧— アメリカは本当に「自由」の国か』, NTT出版.
広井良典(2005),『ケアのゆくえ 科学のゆくえ』, 岩波書店.
広井良典(2006),『 持続可能な福祉社会—「もうひとつの日本」の構想』, ちくま新書.
広井良典(2009a),『グローバル定常型社会—地球社会の理論のために』, 岩波書店.
広井良典(2009b),『コミュニティを問いなおす—つながり・都市・日本社会の未来』, ちくま新書.
広井良典(2011),『創造的福祉社会—「成長」後の社会構想と人間・地域・価値』, ちくま新書.
広井良典(2013),『人口減少社会という希望— コミュニティ経済の生成と地球倫理』, 朝日選書.
広井良典(2015),『ポスト資本主義 科学・人間・社会の未来』, 岩波新書.
広井良典編(2017),『福祉の哲学とは何か—ポスト成長時代の幸福・価値・社会構想』, ミネルヴァ書房.
広井良典(2018),『持続可能な医療—超高齢化時代の科学・公共性・死生観』, ちくま新書.
広井良典, 沈潔編(2007),『中国の社会保障改革と日本—アジア福祉ネットワークの構築に向けて』, ミネルヴァ書房.
藤井直敬(2009),『つながる脳』, NTT出版.

ブルーノ·S·フライ, アロイス·スタッツァー(佐和隆光監訳, 沢崎冬日訳, 2005),『幸福の政治経済学—人々の幸せを促進するものは何か』, ダイヤモンド社.

アンドレ·グンダー·フランク(山下範久訳, 2000),『リオリエント—アジア時代のグローバル·エコノミー』, 藤原書店.

リチャード·フロリダ(井口典夫訳, 2008),『クリエイティブ資本論— 新たな経済階級の台頭』, ダイヤモンド社.

増田寛也編著(2014),『地方消滅—東京一極集中が招く人口急減』, 中公新書.

見田宗介(1996),『現代社会の理論—情報化·消費化社会の現在と未来』, 岩波新書.

諸冨徹(2018),『人口減少時代の都市—成熟型のまちづくりへ』, 中公新書.

渡辺正峰(2017),『脳の意識, 機械の意識— 脳神経科学の挑戦』, 中公新書.

Amable, Bruno(2003), *The Diversity of Modern Capitalism*, Oxford University Press.

Bowles, Samuel and Gintis, Herbert(2011), *A Cooperative Species; Human Reciprosity and Its Evolutions*, Princeton University Press.

Christian, David(2004), *Maps of Time; An Introduction to Big History*, University of Califonia Press.

Cohen, Joel E.(1995), *How Many People can the Earth Support?*, W. W. Norton & Company

DeLong, J. Bradford(1998), *Estimates of World GDP, One Millions B.C.-Present*.

Hall, Peter A. and Soskice, David W.(2001), *Varieties of Capitalism; The Institutional Foundations of Compartative Advantage*, Oxford University Press.

Louv, Richard(2005), *Last Child in the Woods; Saving Our Children from Natute-Deficit Disorder*, Algonquin Books.

Lutz, Wolfgang, Sanderson, Warren C. and Scherbow, Sergei(2004), *The End of World Population Growth in the 21st Century: New Challages for Human Capital Formation and Sustainable Development*, Routledge

Mckeown, Thomas(1998), *The Origins of Human Disease*, Wiley-Blackwell.

Nesse, Randolph M. and Williams, George C.(1995), *Why We Get Sick: The New Science of Darwinian Medicine*, Crown.

New Economics Foundation(2002), *Plugging the Leaks*.

Stearns, Stephen C.(ed)(1999), *Evolution in Health and Disease*, Oxford University Press.

Stiglitz, Joseph E., Sen, Amartya and Fitoussi, Jean-Paul(2010), *Mismeasuring Our Lives: Why GDP Doesn't Add Up?*, The New Press.

Wilkinson, Richard and Pickett, Kate(2018), *The inner Level: How More Equal Societies reduce Stress, restore Sanity and improve Everyone's Well-being*, Penguin Press.

인구 감소를 극복하는 10가지 사회 디자인

AI가 답하다 일본에게 남은 시간은?

초판 발행 2021년 10월 11일

지은이 히로이 요시노리
옮긴이 정선철
펴낸이 박해진
펴낸곳 도서출판 학고재
등록 2013년 6월 18일 제2013-000186호
주소 서울시 마포구 새창로 7(도화동) SNU장학빌딩 17층
전화 02-745-1722(편집) 070-7404-2810(마케팅)
팩스 02-3210-2775
전자우편 hakgojae@gmail.com
페이스북 www.facebook.com/hakgojae

ISBN 978-89-5625-441-8 (03330)
값 16,000원